|中|国|对|外|贸|易|发|展|系|列|报|告|

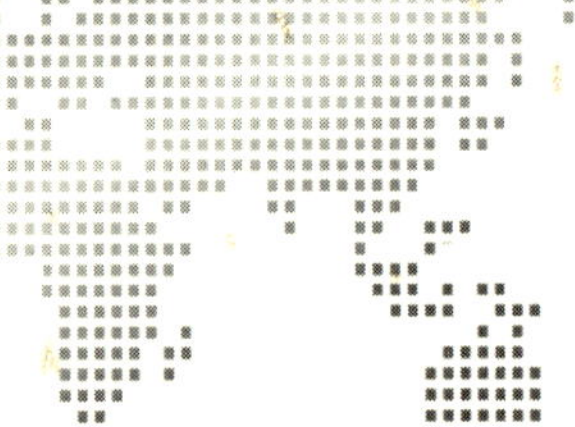

Research on China's Active Participation in Improving Global Economic Governance

中国积极参与全球经济治理体系改革研究

曲如晓　李　雪　杨　修　张天硕／著

中国财经出版传媒集团
经济科学出版社
Economic Science Press
·北京·

前言

党的二十大报告提出，中国积极参与全球治理体系改革和建设，践行共商共建共享的全球治理观，坚持真正的多边主义，推进国际关系民主化，推动全球治理朝着更加公正合理的方向发展。全球经济治理是全球治理的重要内容。当今世界百年变局加速演进，世界经济复苏艰难，多重风险挑战并存，全球发展的深层次矛盾日益突出，现行全球经济治理体系的不合理性、不适应性愈发凸显。当前，中国已成为世界第二大经济体、第一大货物贸易国和主要对外投资大国，经济实力不断增强。同时，中国积极参与全球经济治理，践行真正的多边主义，反对一切形式的单边主义，反对搞针对特定国家的阵营化和排他性小圈子，推动世界贸易组织、亚太经济合作组织等多边机制更好发挥作用，努力提升包括中国在内的发展中国家的制度性话语权。“人类命运共同体”“共商共享共建”等一系列治理理念深入人心，得到了国际社会的广泛认同，中国参与和引领全球经济治理改革的基础不断稳固。为此，如何破解全球经济治理困境，更好发挥中国作为建设者和引领者在全球经济治理体系改革中的积极作用，成为新形势下亟待研究的重要问题。

基于上述背景，本书立足全球经济治理的现实困境，综合国际政治经济学、国际关系等学科理论，总结梳理了全球经济治理体系的演进历程与理论基础，系统研究了全球经济治理困境的现实表征、内在动因、变革方向，并结合中国积极参与全球经济治理的实践，研究提出中国参与全球经济治理体系改革的路径及方案。

具体内容如下：

第 1 章和第 2 章聚焦全球经济治理的背景、事实特征及沿革等内容，探讨全球经济治理的新情况、新变化。其中，第 1 章重点从全球经济治理的概念、国内外研究现状及中国参与全球经济治理的意义进行了深入探讨；第 2 章更多关注全球经济治理体系的历史沿革、新发展特征及面临的新困境。

第 3 章和第 4 章聚焦全球经济治理的理论、治理思路等内容，重点为中国参与全球经济治理体系改革提供理论框架。例如，第 3 章从公共产品、制度复杂性、大国博弈、人类命运共同体等角度研究提出了全球经济治理的有关理论；第 4 章基于全球经济治理的演进趋势提出了全球经济治理的基本思路。

第 5 章至第 8 章聚焦中国参与全球经济治理的历程、实践及问题，并研究提出中国积极参与全球经济治理体系变革的对策和建议。其中，第 5 章从总体上系统阐述了中国参与全球经济治理的历程和现状；第 6 章则从数字贸易、金融、气候变化等专题分析了中国参与全球经济治理的实践；第 7 章重点分析了中国参与全球经济治理的机遇和挑战；第 8 章提出了中国参与全球经济治理的对策和建议。

当前，世界之变、时代之变、历史之变正以前所未有的方式展开。面对更加复杂的国际形势，中国将在全球经济治理中发挥更大的作用，为推动全球经济治理体系改革做出更大的贡献。我们希望，本书的出版能够为中国积极参与全球经济治理提供一定的参考。

目　录

Contents

第1章

中国参与全球经济治理体系的背景与意义

1.1 全球经济治理的相关概念

1. 全球经济治理

1995 年，联合国全球治理委员会将治理定义为各种各样公共或个人机构处理其共同事务的总和，是有望调和各种互相冲突和不同利益，并采取合作行动的一个连续过程。这个过程包括正式的制度、法律和规则，以及达成得到人民或团体同意协议、契约或者认为符合他们的利益的非正式制度。全球治理则是对现有的各种制度和秩序进行改善，目的是促使现有的国际秩序更加进步，增进全世界各国人民的生活幸福，促进维护世界和平发展。

关于全球经济治理的概念，学者普遍认同全球经济治理是指行为主体通过制定和运用国际制度与规则实现对经济问题治理与解决的过程，但是学者对于行为主体、治理内容和治理方式的定义存在差异。庞中英（2011）认为，全球经济治理是指单独某个国家对经济的调控，或者若干个国家通过一系列国际制度和国际规则联合对世界经济进行调控和治理。陈伟光（2014）认为全球经济治理的主体更强调各国政府共治，特别是超主权的正式国际组织和全球合作平台。罗杰英（2013）认为全球治理的领域包括宏观经济、贸易、投资、金融、大宗商品、能源治理、气候变化等。陈伟光和申丽娟（2014）认为，全球经济治理的内容包括全球宏观经济治理、全球金融治理、全球贸易治理、全球产业治理、全球会计治理及贫困治理。卢阳（2016）指出，全球治理体系广义上是指对世界经济、能源、生态环境等全球性问题进行调整的治理体系，狭义上是指全球经济治理体系。庞珣（2016）将全球发展治理纳入全球经济治理的内容中。王国兴和成靖（2010）认为全球治理的议题中包括全球经济、人类安全、气候环境、公民社会、能源利用等。基于上述文献研究，本书提出全球经济治理概念。全球经济治理是指全球主要经济体对于关系到全球整体利益发展问题的共同应对、协调处理与合作解决，是一种制定和维持国际经济秩序的过程。全球经济治理的定义要素包括行为主体、行动方式、治理目标、作用领域、相关理论等。从行为主体来看，不局限于主权国家，而是包含民族国家、国际组织、跨国公司、非政府组织等；从行动方式来看，包括设立、运行和改善合作机制以及提出新的理念构想等方式；从作用领域来看，包括国际金融、国际贸易、知识产权、环境治理、发展援助等问题；从相关理论来看，主要包括全球治理理论、公共选择理论、国际机制理论、全球公共产品理论、话语权理论。

2. 全球经济治理体系

全球经济治理体系包括三个组成部分：第一，参与全球经济治理的行为体，包括主权国家、国际组织、跨国公司和民间组织等；第二，实现全球经济治理的方式，包括解决国际经济问题的机制、未制度化安排、国际法、国际范式等；第三，国际经济治理的作用对象，即治理内容。

（1）参与全球经济治理的行为体。参与全球经济治理的行为体，包括主权国家、国际组织、跨国公司和民间组织等，其中，主权国家在全球经济治理中依然扮演着重要角色，是全球经济治理的主要行为体，但全球治理体系的参与者呈现多元化的态势。在没有世界政府存在的前提下，主权国家是全球经济治理最重要的行为主体。主权国家在全球经济体系中发挥重要作用的方式主要包括：第一，推动设立并完善国际法和国际范式，承认并遵守如国籍、领土、条约、使领馆制度、和平解决争端等方面国际法律和规则的相关规定，从而赋予国际法实际效力和执行力；第二，加入国际机构，作为国际机构的成员，赋予国际机构权利，使其能够干预和指导各国国内相关事务，令其符合国际规则和国际法；第三，作为多边或双边协定的缔约方，与其他国家签署贸易协议、投资协议，推动区域经济一体化、全球化和自由贸易的发展。

国际组织是全球治理的主要实施平台，它们通过接受国家的授权委托获得权力，是参与国际规则的制定、实施、监督，代理国家开展全球经济治理的治理平台。国际组织既包括正式的制度安排，如国际货币基金组织（International Monetary Fund，IMF）、世界贸易组织（World Trade Organization，WTO），也包括非正式的平台，如二十国集团（Group of 20，G20）。

跨国企业和民间社会团体作为非政府组织参与全球经济治理。民间社会团体通过集会、宣传、会议、报告、募集捐助等方式依靠民众参与、社会传播、社会舆论推动全球治理特定具体领域某一问题的关注与解决，如世界自然基金会、动物保护组织等。非政府组织是全球经济治理中的重要参与者与推动者，在全球治理的特定领域持有行之有效的执行方法和社会公信力，它们积极参与全球治理，并发挥越来越大的力量。

（2）全球经济治理的机制。全球经济治理机制可以分为三类：第一类是正式的、全球多边的国际规则和制度的安排，如关税及贸易总协定（General Agreement on Tariffs and Trade，GATT）、WTO 等国际组织；第二类是非正式的、仅有数个国家参与的平台机制，如西方七国首脑会议（G7 Summit）、G20；第三类是定期会晤但没有强制约束力的峰会机制，如亚洲太平洋经济合作组织（Asia-Pacific Economic Cooperation，APEC）（以下简称“APEC 峰会”）、东亚峰会、上海合作组织峰会（以下简称“上合峰会”）等。平台机制和峰会机制灵活性强，效率较高，但是不具有强制约束力。国际组织机制具有长效治理机制和较高的权威，但是效率低下，甚至长期花费大量的精力在权利的合理分配上。

国际组织机制是全球经济治理过程中的重要运转方式，其权威性远高于其他机制。以国际货币基金组织、世界银行和世界贸易组织为代表的国际组织都积极参与全球经济治理的相关议题并发挥重要作用。一方面，国际组织的职能机构包括理事会、负责人参与各类全球经济治理的议题，广泛征求和协调各成员方的意见，提出对应问题的治理方案；另一方面，国际组织研究与制作官方研究报告，为特定的国家区域和经济治理议题提供指导性意见。除了单独的方案制定与报告出具，国际组织之间通过工作沟通机制与资源共享机制实现国际组织之间的联动机制安排，为特定的治理议题提供政策配合。以国际收支失衡的情况为例，当一国出现严重的国际收支失衡，国际货币基金组织会在贷款和监管方面加大对该国的审核力度，而世界贸易组织会加强对金融问题的政策性研究。国际货币基金组织为世贸组织提出色剂贸易政策的建议，这种建议不具有强制力，但是在一定程度上反映了国际组织的政府协同。

G7、G20 等平台机制属于非正式机制，但是其为协调建立全球统一的合作机制和促进全球经济治理沟通上发挥了巨大作用。2008 年全球金融危机之后，为了防范和应对全球金融危机，加强和促进各国之间的经济金融宏观政策协调沟通，G20 峰会召开，对金融危机后维护全球金融体系基本稳定和通畅危机中资金救援通道等工作作出了重要贡献。其后 G20 逐渐取代 G7 成为全球经济治理的主要平台。平台机制与其他全球经济治理机制，如正式制度安排的国际组织，积极寻求有效合作、充分交流、紧密配合，共同参与全球经济治理。G20 会议会邀请主要国际组织的负责人和高层官员参与会议，将会议讨论达成一致的结果和对于全球重大问题的解决意见建议反馈给国际组织，这种建议一般是非正式的，但是能够为国际组织制定治理方案和研究报告提供方向。同时，国际组织会为 G20 提供信息文件、技术支持和权威判断，帮助 G20 会议对于各类亟待解决的相关议题进行更充分和深入的讨论，以期达成一致的结果结论。

峰会机制是指多边国际性问题的、各国最高领导人参加、目的是达成某些共识或共同纲领性文件的国际会议，它是全球经济治理的重要机制之一，在全球经济治理中发挥了独特作用。峰会的议题讨论对于参与成员国而言不具有强制约束性作用，但是峰会机制相较于平台机制而言，其作用和讨论内容存在差异性，峰会一般具有秘书处等长效治理机构。在全球治理中具有代表性的峰会有 APEC 峰会、上合峰会等。不同的峰会在讨论的议题领域方面侧重点有所不同。

（3）全球经济治理的作用对象。全球经济治理的作用对象主要是经济领域问题，如国际金融、国际贸易、国际投资，但也包括协调解决非经济领域问题，如环境治理、人权、全球安全。传统的全球经济治理其作用对象主要是国家个体的身份认定、规则遵守等，危机后的治理对象主要是各国利益相关的问题，如贸易保护主义、气候变化与环境、数字贸易、减贫、公共卫生等。

1.2　全球经济治理的文献综述

全球治理理论最早于 1990 年由社会党国际主席、国际发展委员会主席勃兰特提出。1992 年，由 28 名国际知名人士发起，全球治理委员会宣布成立，并创办了名为《全球治理》的杂志，宣扬全球治理理念。1995 年，全球治理委员会发布了《我们的全球之家》，较为系统地阐明了全球治理的概念和意义，对全球治理理论作出了经典表述，认为全球治理理论强调的是一种全球范围的契约关系。全球经济治理理论源自 20 世纪 90 年代产生的全球治理理论，但又与其相对独立。进入 21 世纪以来，全球经济治理逐渐从全球治理的范畴中分离出来，并在 2008 年全球金融危机后成为研究热点问题之一。

一开始，全球经济治理的学术研究与国际经济秩序研究高度重叠，主要研究的范围是传统国际合作和国际机制研究，没有强调全球治理的概念。之后，全球治理的研究逐渐包括更丰富的内涵和外延，全球经济治理的研究不再局限于体制的建立，而是广泛地讨论体制的动态有效性、跨国界公共产品有效性、非制度化组织作用等议题。目前，国内外对于全球经济治理的研究较为丰富，学科领域主要集中在经济学、国际政治学、国际政治经济学等，研究聚焦于全球经济治理的机制及变革、国际组织在全球经济治理中的作用、中国参与全球经济治理等方面。

1. 全球经济治理机制及变革的相关研究

观念是国际制度变迁的一个关键因素，是促进全球经济治理机制的重要驱动力。周宇（2011）、孙伊然（2011）、黄薇（2015）分别从全球经济治理的行为主体、行动方式、行动理念的角度对全球经济治理机制的演变进行分析和划分，将二战后的全球经济治理体系变革分为三个阶段：第一阶段是1945年二战胜利后至20世纪70年代，全球经济治理的体制为美国主导的布雷顿森林体系；第二阶段是20世纪70年代至2008年全球金融危机时期，全球经济治理体制的制定主体是发达国家集团；第三阶段是2008年金融危机后至今，全球经济治理体制的新特点是新兴经济体更多参与全球经济治理。徐秀军（2012）建立“经济实力增长—制度变迁—结构转型”模型，对全球经济治理结构变迁进行分析，并指出新兴经济体要推动全球经济治理结构转型，需要继续提升自身实力以获得更多的规则制定权，从而通过改变现行全球经济治理机制来塑造新的全球经济治理体系。

2. 国际组织在全球经济治理中作用的相关研究

（1）多边组织和正式机制的相关研究。多边的正式国际组织的研究集中在当前存在的问题、机制改革与效率提高、新兴经济体在全球贸易治理中的作用等方面。麦格鲁（McGrew，2002）指出全球化和系统性风险意识提高了对全球治理的需求，但传统全球治理的形式已不足以应对当前的挑战，这导致了人们对多边秩序日益不满的情绪，进而引发了多边主义危机。布莱德罗（Bradlow，2018）认为国际金融机构由于受到其结构和专门任务的限制，导致它们无法有效地采纳和实施全球经济政策。周聖（2019）探讨了IMF的缺陷、根源及改革路径，认为国际社会应在转变IMF治理理念的基础上，建立多元化的国际货币体系，推动IMF最后贷款人的角色落实。杨娜和程弘毅（2021）以世界银行为例研究了国际组织的非核心职能拓展，认为国际组织拓展非核心职能的行为具有促进机制间互补合作、减少治理赤字的效果。李波等（2021）探讨了WTO当前面临的困境，并呼吁以战略思维推进WTO改革。

（2）非正式机制与全球经济治理的相关研究。学者针对非正式机制的研究主要集中在G20等非正式机制的评价与作用、机制化改革等方面。赵可金（2006）认为明确参与全球治理各行为体的责任，促进实体化、专业化转变，能够提高G20机制的经济治理有效性。杨文昌（2009）认为G20的使命并非局限于解决经济危机，而是应该符合地缘政治的发展，构建国际新秩序。曹广伟（2010）认为G20仍然是欧美等西方大国主导的非正式机制，代表西方发达国家的利益，现有国际金融秩序难以得到根本性转变。王国兴和成靖（2010）认为G20机制化仅是对当前全球经济治理框架的一种技术性修正，其有效性有待检验。方晋（2010）认为可以通过设立秘书处、制定投票决策程序、签订协议等方式实现G20的机制化。朱杰进（2013）认为可以保持G20非正式国际机制的框架不变，在具体问题解决上利用正式的国际组织发挥作用。

比森和贝尔（Beeson & Bell，2009）运用霸权合并理论分析G20，指出G20并不代表美国等霸权群体的根本性背离，也不是其他方式的简单霸权。韦伯（Weber，2013）认为，在构成上，G20代表性低、没有执行机构导致其成为空谈主义，并且治理赤字的存在导致G20缺乏合法性。

3. 中国参与全球经济治理的相关研究

对于中国参与全球治理的研究主要集中在中国如何参与国际组织和非正式安排、如何调整自身战略，从而提高自身话语权和实现全球经济治理中的利益诉求。刘宏松（2010）以中国参与亚洲太平洋经济合作组织（APEC）和东盟地区论坛（ASEAN Regional Forum，ARF）为例，总结中国在非正式国际制度中的政策偏好与行为模式的发展和变化，发现中国始终保持着对非正式制度的政策偏好。周宇（2011）从经济全球化的视角出发，分析全球经济治理体制发展的动力以及中国应当在该过程中选择的战略。孙伊然（2011）认为全球经济治理分别经历了内嵌的自由主义和新自由主义，而内嵌的自由主义实现了市场效率和社会公平的兼顾。洪邮生和方晴（2012）从大国参与G20的行动出发，探讨全球经济治理力量的转移。李善民和余鹏翼（2014）认为中国应该根据全球经济治理结构转变选择海外并购模式。李青和黄亮雄（2015）采用类比先进经济体方法，构建了产业结构调整指数，认为中国需权衡好产业升级、国内发展与国外利益的关系。陈伟光和王燕（2016）认为中国需要理性地设定全球经济治理话语权目标，向国际社会提供符合中国利益的公共产品，通过维系现有多边国际制度和建立创新国际对话机制，在国际社会提高制度性权利。唐宜红和符大海（2017）认为中国面临着全球政治经济格局的大变革时期，应当为全球治理贡献中国智慧。陈东晓和叶玉（2017）认为中国应当结合自身经济转型的领域，以G20和地区范围机制建设作为抓手，促进全球经济治理体系有效性和包容性提升。徐秀军（2017）分析了中美两个大国的治理模式后认为，世界各国在全球治理领域博弈的重点在于规则制定权的竞争，并在治理出现负面效应的同时实现自身利益。但是，对霸权国家与新兴大国而言，由于实力地位和规则制定权的不同，两者参与全球治理的路径也往往各不相同。

1.3 中国参与全球经济治理的意义

1.3.1 基于行为体的全球治理体系演变

从国家视角来看，全球经济治理自20世纪以来经历了冷战时期两极格局、美国主导的单极治理、发展中国家共同参与的多极治理这一演变过程。

（1）冷战时期两极格局。二战后，世界上出现美国和苏联两个超级大国，两国展开了除武装进攻以外的所有在政治、经济等领域的冷战对峙、对抗竞争，世界格局呈现以美国为首的西方资本主义阵营和以苏联为首的社会主义阵营分庭抗礼的格局。该阶段的全球经济治理体制的核心是布雷顿森林体系。1944年的布雷顿森林体系确立了以美元为中心的国际货币制度体系，其后建立了国际货币基金组织（IMF）、关税及贸易总协定（GATT）、世界银行（World Bank，WB）等多边机构，分别负责管理国际金融、贸易、发展领域的问题。这些机构制度的共同点是都具有多边主义特征，即国际协调以成员方共同达成的利益为基础。该时期的国际经济秩序是基于承认战争结束时存在的地缘政治和经济实力关系建立的。这意味着，由于强国将对全球经济治理做出最大贡献，故而是该体系的最大受益者，它们在该体系的治理中拥有最大的利益。该阶段的国际经济制度是美国中心主义的，强国在全球经济治理的决策结构和程序中被赋予了特权地位。

（2）美国单极主导的全球治理。20世纪70年代以后，由于国家垄断资本主义的调节能力削弱，在1973年石油危机的冲击下，美国经济进入滞涨阶段，布雷顿森林体系崩溃。1978年，新的国际货币体系——牙买加体系形成，该体系的主要特征是黄金非货币化、储备货币多样化、汇率制度多样化。进入20世纪90年代，信息技术革命推动美国经济再次迅速增长，美国重新巩固了在世界经济中的主导地位。苏联解体之后，冷战格局不复存在，随着冷战的结束，国家间关系重新调整，国际组织和非政府组织之间权力进行再分配。这一阶段，全球经济治理模式呈现美国单极化的主导模式。

（3）多极化全球治理格局。随着诸如日本、欧盟、新兴经济体的出现，美国在全球经济治理中的主导地位受到挑战。20世纪80年代，日本发展势头强劲，欧盟通过《欧洲联盟条约》，又称《马斯特里赫特条约》对美国构成挑战，同时在2004年前后，以中国、印度以及以东盟为代表的亚洲新兴经济体的崛起更是增强了对美国的冲击。现行的全球经济治理机制的运行规则和利益分配格局并没有适应新兴经济体在经济、政治、军事、文化、科技等多方面的综合实力上升，这也是全球经济治理机制产生合法性危机的原因，合法性危机会导致现行制度的改变或失效。新兴经济体的群体综合实力和战略作用的日益增强使得一批新兴经济体进入了全球大国俱乐部，如在G20中，新兴经济体占了11个席位。与此同时，发达经济体不得不调整其全球或区域战略，转而寻求借重新兴经济体的力量来解决自身和全球问题，由此推动了南北经济对话和全球经济治理框架的调整。

总体而言，当前新兴经济体参与全球经济治理的主要方式是在现有的全球经济治理框架下争取共同利益，通过区域经济一体化和跨区域合作来提高在全球经济治理体系中的地位。由于新兴经济体在经济发展阶段、经济贸易联系、地理位置分散、政治观念差异、利益诉求以及对于发达经济体的经济依赖程度等差异化原因，新兴经济体难以一蹴而就地建立一个统一的经济治理机制。全球性的多边治理机制没有随着世界多极化的发展作出足够的调整，没有充分反映世界经济格局的变化和国家间相互依存关系的变化，制度安排规范在总体上的转型不足。

1.3.2 基于国际组织视角的全球治理体系演变

1. 国际经济组织——WTO、IMF、WB

布雷顿森林体系确立了以美元为中心的国际货币制度体系，其后建立了国际货币基金组织（IMF）、关税及贸易总协定（GATT）、世界银行（WB）等多边机构，分别负责管理国际金融、贸易、发展领域的问题。这些机构制度的共同点是都具有多边主义特征，即国际协调以成员方共同达成的利益为基础。二战后形成的全球经济治理体系建立在霸权国家主导的基础上，以联合国、世贸组织、世界银行、国际货币基金组织等多边的正式制度为支柱，以区域、次区域、小多边的国际组织和非正式机制为补充。这一制度是建立在尊重国家主权的基础上的。这意味着新的国际组织将避免干涉其成员的内部事务，为了减少不尊重国家主权的风险，这些组织只会通过指定的政府官员与组织成员方接触。这些制度安排的基础是承认战争结束时存在的地缘政治和经济权力关系的现实。这意味着，由于强国将为全球经济治理做出最大贡献，并且是该体系的最大受益者。这一治理体系的缺点是其作用会受到国家实力的持续影响，但是其内生的合理性为二战后全球经济复苏贡献了重要力量。国际组织作为国际多边合作的重要平台和具有专业知识的行为主体，在解决国际问题、协调各国行动上发挥了重要作用。

（1）世界贸易组织（WTO）。世界贸易组织，是独立于联合国的一个国际组织，在全世界范围内拥有 164 个成员。WTO 自 1995 年 1 月 1 日正式运作，其前身是关税与贸易总协定。WTO 的目标是建立一个完整的包括货物、服务、与贸易有关的投资及知识产权等更具活力、更持久的多边贸易体系。WTO 的原则包括互惠原则、透明度原则、市场准入原则、促进公平竞争原则、经济发展原则和非歧视原则。世界贸易组织处于全球贸易关系的核心，在全球范围内的贸易经济领域发挥着作用，具体职能包括：制定监督，管理和执行共同构成世界贸易组织的多边及诸边贸易协定；作为多边贸易谈判的讲坛；寻求解决贸易争端；监督各成员贸易政策，并与其他同制订全球经济政策有关的国际机构进行合作。WTO 自成立以来，适用成员范围不断扩大、谈判议题领域不断扩张，建立了和平解决贸易争端的解决机制，使自由贸易为基础的贸易全球治理模式在世界范围被接受。

然而，当前的世界贸易组织处于生死存亡的困境中，这个困境包括谈判回合久拖不决、贸易争端解决机制的上诉机构成员严重缺位导致上诉机构陷入停滞等。2001 年 11 月，在卡塔尔首都多哈举行的 WTO 第四次部长级会议启动了新一轮多边贸易谈判，又称"多哈发展议程"，或简称"多哈回合"。原定于 2005 年 1 月 1 日前全面结束谈判的多哈回合一直久拖不决。WTO 最为权威且有效运作的部分是争端解决机制（Dispute Settlement Body，DSB），DSB 一直有"世界贸易最高法院"的美称。自 2017 年 2 月，几乎每个月的 WTO 争端解决机构例行性会议上，美国都否决了其他成员立即启动 WTO 上诉机构成员遴选程序的提议，一直阻止 WTO 上诉机构的法官任命，上诉成员缺位已经成为一出循环上演的悲剧。WTO 争端解决机制的上诉机构按规定常设 7 位成员，由于美国的蓄意阻挠，从 2018 年 1 月起仅剩 3 位成员，加剧了案件积压，WTO 争端解决机制处于停摆状态，维护平稳国际贸易秩序的基本功能受到重创。美国一边带头无视多边规则，通过单边方式解决贸易纠纷，一边迫使上诉机构停摆，使得 WTO 谈判功能停滞不前，争端解决功能也岌岌可危。拜登政府上任后，这一状况仍未改善。

（2）国际货币基金组织（IMF）。1944 年 7 月，联合国联盟国家在美国布雷顿森林地区召开了国际货币金融会议，建立了以美元为中心布雷顿森林体系。次年 12 月，国际货币基金组织应运而生，其主要职能是监察货币汇率和各国贸易情况，提供技术和资金协助，确保全球金融制度运作正常，其核心目标是提供短期资金借贷，维持国际收支平衡，稳定国际货币体系。

随着国际金融形势和金融格局的变化，IMF 协定通过不断的修改以适应其需求，截至 2019 年，IMF 经历了七次修订，修订内容主要包括内部结构的行政性改革、外部监督机制改革和贷款职能改革。内部结构的行政性改革中最重要的内容包括：重新设定了执行董事的结构和数量，增加新兴市场国家席位；通过增加基本票的方式，扩大发展中成员国的投票权比例，有效提升了其发言权。外部监督职能方面的重要修订是第二次修订中形成的牙买加体系，以及后续通过的《汇率政策监督决定》（1977 年），确定了 IMF 对成员国汇率的监督职能。2007 年，执行董事会同意并通过了一个更加清晰的非强加规定：对成员国汇率政策制定提出新要求，即一国汇率政策应避免导致其他国家货币体系的不稳定性。

IMF 的多次修订并未完全改善其固有的缺陷，具体而言，IMF 的缺陷包括大国操纵制度、资金短缺、监督和执行力低下。时至今日，美元的霸权地位依然没有得到根本性改变，美国通过美元这一世界货币地位，收获巨额的铸币税，轻松转嫁自身金融危机。美国为维持世界货币秩序的成本付出微乎其微，在次贷危机后多次执行量化宽松政策，给新兴市场国家经济增长造成负面影响。IMF 在多次金融危机之后展开的经济援助，使得 IMF 成为在世界中央银行缺失前提下的实际最终贷款人，然而 IMF 始终面临资金严重不足的问题，严重制约了 IMF 在危机救援和资金援助过程中本能发挥的作用。在汇率监管方面，IMF 的监管制度具有明显“软约束”的特点，缺乏强制执行力，没有 WTO 争端解决机制类似的强有力的工具手段。

（3）世界银行集团（WB）。世界银行成立于 1945 年，是联合国的一个专门机构，下设国际复兴开发银行、国际开发协会、国际金融公司、多边投资担保机构和国际投资争端解决中心五个成员机构银行的宗旨是，通过对生产事业的投资，协助成员国经济的复兴与建设，鼓励不发达国家对资源的开发；通过担保或参加私人贷款及其他私人投资的方式，促进私人对外投资。当成员国不能在合理条件下获得私人资本时，可运用该行自有资本或筹集的资金来补充私人投资的不足；鼓励国际投资，协助成员国提高生产能力，促进成员国国际贸易的平衡发展和国际收支状况的改善；在提供贷款保证时，应与其他方面的国际贷款配合。世界银行致力于向发展中国家提供中长期贷款与投资，促进发展中国家经济和社会发展，缩小贫富差距。

世界银行在全球经济治理的过程中扮演着重要角色，自成立以来，它不仅持续发挥着在国际发展投资领域的促进作用，还在公共卫生、气候环境等非核心职能作用领域进行了延伸。世界银行以促进经济增长为核心职能，对农业、教育、公共卫生、基础建设、气候改善领域的公共部门进行投资。

2. 发达国家主导的七国/八国集团（G7/G8）

在后布雷顿森林体系时期的全球经济治理中，七国集团确立的非正式协调机制发挥了重要作用。G7 设立的目的是在 1971 年固定国际汇率布雷顿森林体系崩溃和 1973 年石油危机之后，更好地协调经济和金融政策。该组织的组成成员是当时占主导地位的经济大国，且这些国家还有一个共同的特征——在军事上与美国结盟。在冷战时期，七国集团在政治和经济两个方面都发挥着全球治理作用。在政治上，七国集团形成了西方世界的团结体，牵制苏联；在经济上，通过首脑会议和协调对话平衡利益关系。1998 年英国的伯明翰峰会标志着俄罗斯加入 G7，G7 更名为 G8。

七国/八国集团（G7/G8）自成立以来，从治理全球经济危机入手，逐渐关注并积极参与全球政治、安全、环境、贸易、金融、信息技术等公共问题的治理，该阶段的全球经济治理内容主要是经济和金融问题，例如常规性财政、货币、汇率政策协调。七国集团的决策程序是美国等西方发达国家主导建立的，主要目的是维护自身利益诉求。这一阶段国际经济秩序的主要特征为发达国家主导全球经济治理体系，全球经济治理框架是以 IMF、WB 和 WTO 等国际组织为国际经济合作的规范机制，以 G8 为协调平台，由西方发达的资本主义国家，特别是美国主导的、代表西方国家利益的治理框架。发展中国家在这一阶段的全球治理中处于劣势，缺乏发言权和代表性。

3. 发展中国家广泛参与的治理机制（G20）

以 2008 年为分界线，全球经济治理的结构发生了转变。2008 年，美国次贷危机导致全球性金融危机，暴露了以发达国家为主导的全球治理规则存在不合理之处。全球经济治理如果没有新兴市场国家参与，很难实现全球范围内的政策协调和全球经济秩序的稳定，新兴经济体和发展中国家在全球治理中的实质性作用不能再被忽视。2008 年 11 月，首届 G20 领导人峰会在美国华盛顿召开，会议通过多项改革行动，着手应对金融危机，实现了全球范围内对金融进行监管和宏观经济的协调调控。金融危机促使各国反思旧的国际经济秩序，并意识到加强全球经济治理的必要性和紧迫性。G20 由原先的非正式部长会议上升为峰会，成为全球经济治理中最为重要的新多边机制。新兴市场国家的快速崛起和欧美发达国家的发展滞缓使得经济实力地位发生了相对变化，G20 取代 G7 成为全球经济治理的核心组织者。G20 纳入了更广泛的治理主体，发展中经济体成员的权威得到增强。国际社会的权威日益分散，不断朝着去中心化方向发展。

G20 在特殊时期缓解了经济危机的困局，但是其到目前为止仅是现行经济治理框架下的一种技术性修正手段，而非能够展开全球治理新局面的有效体制。具体的局限表现在以下方面：第一，G20 仍然是一个主要由美国选定成员的大国集权俱乐部，现有的国际经济力量对比格局并没有本质性改变；第二，全球经济治理的基本框架依然依靠 WTO、IMF 等正式国际组织发挥作用，并且这些国际组织的运行受到了不同程度的局限，国际经济合作与交往的规范依旧由发达国家主导；第三，G20 是国际合作应对危机的产物，G20 在 2008 年危机前只是论坛级别的非正式机制，其实际协调效果并不完全成功，特别是关于反对贸易保护主义、结束多哈回合谈判等承诺并未成功兑现。

1.3.3 全球经济治理的发展前景

1. 新兴经济体更多参与

新兴经济体在参与全球经济治理中的话语权和地位有所上升，最直接的体现就是国际金融机构改革中新兴经济体投票权比重的增大和新兴经济体参与的

G20 探讨议题范围的扩大。新兴经济体对规则制定和主导作用明显提升，改变了战后的国际经济秩序的政治基础，旧的国际经济秩序虽然依然发挥主导作用，但功能逐渐淡化。随着新兴市场国家和发展中国家经济规模的持续扩大，其在全球经济中的地位也日益提高。并且新兴市场国家和发展中国家的经济开放度、经济波动性和国际储备状况也持续改善。在世界各国经济相互依赖程度加深的背景下，单靠一个国家或少数国家，无法解决各国共同面临的全球性问题。目前，新兴经济体在发展阶段、经济模式、利益诉求和对外战略等方面还存在一定的差异，难以在新兴经济体内部一蹴而就地建立一个统一的合作与协调机制。

2. 国际货币体系多元化

1976 年牙买加体系建立，其主要内容包括黄金非货币化、汇率制度多样化、国际储备多元化和国际收支调节机制多样化。在牙买加体系中，美元依旧占据主导地位，但是美元不再是唯一的国际储备货币，各国的储备资产通常还会包括欧元、日元、英镑、黄金、IMF 储备头寸、特别提款权等。短期内，美元在金融市场仍具有支配地位，主要表现：第一，美元依托于强大的经济和军事实力，以及过去布雷顿森林体系时期建立起的贸易、结算体制，依旧是各国国际储备、国际贸易结算、跨国投融资的主要币种选择；第二，国际金融市场大宗商品、重要能源交易仍然以美元计价、支付；第三，特别提款权（Special Drawing Right，SDR）货币篮子一定程度体现了货币的国际地位，而美国在 SDR 中占有 41.73% 比例。

3. 区域一体化的兴起

包括国际贸易、国际金融在内的全球经济治理的各个领域有一个共同的特点，即区域化合作经济治理和地区主义的抬头，这一问题是全球经济治理无法回避的。区域治理机制在货币/金融事务中发挥了更大的作用，特别是在欧洲。在国际贸易领域，双边和区域自贸协定的缔结数量不断增加，而多哈回合谈判却长期处于停滞状态。在国际投资领域，双边投资协定（Bilateral Investment

Treaty，BIT）、自由贸易协定（Free Trade Agreement，FTA）的数量在过去 20 年内迅速增加。如何协调好区域化经济治理和全球经济治理之间的关系将成为全球经济治理体系改革的关键所在。在单边主义和保护主义盛行的背景下，区域化经济治理是更为高效的选择，但同时也可能加剧全球经济治理体系改革的难度。

第 2 章

全球经济治理的沿革与事实特征

2.1 全球经济治理的沿革

国际社会各行为体为了应对和解决从地区层次到全球范围的经济问题，通过协商谈判、合作共赢、确立共识等方式来建立了一系列的国际经贸规则或机制，开展全球经济事务协调与管理，并维持国际政治、经济秩序的过程被称为全球经济治理（王浩，2017；张宇燕，2020）。随着全球化时代进程的缓缓推进，世界各国各地区在政治、经济、文化以及贸易等领域联系日益紧密，要素的跨国际流动更加频繁，繁荣而复杂的世界经济给全球经济治理体系提出了新的挑战。尤其在当今时代，新冠疫情席卷全球并呈现出常态化态势，经济全球化遭到“质疑”，逆全球化趋势凸显，国际政治错综复杂、国际摩擦加剧以及国际货币金融体系不稳定性持续增强，环境的巨变倒逼全球经济治理体系进行改革和优化。在此背景下，本章按照时间顺序全面解构全球经济治理体系的形成与发展历程，探求全球经济治理体系变革的内在动因，以史为鉴，立足当下，为中国积极承担大国责任、参与全球经济治理贡献中国智慧。

2.1.1 全球经济治理体系的形成

全球化的发展对传统的国家间关系、国际规则、国家主权以及国家利益提出了长期的挑战。在全球化时代，不同国家间的利益相互交织，牵一发而动全身，不断增扩的共同利益和人类命运共同体的价值认同，要求国家从长远利益出发，在追求本国利益的同时兼顾全体人类利益。

全球经济治理体系是随着全球化的发展而逐步深入的。工业革命用科技的力量解放了生产力，全球化进程开始加快，整个世界逐渐融合，国家间交流合作更加频繁，依赖性加强。在全球化浪潮的裹挟下，全球性问题不断涌现，与此同时全球治理这一观念也随之出现。在工业革命的催化下，原材料到产成品的过程中不断进行着资源的更优配置，人们的视野不再局限于某一个国家或者某几个国家，而是在世界范围内进行产业链和价值链的构建，资源掠夺催生了战争和殖民，同时也逐渐建立起了国际制度。再到第二次世界大战结束，为了恢复世界经济，全球化得到了进一步发展，直到冷战的结束，世界格局和全球秩序变得稳定，和平成为全球共识，经济全球化、全球价值链、跨国公司等得到长足发展，但与经济全球化相伴相随的是全球性问题的日益增多，在全球化时代已经无法仅凭一个国家来解决这些问题，因此，国家间进行协商互助成为解决问题的最优路径。由此，经济全球化催生全球经济治理，全球经济治理体系的建成与完善正是为了解决全球性问题而产生与发展的。

如今，全球化进程的不断深入以及全球价值链的分布不均衡致使全球问题频发，尤其当今与全球化发展相伴相随的逆全球化趋势和单边主义影响加剧，全球经济治理的难度加深。现存的全球经济治理体系越来越难以满足日益复杂的全球问题，调节各国的利益关系，全球经济治理的治理赤字不断加剧，为了全球经济的持续、健康发展，现今当务之急就是加强全球经济治理能力的建设。

2.1.2 全球治理体系的建立

“欲知大道，必先为史”，纵观过去几十年全球治理体系建立和发展的历程，可以发现，全球经济治理体系得以建立的因素，除了经济全球化的发展将世界各国紧密联系在一起，内在催生全球性问题，需要世界各国联手合作之外，人类社会的主要历史事件也是全球经济治理体系建立的关键转折点。首先，两次世界大战给全球经济予以重创，人们吸取战争带来的惨痛教训，转而渴望和平。其次，第二次世界大战后，世界格局出现美苏两大超级强国，以及其领导的资本主义阵营和社会主义阵营，两大阵营的力量对比相对均衡，因此这种微妙的平衡维持了一段世界和平稳定的时期，为世界各国、各组织开展国际合作和交流创造了良好的国际环境。还有，苏联的解体意味着一个超级大国的陨落和冷战的结束，随之世界呈现出“一超多强”的格局，美国凭借着强盛的综合实力积极推动全球经济的发展。在此阶段，渴望融入全球化来获得国力的提升是国家普遍的想法，因此在这种动力的驱使下，各国愿意以让渡部分主权为代价来换取全球化带来的红利。当然还有一个因素，在美国的绝对实力的主导下，国际体制机制的效率得到了基本的保证，与之合作或许不会获得太大的益处，但与之对立却会付出巨大的代价。种种因素共同推动了全球经济治理体系的形成与变革。

2.1.3　全球经济治理体系的阶段划分

1. 萌芽期（15世纪至第二次世界大战）

15世纪之前，世界各国各地区在一定程度上保持着封闭独立的状态，由于科技水平和生产力发展水平的低下，在此时期自给自足的小农经济是主要的生产生活方式。15世纪之后，科技水平得到了一定程度的发展，造船业、指南针和火药的发明，为新航路的开辟创造了物质基础。哥伦布发现新大陆、麦哲伦开辟欧亚航路，人们对于未知世界的好奇和探索，使得真实的世界地图拨开浓雾，第一次完整地出现在世人眼前。无论是资本主义的殖民侵略和殖民掠夺，抑或是远行航海进行的商品交换，都直接或者间接促进了经济全球化的萌芽与发展。经济的发展促使了思想启蒙运动的出现，代表着人们对于美好未来的向往和探索，期望进行思想上解放的启蒙思想也推动了资产阶级革命的到来。

随着工业革命的爆发，劳动力得到解放，生产效率大幅提升，使市场对产品的需求进一步增加，国际垄断进一步加剧。其中值得关注的一点是，西方世界一直有实力较为雄厚的大国，并且不断进行着权利的更迭，西班牙、葡萄牙、法国、英国等。法国在拿破仑的领导下，用铁血的纪律和军队开疆扩土，但由于穷兵黩武，拿破仑个人的意志太过独断，以及反法同盟的建立和抵抗，最终法国战败。之后法国作为战败国，英国、沙皇俄国、奥地利和普鲁士王国四国作为战胜国，在1815年的维也纳召开维也纳和会，重新划分领土，建立新的欧洲秩序，形成了以“均势原则”、“正统主义原则”和“补偿原则”为核心的维也纳体系，形成了一种欧洲大国的政治、军事力量的平衡，为欧洲的和平奠定了基础，由此，欧洲的多级协商治理模式出现。但这个模式并不像它倡导的那样均势，实际上就是五个有实力的欧洲大国，为了维持自己的国际地位，互相间进行约束、限制与较量，最终在第一次世界大战爆发时终结。

20世纪初，以欧美强国为代表的资本主义世界体系建立起来，但在这个阶段进行资本的原始积累是各个国家和地区的第一要务，彼此间各自为政，仅有一些约定成俗的规则以及绝对实力的震慑来进行行为约束，全球经济治理体系几近于无。得益于工业革命的爆发，德国等先一步进行工业革命的国家拥有了先发优势，综合国力得到提升，尤其是在军事和经济方面。为了拥有更多的话语权，改变国家经济地位落后于政治地位的局面，它们向老牌资本主义国家发起挑战，渴望对世界格局进行重新洗牌，致使两次世界大战的爆发。风云诡谲的国际政治和国际经济向全球经济治理提出挑战，人们认识到建立一个可以维护国际秩序和国际社会稳定的治理体系，来加强监管和提高经济效率的必要性。

2. 初步形成期（第二次世界大战后）

第二次世界大战之后，国家实力进行重新洗牌，全球秩序得到重新排序，这一阶段初具规模的全球经济治理体系才基本建立（门洪华，2017；张宇浩，

2017)。世界各国各地区的经济结构也遭到严重破坏，人们意识到之前各国各地区间缺乏合作、各自为战的经贸态度严重阻碍了国家经济的恢复与发展，如何快速建立一个高效、公平的战后国际经济秩序来谋求国际经贸合作，实现世界范围内的经济恢复，以及经济的协调发展就成为各国各地区迫切希望解决的重要事情。基于建立和平、稳定的国际社会环境的目的，国家作为治理主体积极进行国际规则的制定、参与全球经济治理、建立国际治理机制。在这些机制的建立过程中，由于美国没有受到两次世界大战的影响并且积累了大量的财富，故而占据了二战后国际治理机制的绝对主导权，欧洲传统发达国家也获得了一部分的领导权，与之相对其他国家则处于听从规则的地位。

1944年7月1日，布雷顿森林会议在美国的新罕布什尔州顺利举行，会议上通过了《国际货币基金协定》，参会各国各地区一致同意建立一个统一的国际货币制度，同时也确立了以美元为中心的国际货币体系。对后世乃至现今社会影响重大的国际组织——国际货币基金组织（IMF）、世界银行（WB）、关贸总协定（后改为WTO），就是在此阶段得以形成和发展。

布雷顿森林体系的建立以及国际组织的形成反映了当时各国各地区渴望国际经济复苏和发展的共同期望。除此之外，第二次世界大战结束后，美国和苏联成为国际体系中的超级大国。由于日益尖锐的国家利益矛盾，美苏在多个领域展开了全面冷战。美苏争霸的两极格局的形成和之后的全球治理可以总结为部分治理，因为只有部分国家可以参与全球治理，同时并非所有的全球问题均可以纳入治理范围。霸权国家可以凭借强劲的国家实力在治理规则的制定中更具优势，此阶段也为战后世界提供了一段和平稳定时期，有利于世界经济的恢复。

不可否认，为了促进全球范围内的经济复苏，各国都在一定程度上牺牲了本国的经济发展，但成效是显而易见的。在接下来的几十年中，得益于国际经济秩序的建立，国际经济和国际贸易得到了飞速发展，这一时期世界工业和世界贸易分别以前所未有的5.6%和7.3%的年均增长率快速增长。跨国公司的发展也促进了全球经济的急剧扩张，全球经济一体化的雏形也在此阶段显现。但是由于布雷顿森林体系和联合国、世界银行等国际治理机制都是由西方大国进行主导甚至进行操控的，其间充满了西方大国意志，因而在之后这些机制逐渐丧失了其初创时所秉持的特性，丧失了其作为调节国际利益的重要机制平台，沦为大国的政治工具。

3. 危机应对期（发达国家主导的全球经济治理建设期）

20 世纪 60 ~ 70 年代，资本主义各国间危机频发，从美元危机到石油危机再到布雷顿森林体系的崩溃以及经济危机的发生，频发的危机暗示当今的全球经济治理存在非常大的问题。同时随着民族独立观念的深入，60 年代许多被殖民侵略的国家进行反抗斗争，取得了国家主权的独立，形成了国际风云中的又一股势力，也增加了全球经济治理的复杂度和困难度。在这一时期，为了解决全球经济问题七国集团（G7）应运而生，七国集团所指的国家为英国、美国、法国、德国、意大利、日本和加拿大，此集团的主要议题涵盖了全球经济、国际贸易、能源、气候变化以及失业问题等，主要进行整体上的政策协调从而缓解各国间的内部矛盾。七国集团这一精英集团经历了从受制于两极争霸格局的限制到积极推动全球治理体系建设的转变，通过吸纳成员、改革体制、增扩议程等方式推动国家间的合作，在 20 世纪 90 年代，成为全球经济治理的重要体制机制。

但需要注意的一点是，七国集团主要是由以美国为首的经济发达有实力的资本主义国家组成的，也主要代表这些国家的根本利益，社会主义国家、新兴市场国家和发展中国家的利益并没有得到有力的保护。因此这一阶段为主要发达国家主导的全球经济治理体系，其余国家的利益诉求没有得到很好的重视，整体处于劣势。

4. “一超多强”发展期（冷战结束至次贷危机期间）

自第二次世界大战之后，以美国和北大西洋公约组织为主的资本主义阵营和以苏联、华沙条约组织为主的社会主义阵营开始在政治、经济和军事等方面进行比拼，冷战持续了 40 多年，直到 1991 年苏联解体，冷战时期才真正结束，自此美国成为超级大国，世界格局变为“一超多强”。冷战结束后，越来越多的非国家行为体开始参与全球经济治理体系的建设，全球经济治理体系更加复杂多样，国家与国家、国家与非国家行为体、非国家行为体与非国家行为体之间不断进行合作互助、协调交互。这一时期和平是主旋律，全球经济治理提倡的各行为体间平等、互助、自愿、民主深入人心，这对美国领导的“一超多强”世界格局下的霸权主义和单边主义造成制约与挑战。

但需要注意的是，美国作为超级大国在国际机制的制定和决议中有主导权，这一阶段的全球经济治理体系主要延续之前的国际机制，如以联合国体系为核心的国际政治安全合作框架。同时由于美国综合实力的背书，美国可以凭借联合盟友来影响国际军事、政治、经济走向，美国越发不重视全球经济治理体系，全球经济治理体系也存在许多弊端。

20 世纪 90 年代末，亚洲金融危机的爆发揭露了当今全球经济治理体系的弊端和缺漏，国际金融体系的变革被置于大众视野中。国际货币基金组织对亚洲金融危机受害国援助的方案也能体现现有全球经济治理体系对以美国为首的资本主义大国和发展中国家的不公平待遇。国际货币基金组织提出对东亚国家的救助方案，并非从东亚国家根本利益出发，而是以牺牲其长期利益为代价。在国际贸易和国际投资领域，发展中国家相比发达国家在谈判中的让步更多更大，更多的是依据发达国家的谈判规则进行的，发展中国家处于“要么接受、要么走开”的无奈境地。传统的全球经济治理体系已经无法适应时代的发展，解决不断涌现的全球性问题，迫切需要进行改革。

5. 时代交替期（新兴市场国家积极参与全球经济治理改革）

2008 年以房地产泡沫的破裂为导火索的次贷危机迅速席卷美国并成为全球性的金融危机。在此次危机中，发达资本主义国家经济遭到重创、陷入低迷，随着金融危机影响范围的扩大，全球经济都被一股阴霾所笼罩。尤其是受到主要影响的美国逃避责任，实行多次量化宽松的经济政策来重振经济，将危机转嫁到全球，对其他国家的经济造成打击。

此次金融危机的发生也揭示了以美国为首的发达资本主义国家建设的全球经济治理体系的弊端，过度地以利益为导向而忽视新兴市场国家和发展中国家在全球经济调节中的重要作用。全球性危机与风险的不断出现以及新兴经济体国家实力的日益强盛，对以美国这个超级大国为中心的全球治理体系提出挑战。

随着新兴市场国家和发展中国家的不断发展壮大，这些国家也在积极参与全球经济治理，为维持国际社会的和平与稳定贡献自己的一份力量。其中一个有代表性的事件就是1999年二十国集团（G20）的成立，二十国集团（G20）最初为财长和央行行长会议机制，2008年国际金融危机后升格为领导人峰会。与七国集团（G7）相比，二十国集团（G20）加入了金砖五国和阿根廷、土耳其等国，相比七国集团（G7）的精英俱乐部，二十国集团（G20）的GDP总量约占世界的90%，人口约为40亿，成员国的贸易额占全球80%。二十国集团（G20）的组织构成平衡了不同发展水平、地域位置的国家和地区的利益。次贷危机发生后，中国等新兴经济体积极参与全球问题的解决，各国也在全球经济发展、维护世界和平、推进经济治理改革等领域达成共识，二十国集团开始在全球经济治理体系中发挥重要作用。

在新兴市场国家推动下，国际货币基金组织于2010年进行了组织份额占比改革，主要成果是平衡发达国家和发展中国家的份额占比，将发达国家超过6%的份额转移给新兴市场国家和发展中国家，同时将两个执行董事的职位转让给新兴市场国家和发展中国家。二十国集团的成立为推动全球经济治理机制的改革带来了新动力，全球治理开始从“西方治理”向“西方和非西方共同治理”转变。

美国霸权式微，新兴市场国家崛起，国际格局中的“东升西降”态势日趋显著。世界经济进入下行期，各国内部矛盾逐步累积并影响着国内政治生态。一些国家国内政策的负面溢出效应对其他国家造成明显伤害，对全球化的态度也发生了重大转变，逆全球化、单边主义、贸易保护主义重蹈覆辙。同时，全球化进程中面对的问题日益复杂，涉及国家范围更广、处理难度也在增加，但由于历史原因，全球经济治理体系出现停摆，逐渐失去活力，遭人诟病，当今全球经济治理体系陷入困境，迫切需要进行根本上的改革。

2.2　全球经济治理的新特征

1. 全球经济治理主体多元化

传统的治理主体主要包括国家行为体以及类似联合国、国际货币基金组织的全球性的治理体制机制，纵观全球经济治理体系的发展历程，全球经济治理主体具有从单一到多元化的发展趋势。从民族国家这一主要治理主体角度又可以简单地概括为单打独斗、互相对抗、精英抱团和联合大众，简而言之就是逐渐从独立走向联合、从对抗走向合作、从单一走向多元化的过程。在全球经济治理体系没有大范围建立阶段，世界各国各地区皆是独立为政，采取“以邻为壑”的贸易政策，在这个阶段主要以殖民贸易为主，与之伴随的往往是侵略和压迫。

第二次世界大战结束之后，美苏争霸造成了世界范围的分裂，加剧了全球化的发展不平衡。在此期间，以英美为首的资本主义国家为了恢复战后经济，建立了布雷顿森林体系，随之建立了国际货币基金组织、世界银行和世界贸易组织。之后，资本主义国家为了应对面临的美元危机、石油危机、布雷顿森林体系的崩溃以及经济危机，主要的资本主义国家通过精英抱团的方式建立了七国集团这个非正式的政府间国际组织来协调各国间的经济政策，对世界经济进行调控。但随着冷战时期的结束，国际环境以和平自由为主，当时集团成立时的紧张局势得到了充分缓解，同时发展中国家的发展改变了全球经济力量的格局，七国集团在新的形势下进行全球经济治理的调控，必须要借助类似中国、印度、巴西等发展中国家的力量。由此，在 2008 年金融危机爆发后，原七国集团的主要成员国联合大众，邀请金砖五国和其他发展中国家一同建立了二十国集团，来共同商讨如何在新形势下进行全球范围的经济治理。经过以上分析可以发现，全球经济治理主体逐渐从独立走向合作，当然其中离不开经济实力和政治影响力的作用。

除此之外，随着时代的发展，第三次工业革命解放了生产力，推动了全球化、信息化进程。人类命运共同体的观念深入人心，更多的机构和组织积极参与全球经济治理，包括非营利组织、跨国公司在内的多元行为体纷纷参与全球议程，这些组织如雨后春笋般出现，国际组织呈现多元化发展态势，非政府组织的数量成为政府间组织的数倍，由此，全球经济治理主体呈现出多元化态势。

2. 全球经济治理观念共赢化

在全球经济治理体系的形成与发展过程中，西方国家在传统国际话语权竞争中始终居于主导地位。新航路开辟以来，伴随着资本主义国家的殖民扩张，西方文明对世界发展产生了深刻影响。以国际金融领域为例，从 16 ~ 19 世纪的白银本位国际货币体系，到英国主导的金本位国际货币体系，再到美国主导的美元信用国际货币体系，国际货币体系的话语权始终掌握在西方发达资本主义国家手中。由于历史原因，现有的全球治理机制源于美国霸权稳定体系。第二次世界大战后，美国取代英国成为世界霸主，并主导建立了一系列全球治理的国际机构。全球政治安全、贸易投资、货币金融等一系列治理领域规则体系确立的背后都能找到美国强大影响力的踪影。在政治安全领域，美国倡议并策划成立了联合国和北大西洋公约组织（North Atlantic Treaty Organization, NATO）。在货币金融领域，美国在布雷顿森林体系框架下推动建立了国际货币基金组织和世界银行。在贸易投资领域，美国发起拟订了关税及贸易总协定（GATT），并为后来世界贸易组织（WTO）的成立奠定了基础。这些机构至今仍构成全球治理规则体系的基本架构，由此可知，西方大国的话语权仍然占据主导地位。

长期的几国独大或者一国独大，以及西方资本主义天然的资本性质，造成全球经济治理体系服务于少数的几国利益，治理观念不可避免地也是被实力强劲的国家所把控，从而使得全球资源不公平倾斜，加剧了西方资本主义国家的霸权主义。但是随着发展中国家的崛起及其参与全球经济治理意愿的提升，以中国为代表的国家提出了构建人类命运共同体的新全球经济治理观念。

全球经济治理强调全球性问题的治理，其中必须得到各国的支持，虽然现今的“霸权治理”在一定程度上能够维持世界的相对和平，但多元参与共同进行协商与合作、拒绝零和博弈一起实现共赢才是全球经济治理的主流。

3. 全球经济治理对象扩大化

随着经济全球化的发展，由此所产生的全球性问题所涉及的种类和领域也在增多，不再局限于传统的全球经济治理体系中主要的和平发展议题，类似环境保护、气候变化、恐怖主义、网络安全等议题的比例逐渐增多，从而出现全球经济治理对象扩大化这一趋势，为了解决多样的全球性问题，治理主体和治理体制必然呈现出多元化态势。治理主体的多元化也不可避免地呈现出在处理国际议题时的“碎片化”和“多中心化”特征。以近些年兴起的气候变化议题为例，现今既有处于联合国治理框架下的全球多边气候治理制度，同时还有许多国家行为体之间签订的双边气候制度以及城市间的多边合作机制。多种机制共同运行必然增加运行的复杂性，从而使得机制难以发挥出其应有的作用。全球经济治理对象的扩大，将更多的治理主体纳入全球经济治理体系中，促进了全球经济治理的发展。

2.3　全球经济治理的新困境

全球经济治理结构主要表现为相对稳定和有生命力、持续力的制度形态。政治权力迫使全球经济治理体系不断改进、替换、调整。阻碍世界经济秩序发展的根本问题在于世界经济已经高度相互依存，各国经济广泛交往联系，而对政策体系却没有任何集中的政治控制。当许多国家在高度相互依存的世界上执行独立的经济政策，而不协调它们的宏观经济政策时，这些政策就会彼此冲突，以致每个国家都遭受损失。不仅如此，全球化的发展也增强了对国际制度的需求，但全球治理主体的多样性、议题领域的多样性和交叉性，以及国际规则的复杂性和滞后性都影响了全球治理体系的运行效率。

从全球经济治理体系的发展中可以发现，当出现大范围尤其是全球范围内的政治、经济、军事危机时，当下的全球经济治理体系或者制度就会不适应时代的需求，就会出现变革、改进或者替代，如二战、美元危机、石油危机、布雷顿森林体系的崩溃以及2008年的全球性质的金融危机。当前，全球经济治理体系变革正面临重要挑战，其最根本的问题在于新兴市场国家经济实力的发展和崛起并没有相应的全球经济治理实力或者政治影响力进行匹配。以美国为首的资本主义国家以科技实力、军事实力和政治影响力来主导世界，进行世界范围内的利益资源分配，但随着新兴市场国家、发展中国家通过国内改革和科技进步，经济实力逐步提高，开始渴望参与全球经济治理体系制度的建立，同时冲击传统的全球经济治理结构和原有的利益分配格局。国家经济实力和传统治理格局的不匹配是当今推动全球经济治理体系变革的主要动力也是主要困境。

以新冠疫情为例，新冠疫情对全球公共卫生体系造成了难以度量的冲击，世界各国深受其害，连医疗发展水平世界领先的美国等发达国家也难以幸免。新冠疫情的蔓延给世界造成了极大的恐慌，由此带来的连锁效应遍及各个领域，经济衰退、逆全球化、国际摩擦、信任危机等行为加剧，充分体现出新冠疫情应对不足并不仅是医疗卫生方面的问题，而是全球治理体系以及治理能力落后的问题，现今的全球经济治理体系不能有效发挥国际协调作用，联合各国协力抗击疫情。在全球化时代，国家全球化水平越高、人口流动越频繁，受到疫情冲击的影响越大。世界正在经历百年未有之大变局，英国脱欧、WTO瘫痪，单边主义、贸易保护主义愈演愈烈。当今的全球经济治理体系无法跟进和适应全球化的发展，同时为了更好地管理世界经济而建立的国际组织和国际制度也逐渐失去作用并遭人诟病，表现在治理机制被少数发达的资本主义国家把持，发展中国家的经济实力与全球治理话语权严重不匹配。

1. 全球经济治理效率低下

随着经济全球化的发展，全球经济治理体系的机构不断完善、治理范围不断扩大，但随之带来的不是规模效应与包容性增长，而是尾大不掉和治理效率低下。一方面，全球经济治理体系各组织机构，组织框架、制度规则不符合时代变化，出现机构臃肿、人员冗余，办事效率低下的局面。另一方面，碎片化的治理机制影响全球经济治理的效率。全球经济治理的有效性取决于治理机制的代表性、决策效率和实施效率等。

全球经济治理体系机制繁杂，各种职能交叉，相互之间又缺少合作和互动，最终导致全球治理体系瘫痪。以最具代表性的全球经济治理机构——联合国为例，如今的联合国地位弱化，程序烦琐、时间冗长，致使大多数国家在应对国际事务时会选择绕开联合国来处理国际事务。同时，包括联合国在内，传统国际治理机构以大多数发达国家的利益为核心，其职能行使受发达国家支配。此外，传统的国际治理机构无法满足时代的需求，一系列的跨国、跨地区的各种各样、大小不一的贸易协定如雨后春笋般涌现，使得治理领域和国际组织呈现多样化和碎片化特征。与此同时，WTO多哈谈判停滞，WTO处于瘫痪状态，各国为了维护自身利益推崇单边主义，使得在改革全球经济治理体系，制定新的规则和制度方面受到阻碍。全球治理体系已经严重失衡，亟须构建公平合理的全球治理体系和国际规则秩序。

2. 全球经济治理体系与世界经济格局脱轨

全球经济治理体系必须反映世界经济格局的深刻变化，现有的全球治理体系是第二次世界大战后以美国为主导的国际秩序的延伸和扩展。这不仅使西方国家主导了对国际机制的解释权，而且最初的机制安排在很大程度上代表了西方国家的意思表达。但以主要国际组织为代表的全球经济治理体系有一定的弊端，国际货币基金组织作为世界上的全球性金融组织，它的建立是为了稳定二战后濒临崩溃的国际金融货币制度，促进国际货币合作并且在适当的条件下向成员国提供临时的融通资金。不可否认国际货币组织在维持全球经济和金融体系稳定方面做出了巨大贡献，但是因为成员国发展水平不一，经济实力彼此间有差距，国际货币基金组织的资金来源主要是成员国的自主缴纳，这不可避免地会因为资金的限制在行使职能时出现资金不足的局面，同时还会因为资金限制被资本主义强国左右。现今不少国家对货币基金组织的职能产生怀疑和质疑，历次金融危机的爆发也暴露出国际货币基金组织监督职能的缺失，投票权倾向美国等发达国家更是长时间遭人诟病。

世界银行的主要职能是向各成员国提供贷款，同时协助成员国吸引投资和解决争端事件来促进国家经济的恢复与发展。世界银行向发展中国家提供优惠贷款以及知识援助，在促进发展中国家的经济发展和消除贫困方面做出了巨大贡献。但是，一方面，世界银行同样被发达的资本主义国家把持，重点体现发达国家的决策意志；另一方面，世界银行贷款分配的不合理都是当前的局限。

世界贸易组织的核心目标是确保国际贸易的自由、合理、有序发展，推动建立一个开放的、透明的、系统的、更具活力的、持久的多边贸易体系。但现今逆全球化现象、贸易保护主义层出不穷，世界贸易组织的多哈回合谈判停滞不前，都表明世界贸易组织未能发挥出它本来的职能。种种现象都说明，当今的全球经济治理体系存在一定的弊端。一方面，当今全球经济治理体系仍旧由以美国为首的西方发达国家主导。另一方面，国际力量对比发生深刻变化，新兴经济体和发展中国家的国际贡献加大，国际影响力增强，世界经济格局呈现“东升西降”的态势。但“西强东弱”的传统权力格局并没有发生实质性改变。发达国家在全球性事务处理和国际规则制定中具有更高的话语权，虽然崛起的新兴市场国家正在积极参与全球治理，但是其在全球治理体系中的决策权和话语权依然被压制（石晨霞，2016）。近些年，以美国为代表的部分发达国家参与全球治理的积极性下降，奉行单边主义和保护主义，相反全球贡献不断增多的新兴市场国家却没有得到应有的重视，原有的治理体系已经无法适应新兴经济体的正当诉求。全球经济治理体系与世界经济格局脱轨的局面冲击着全球经济治理体系的约束力和代表性。

3. 治理规则不适用整体

当前国际准则的标准制定明显地体现出了西方大国的意志。准则制定的标准并不适用于全部国家的实际情况。其准则的施行将会作用于全球多个国家，极大可能出现将准则强加于经济发展水平、文化背景以及国家体制不同的发展中国家和欠发达国家。当国际准则与国家行为一致或者有利于国家利益时，国家行为体会鼓励国内行为体遵守准则，但当行为不一致时，国家行为体则会在国际事务中受到许多限制，这会对国家的发展产生一定的不利影响，当这个影响足够大时，则会倒逼国家进行改革，即使这并不会给国家带来益处。

西方发达国家尤其是美国，凭借自身的实力，作为大国牵头、领导全球性国际组织进行国际项目、介入国际问题，将本国的治理观念内嵌于国际组织管理机制中，并通过国际组织的全球性运作进行推行、传播。为了维护国家的根本利益，许多发展中国家和欠发达国家会拒绝国际组织，但往往会在这一过程中付出巨大的代价，毫无疑问这会打击发展中国家和欠发达国家对于参与全球经济治理的积极性。

全球经济治理倡导人类命运共同体的思潮，强调人类命运休戚与共，各国之间需要求同存异、合作互助。能力越大，责任越大。作为实力得到提升的新兴市场国家确实应该承担更多责任，努力实现可持续发展；但是，也不能要求新兴市场国家，特别是欠发达国家，以牺牲本国基本发展战略为代价，去实现超越其发展阶段的目标。

4. 国际合作的主旋律受到影响

经济全球化是催生全球经济治理的基本前提，也是全球经济治理的重要对象。全球经济治理体系的建立离不开国家间的交流互助，依托于国家间的协同合作和与之给予的合法性，全球治理的有效性才能得到极大的提升。随着全球治理的发展，全球性的国际组织的职能得到了加强，全球影响力也日益得到提升，反过来通过经营价值、治理观念、管理机制等方面影响国家治理，并逐渐深入作用于国家内部决策。例如，当国际组织的全球化运营理念与东道国治理观念发生冲突时，为了在全球价值链分工中占据相对有利的地位，东道国的决策行为不可避免会作出一定的让步。但需要明确一点，在当今时代，全球治理是立足于全体人类利益，而国家治理则更关注国家发展、国家利益。因此，国家参与全球治理取得的结果与国家本身的利益并不完全一致，甚至有时是大相径庭的，全球治理只是国家实现利益的一个重要途径。

全球经济治理体系的变革历程从独立走向联合，但在危机频发的当今，有些国家表现出各自为政的倾向，逆全球化和单边主义盛行，导致在复杂的国际形势下，渴望合作的国家不安全感增加，彼此防范、顾忌，难以形成合作，不仅如此，这种氛围还催生主权至上，强调本国优先，全球化趋势受到遏制，全球经济治理体系的效用也必然受到削弱。

第3章

中国参与全球经济治理的理论基础

3.1 基于公共产品视角的全球经济治理理论

在经济学意义上，全球经济治理可以用公共产品的相关理论阐述。公共产品的概念与私人物品对立，这类物品的供给和消费通常不是一个个体，而是许多人或是一个集体，表现出非竞争性和非排他性的特点。在公共产品提供和消费中，由于成本与收益的不对称，往往存在着外部性和“搭便车”行为。全球治理就是一种跨国界的公共产品。显然，良好运行的全球经济治理规则体系对所有参与国家均存在正外部性，如有效率的国际贸易、金融体系都具有很强的全球正外部性等。然而这套体系的建立需要耗费大量的成本，虽然对于一国而言，可以选择市场机制或者非市场机制来进行干预。但对全球而言，每个国家都形成一个子市场，全球市场被分割为多个子市场，此时，市场机制将无法发挥作用，需要权威性全球组织介入协调，国际规则和体系的制定就成为具有正外部性的公共产品。由于每个国家都是出于自身利益最大化的目前参与全球治理，而作为公共产品，全球治理效果的非排他性和非竞争性，使得每个国家都试图搭别国的“便车”，最大化自己的利益，由此构成全球治理中公共产品的提供不足。全球经济治理体系的变革就是解决全球公共产品需求与供给的不平衡问题。

3.1.1　全球公共产品的特征和主要形式

与一般公共产品不同，全球公共产品对应的是全球各经济体联合的“公共”，因为其通常不能强制性地在所有领域都代表所有“私人”的意志，表现为不具有向所有“私人”征税的职能，所以提供全球公共产品并为此支付主要成本的只有少数经济体。不仅如此，尽管全球公共产品的消费需求在所有成员中没有排他性和竞争性，却存在着需求强弱的差别，这也导致了为此支付成本多寡不同的现象。所以国际经济问题的出现，与经济学理论中的“市场失灵”类似。国际经济治理是为了弥补市场失灵，达成集体行动，促进整体福利的改善。所以国际经济治理也可以看作在促成集体行动后，为全球提供了一种全球公共产品。在面对国际经济问题时，每个国家都无法完全依靠自身的力量去解决，只能依靠国际经济治理来改善自身福利。然而，国际经济治理作为公共产品，具有非排他性和非竞争性的经济属性，这使每个国家都试图搭上别国的“便车”而不希望其他国家搭自己的“便车”，导致国际经济治理中公共产品提供的不足，也正因如此，催生了更多的国际经济问题。所以为了实现国际经济治理，各个国家也需要作出一定的牺牲，在创造出国际经济治理这一公共产品后，参与其中改善自身福利水平。

全球公共产品的主要形式包括以下三类。第一类是国际规则，包括多边的国际规则和区域的国际规则。国际规则由不同经济体在全球范围或在区域内联合生产和消费，具有非排他性和非竞争性的特点。然而与纯粹的公共产品相比，国际规则的制定往往由少数强势国家主导，消费这种公共产品的各国经济社会发展程度又差距巨大，在这种“中性原则”指导下产生的公共产品，存在着事实上的不平等，需要一些补充条款，即国际规则的“例外”条款。第二类是执行国际规则的运行载体、平台、成本等，通常由少数经济体提供主要部分，如向联合国及所属专门机构，包括世界银行、国际货币基金组织、世界贸易组织等所提供的资金支持；向二十国集团峰会等多国集团峰会以及各类对话、协调机制平台提供的支持和援助；向国际社会中各类非政府组织，如国际金融稳定委员会等所提供的支持和援助；减贫减灾等国际援助。第三类是企业和私人机构对优化国际经济治理所承担的社会责任或服务。它一般由强势的跨国公司和具有资金优势的非营利机构提供，属于全球或国际性的公共产品。包括对东道国的各种社会责任的承担、援助，如对贫困和自然灾害的救助。

3.1.2　全球公共产品的需求因素

国际社会中的全球经济治理的核心是建立稳定合理的全球市场秩序和可持续的全球发展秩序，各国根据全球市场的重要性以及经济发展程度的不同决定对全球公共产品的需求。总体上，影响全球公共产品需求的主要因素涉及以下几方面。

1. 经济全球化程度

科技进步和市场经济的发展，拓宽了资源配置的广度和深度，全球分工不断细化，全球贸易不断拓展，国家间相互依存程度不断强化。为了降低成本、跨越政策壁垒、竞争资源或市场，跨国公司组织了世界大部分的生产、服务、技术创新、贸易、资金流动和人员往来，使全球化经济体系渗入越来越多的国家和地区。在经济全球化的推动下，生产和服务的环节突破区域和国家，遍及全球范围。各个经济团体对全球经济治理公共产品的需求不断上升，贸易、金融、知识产权等方面越来越需要国际化的制度、规则、机制和理念。

2. 国家间利益协调

随着全球经济治理的参与主体越来越广泛，国家间的利益关系愈发复杂，协调难度逐步上升。特别是科技进步和商业模式变革改变了原有的全球经济格局，参与经济全球化的国家收益分化，不仅表现为不同国家间的收益差别巨大，还表现为一国内部不同行业间收益的差距巨大。利益交叠使国家间“贸易战”“金融战”“科技战”频发，对全球经济治理提出了更高的要求，原有全球公共产品的供需平衡被打破。

3. 内外部经济治理的融合

随着经济全球化的深入，生产分工的精细化使国家间在经济上相互依存，经济治理的外部性增大。为了确保全球经济系统的效率和稳定运行，各国在“让渡主权”和“享受全球化利益”的抉择中难以平衡。“由于发展理念、发展阶段和发展问题不同，各国政策与法律的差异性很大，要在全球范围内制定统一的政策规则十分困难”①，全球化经济系统的日渐复杂使得国家内部经济治理与全球经济治理的协调难度上升，对全球公共产品提出了新的需求。

4. 全球化议题数量和复杂程度

全球化议题从贸易与金融领域不断拓展，气候、反贫困、公共卫生安全、数据主权等人类社会所面临的共同问题逐步显现。同时，全球化议题的复杂程度也在逐步提高。以往围绕经济全球化的利益协调主要是发达国家与发展中国家之间的“南北矛盾”，然而，现在则分化为三层，分别为新兴市场国家与发达国家、较落后的发展中国家与发达国家，以及新兴市场国家与较落后的发展中国家的矛盾，加剧了对全球公共产品的需求。对全球气候变化的议题也是如此，在温室气体排放问题上也形成了若干利益诉求不同的集团，如美国、日本、加拿大、澳大利亚组成的伞形集团，发展中国家集团，中国、印度、巴西、南非组成的发展中基础四国，欧佩克和沙特产油国集团，小岛国集团，欧盟等若干利益不一致或不完全一致的集团，其复杂性冲击着原有的经济治理体系。

3.1.3 全球公共产品的供给因素

全球公共产品供给要解决的首要问题是明确“供给主体”。目前，提供全球经济治理的主体是经济规模和影响力较大的国家和国家集团，通过设立国际

---

① 于津平：《全球经济治理体系的变革和中国的作用》，载于《江海学刊》2018 年第 2 期。

经济组织、机构，建立机制、规则、规范来供给或组织供给。发达国家作为全球经济的“领导者”和规则的“制定者”，一直充当全球公共产品“供给主体”的角色。但随着发展中国家等新兴力量崛起，全球公共产品的供给开始出现分歧，突出问题表现为新兴市场国家是否应当与发达国家承担相同的义务，尤其在国际贸易、全球气候治理等领域。围绕国际组织或机构的创设和掌控、规则制定、议程设置、代表权和发言权，国家间的权力竞争日渐激烈。具体而言，影响全球公共产品的供给因素主要包括供给能力与供给意愿两方面。

1. 供给能力

全球公共产品的供给能力既取决于经济硬实力，也取决于文化软实力，所以全球公共产品主要由经济规模和影响力较大的国家提供。无论是关键性的全球性议题（如多边贸易体制改革、全球金融稳定等），还是突发性的危机（世界金融危机、新冠疫情对全球经济的冲击等），都由大国主导应对。但随着经济全球化的发展，国家间经济实力此消彼长，国际经济格局演变，大国全球公共产品供给能力变化，当原先供给全球公共产品的大国实力下降不足以提供供给时，全球经济治理将面临“真空”风险，将出现“金德尔伯格陷阱”。

2. 供给意愿

全球公共产品的供给意愿取决于供给者的利益或权力是否与其承担的义务相匹配。国家利益是国家行为的出发点，全球经济权力的国际分配使霸权国家和新兴市场国家对全球公共产品供给意愿的变化明显。处于霸权地位的国家为了避免霸权地位的丧失，固化原有权利格局，有选择地减少，甚至规避国际义务和国际贡献，向新兴大国转移责任。与此同时，为维护自身利益和经济主权，新兴市场国家对霸权国家的责任转移或是采取抵制态度，或是要求获得对等的经济权力。全球经济治理中责任与权力的分配问题，决定了全球经济治理的供给意愿。

3.1.4　供需演进下全球经济治理体系的变革

在需求方面，随着生产和服务全球化程度的上升，资源配置范围愈发广泛，越来越多的国家参与到全球经济体系中，国际分工不断细化，商品和要素加速流动，各国国内生产、流通、分配、消费不断纳入国际经济的大循环中，在全球产业、贸易、金融系统中的地位和获得利益差异巨大。一国范围内不同阶层、不同产业随着产业技术条件和全球市场的变化也会出现利益分化。贫富分化、知识产权保护、贸易不平衡等全球性经济问题积累到一定程度时，会出现极端的全球性经济危机，导致对全球经济治理体系这一公共产品的需求发生变化，原来的供给状态越来越难以与之相适应。为各国所认可的理念、能够起到协调各方利益且有约束力的多边规则成为全球经济治理体系变革所涉及的最为重要的内容。

在供给方面，大国或组织供给全球公共产品受到供给能力和供给意愿影响。供给能力取决于国际政治经济格局，尤其是霸权国家和新兴大国的力量消长。国家间权利与义务的磨合和协调影响着其供给意愿。供给能力和意愿并非一成不变，而是随着国际政治经济格局的演变动态变化。经济全球化的深入发展使绝大多数国家的生产、消费、资本运作都无法脱离全球市场。全球性经济问题的陆续产生，也使得单一国家难以妥善应对。基于维护自身利益和安全的需要，以及围绕管理全球公共经济事务的规则、机制、活动的博弈，使全球经济治理体系这一公共产品的供给在反复和曲折中得以实现。

因此，在全球公共产品需求和供给两种力量的共同作用下，全球经济治理的制度体系和组织架构逐步演变。随着全球新经济问题对人类影响的广度和深度的增加，加强全球经济治理的需求愈发迫切。

3.2 基于制度复杂性视角的全球经济治理理论

从制度视角，全球经济治理可以理解为主权国家借助各种正式、非正式的国际制度，对国际经贸、投资和金融等国内外宏观经济进行协调和治理的过程。尽管布雷顿森林体系使国家间合作走上制度约束下相对有序的运行轨道，但国家间意识形态、政治经济体制、参与度、制度合法性以及治理事务本身属性的差异，使得全球经济治理表现出典型的制度复杂性。与此同时，国际制度作为反映建立者与规则制定者利益与偏好的工具，具有非中立性的特点。在当今国际竞争中，制度博弈与制度竞争成为主流。主权国家通过建立与改革制度争夺区域乃至全球治理的话语权，制度复杂性也是分析全球经济治理形态与本质的重要工具。

3.2.1　制度复杂性的含义及分析维度

制度复杂性的研究对象是全球经济治理实施过程中形成的各种制度复合体，用于描述全球、区域或跨区域制度体系的复杂形态。制度复合体指在管理特定领域问题时，一系列部分重叠且无等级的制度。制度复合愈发普遍后，将其称为制度复杂性，指不按等级排列的，存在嵌套、部分重叠和平行的国际制度。与制度复合体相比，制度复杂性的概念不仅涉及制度重叠，还包含嵌套制度和平行制度两种形态。从形式上，制度复杂性是由规则密度和制度复合体共存而产生的全球治理的国际政治体系，表现为不同领域或相同领域内彼此共存的平行、嵌套和重叠制度体系，在全球经济治理中频繁发生。

衡量全球经济治理体系的制度复杂性可从以下两个维度出发：一是不同国际制度的功能；二是不同国际制度参与主体的差异。功能指国际制度在全球治理中的适用领域。例如，国际货币基金组织、世界贸易组织和世界银行所属议题领域的不同，功能属性不同。不同功能领域和同一功能领域的不同制度、组织、条约、承诺等共同构成了制度复合体，例如，联合国粮食及农业组织（以下简称“粮农组织”）的《粮食和农业植物遗传资源国际条约》、联合国的《生物多样性公约》及世界贸易组织的《与贸易有关的知识产权协定》都对植物遗传资源的相关治理问题具有管辖权。因此，在全球经济治理秩序下，全球贸易、投资、金融及其他相关领域的治理制度具有特定功能属性，呈现出复杂的制度形态。

参与主体指治理制度的成员国构成。不同国际制度或组织包含的成员国不同，成员国之间的重叠和交叉也可能产生制度复杂性，当两个制度具有相同或部分相同的参与国时，“论坛选择行为”可能使某个参与国违背对某个制度的承诺或拒绝担责。而主导国对制度复杂性和关系属性则具有强大的塑造力，不同制度主导国的不同会直接决定制度与制度之间的关系属性，如若两个制度的主导国对立，如冷战时期的北约和华约，制度之间就形成竞争对立的平行关系。

3.2.2 制度复杂性的表现形式

根据全球经济治理体系制度复杂性的功能和成员国两个维度，可将具体形态组合如下：功能一致、成员国完全相同（完全重叠）；功能一致、成员国不完全相同（平行、重叠或嵌套）；功能不一致、成员国相同（平行）；功能不一致、成员国不相同（平行）。其中，功能一致、成员国不完全相同是制度复杂性的分析重点，比如冷战时期的两极体系以及围绕中美两国可能会形成的“平行体系”都属于此类形态。从组合与归类中可以看出，制度复杂性可以分为平行、嵌套和重叠三种类型。

1. 平行

平行制度也被称为水平制度，用于描述制度间没有正式、直接、实质性的重叠的制度形态。从功能属性和成员国两个维度的组合情况来看，平行制度大致分为三类：功能一致，成员国不同，如美苏冷战时期的华约和北约阵营；功能不一致，成员国不同，由于这一类制度互动作用不强，通常不作为重点研究对象；功能不一致，成员国相同，如国际货币基金组织、世界贸易组织及世界银行等几个国际制度就是典型的功能平行的制度形态。

2. 嵌套

嵌套指两个或多个国际制度的功能一致且成员国互为子母集。当两套国际制度的功能相似，但一个制度的成员国完全被囊括在另一制度中时，两个制度就构成了嵌套关系，如欧盟与联合国。嵌套往往被认为是一种协调新制度与现有制度的方式，而现实中的嵌套关系表现得则更为复杂，可能是多层次从属嵌套，如金砖新发展银行与金砖国家制度，也可能是没有从属关系的嵌套，如欧盟成员又是世界贸易组织成员方，形成嵌套，这种涉及多个国家或议题的国际机构。当前区域经济合作的不断增多，区域性综合性机构的出现，嵌套制度也愈发普遍。

3. 重叠

重叠指功能一致、成员方彼此相交的制度形态，不仅包括成员方完全相同，也包括部分相同。功能重叠指多个制度对一个问题领域拥有权力，区别于嵌套，虽然两个或多个制度在功能上重叠，但成员方之间并未构成子母集关系，仅相互交叉。从职权范围的角度，制度重叠就是一个制度的职权范围延伸到了另一个制度的职权范围。职权范围就是宪章、条约、协定等所规定的一个制度的任务和职能，即制度功能。例如，贸易协定中劳工保护条款的普遍存在，构成全球劳工治理实践的制度基础。功能一致的制度通常存在着“溢出效应”，即一个制度会影响与之重叠的其他制度，破坏其独立性。国际社会的无政府状态使制度间冲突没有共同认同的、强力的争端解决和执行机制，因此，国家往往会寻求符合自身偏好的制度，即论坛选择现象。不仅可以满足自身利益，还可以通过借助A重叠的B制度，实现削弱或破坏A制度的政策，实现制度制衡。根据参与主体交叉程度的不同，制度重叠又可进一步划分为完全重叠和不完全重叠。完全重叠通常指的是新旧制度交替，如《北美自由贸易协议》（North American Free Trade Agreement，NAFTA）和《美国－墨西哥－加拿大协定》（U. S.－Mexico－Canada Agreement，USMCA）。更普遍的则是不完全重叠的情况，如《区域全面经济伙伴关系协定》（Regional Comprehensive Economic Partnership，RCEP）与《全面与进步跨太平洋伙伴关系协定》（Comprehensive and Progressive Agreement for Trans－Pacific Partnership，CPTPP）。

3.2.3　全球经济治理的制度复杂性

全球功能各异制度的相互交织以及大国政治的动态塑造构成了相对静态的

复杂制度形态。政治体制、经济发展程度、意识形态等方面的巨大差异，使得大国博弈渗入全球治理。大国政治的不确定性加剧了当今世界的信任赤字、发展赤字、治理赤字，甚至和平赤字，面对日益增加的问题和挑战，出于避险意识，系统内其他国家和地区倾向于诉诸防御性战略，例如采取强化区域合作等方式对冲系统内治理赤字飙升的巨大风险，再度加深了制度复杂性的程度。

以亚太地区为例，亚太地区制度的平行、嵌套和重叠关系并存。平行关系表现为不同功能领域的制度各行其是。例如在安全领域内，美国、日本、印度和澳大利亚四个国家组成的四方安全对话与经济贸易领域内的中日韩自贸区，都是功能不一致且成员国不同的典型代表。经济治理框架下的金融、贸易、投资等不同细分领域的国际制度也构成了平行制度关系，例如贸易领域的中日韩自贸区和金融货币领域内的东盟货币互换安排。除此之外，同一领域内且成员国不同的制度也构成平行制度关系，如中日韩自贸区和东盟自贸区。尽管在传统制度理论中，平行是建设理想化制度体系的重要形式，但加入了制度复杂性的成员国特别是主导国维度，平行制度不仅可能加深制度复杂性程度，也能反映出世界秩序中的权力博弈格局，甚至催生激烈的制度制衡、制度竞争现象，如冷战时的两极体系。

亚太地区制度嵌套关系的存在与东盟密不可分，不仅形成了以东盟为最小集合的大范围嵌套，即东盟被嵌套在另一制度的成员国集合中，还形成了东盟内部制度嵌套，即东盟部分成员国间的重叠。具体而言，东亚及亚太地区的主要合作机制多以东盟为出发点。作为整个亚太及东亚地区的中小国联盟，东盟在协调和维护各成员国利益的作用上发挥着不可替代的重要作用，尤其在亚太经济秩序的变革期与重构期。因此，东盟与亚太区域制度框架形成了多重嵌套。除此之外，东盟内部嵌套也普遍存在，例如，湄公河委员会与《湄公河流域可持续发展合作协定》的参与主体完全相同，由泰国、老挝、柬埔寨和越南组成。大湄公河次区域经济合作以及澜沧江—湄公河合作在泰国、老挝、柬埔寨和越南的基础上加入了中国和缅甸，又形成了嵌套。作为综合性合作制度，东盟内外多层次嵌套实质上并不存在等级性，并且东盟地处“夹心”位置，交易成本和谈判成本较高，协调制度的行动复杂。

在亚太地区，RCEP与CPTPP是制度重叠的典型代表。RCEP与CPTPP两个国际制度在功能属性、地域范围、时间段、成员国等方面存在着交叉重叠。在形式上，RCEP与CPTPP处于交叉重叠部分的共有七个国家。RCEP与东盟形成嵌套，东盟中四个成员国加入了CPTPP，由此形成RCEP与CPTPP的重叠。相比CPTPP，RCEP的成员国更多为东亚国家，虽然两个自贸协定都旨在维持亚太地区经济秩序，但主导国不同。中日韩积极推动RCEP协定，将东盟内外部相对杂乱的自贸协定进行整合。美国退出《跨太平洋伙伴关系协定》（Trans-Pacific Partnership Agreement，TPP）后，由日本牵头CPTPP。大国博弈赋予了两个制度地缘政治竞争与对立的色彩，传统意义上的重叠制度并不必然具备排他性、冲突性和对抗性，但当区域大国的博弈溢出到制度领域，重叠制度也可能具有形成彼此排他的“平行体系”的潜在风险。面对区域乃至全球范围内的大国政治干扰，区域内其他相关国家都面临着制度竞争、论坛选择等作用机制的影响或驱动。

从以上静态视角分析制度关系来看，现有的全球经济治理制度呈现网络化复杂性特征。正式机制与非正式机制、全球性多边治理机制与区域治理机制纵横交错，表现为平行、重叠和嵌套等多种形态的制度关系，各个领域中彼此分立的平行体系尚未形成。制度复杂性的形成反映了现今全球经济治理制度存在结构失衡、治理失灵等制度困境，未来全球经济治理制度的发展趋势取决于制度环境的外部冲击与制度内部治理结构变化的共同作用。

3.3　基于大国博弈视角的全球经济治理理论

从国家博弈的视角，全球经济治理是各行为体博弈行动的结果。大国通过话语博弈制定国际经济制度，行使对国际事务的支配权。具体地，大国通过优势话语实力，使其他国际行为体接受或者不反对本国所推行的意识形态、价值观、游戏规则和议事日程（包括突发事件的处理权），最终控制国际事务博弈的结果。在军事及经济实力等硬实力及国家政治制度、意识形态、法律文化等软实力均有优势的国家，通过策略性选择话语对象，掌控话语时机、场合，设计有利于本国的话语内容，巧妙使用不同话语方式，支付适当话语对价，便可在议题提出、规则供应、体系及机制构建等方面具有主导权，形成以本国价值标准和利益为导向的全球经济治理体系。

3.3.1 话语博弈视角下全球经济治理模式

1. 美国话语垄断模式

第二次世界大战后，随着英国实力衰退，美国实力扩张，全球经济治理权力结构变化，全球霸主地位为美国所取代，美国主导下的布雷顿森林体系建立。布雷顿森林体系旨在维持美国全球经济治理霸权地位、美元国际货币体系中心地位及美式经贸规则权威性，虽然布雷顿森林体系为战后世界经济恢复、全球经济秩序稳定、经济全球化与贸易自由化发展提供了帮助，然而布雷顿森林体系话语权的构建最初是以美国霸权为基础的，是美国垄断下的西方话语体系的体现。虽然因日本与西欧国家的崛起，美国让渡出部分治理权力，但总体上话语主体狭窄，权力过于集中，无法反映全球经济治理话语权分配的参与性和合理性。

2. G7/G8 集团封闭俱乐部模式

美国深陷越南战争导致美元危机频发，20 世纪 70 年代美国逐步丧失单极控制国际货币的能力，大国间贸易摩擦增多，美国垄断地位削弱，无力解决各类经济问题，开始向西欧国家、日本让渡一定话语权。美国、英国、法国、德国、日本、意大利、加拿大成立七国集团，1975 年俄罗斯加入成立八国集团，开始掌握国际经济治理话语权，成为布雷顿森林体系的话语补充机制。G7/G8 增强了对话协商的有效性，全球经济治理制度性话语权分配由美国垄断模式转变为 G7/G8 共享话语权的大国协调模式。尽管如此，G7/G8 仍然是西方发达国家稳定全球经济制度的对话机制，崛起的新兴发展中国家因总体实力较弱、话语意愿并不强烈，未能参与全球经济治理制度建设，也不具备话语权。

3. G20 多极话语合作模式

20 世纪 90 年代，随着中国、巴西、印度等新兴力量崛起，全球经济结构进一步变化，新兴市场国家话语意愿的增强使 G7/G8 封闭俱乐部式的治理模式受到质疑。亚洲金融危机爆发使西方各国意识到全球经济的稳定发展需要与新兴发展中国家展开合作，于是，1999 年二十国集团（G20）正式建立。G20 机制是首个西方传统霸权国家与新兴发展中国家协商对话的平台，旨在促进南北经济协商合作，提高全球经济治理机制的合法性和有效性，促使美欧等向新兴发展中国家让渡部分权力，体现发展中国家的全球经济治理方案。G20 的成立使全球经济治理机制从布雷顿森林机制正式向更具灵活性和操作性的非正式性机制转变，同时体现了发展中国家尤其是亚洲国家在全球平台的影响力，并逐步发展成为全球经济交流网络中心以及南北经济合作对话的核心机制。

3.3.2　中美博弈下全球经济治理

随着中国经贸体量的迅速上升，与美国贸易摩擦加剧，中美博弈成为全球经济治理的主要矛盾和焦点，以下从博弈参与者定位、策略行动、博弈结果三方面分析中美博弈下全球经济治理的演进。

1. 博弈参与者定位

博弈行为体特性主要指国家综合实力，如地理位置、资源禀赋、国家规模、发达程度、军事实力、历史文化宗教、知识专利、国家治理能力等，中美两国是综合实力排名前列的大国。美国是全球经济治理体系的主导者，中国则是全球经济治理体系的参与者。但随着发展中国家的崛起，尤其是中国的崛起，国际权力结构发生重大变化，美国开始成为以联合国为核心的制度体系修正主义者，主要表现为特朗普政府对现有国际制度的“退群”，背离多边主义、发起科技封锁；拜登政府针对中国组建多重制度联盟，挤压中国，推行伪多边主义。美国主动改变博弈结构，从绝对收益转向相对收益考量，其制度行为成为现有全球经济治理制度变革矛盾中的主要方面。但中美间高度复杂的相互依存结构，以及美国国内利益集团的博弈，使得美国政府在不同领域、不同时期对不同的国际制度的利益分配模式呈现不同的态度。

2. 策略行动

博弈的根本特征是博弈策略的依存性，根据不同的结构补偿考虑和未来期望，采取不同博弈立场，行为体的制度策略取决于制度变迁的目标以及可动用的资源。行为体可利用制度更替、叠加、偏离、转换和衰竭五种策略推进变迁，与其他行为体的互动体现为冲突和合作两种博弈形态。更替指新制度替代旧制度，如美国、加拿大、墨西哥重新谈判，用 USMCA 替代 NAFTAN。叠加指对旧制度进行修订、补充的制度变革策略，如亚洲基础设施投资银行是对世界银行制度的叠加，G20 峰会是对 G7 峰会的制度叠加。偏离指行为主体实践与制度的偏离，如美国拖延 IMF 和世界银行投票权改革方案，试图利用制度偏离维持其霸权统治。转换是保持现有制度形式基本不变的同时，利用解释和执行空间扩张制度边界或改变其制度效应，如 WTO 的一些法官通过争端解决促进 WTO 制度的转换。衰竭是有意识加速目标制度功能丧失、助推新制度形成，如美国特朗普政府扬言退出 WTO，屡屡阻碍上诉机构大法官指派或续任，导致 WTO 争端解决机制一直处于瘫痪状态。

拜登政府上台后，认为中美关系竞争、合作、冲突并存，采取了新策略，不再加征关税，落实中美经贸摩擦后第一阶段贸易协议的同时，提高经贸领域标准、规则，对中国进行制度挤压和围堵，如通过三边协议、四边协议，建立针对中国的制度同盟。尤其在高科技领域，加快对中国高科技企业的技术封锁和打压，促进形成技术联盟，保持美国对中国的科技优势。在气候领域，中美达成合作减排共识，促成 2021 年格拉斯哥气候峰会协议出台，但拜登政府也以各种方式对中国施压，如要求中国停止煤炭补贴出口和对外投资不清洁的能源项目等。美国在不同领域采取了不同制度策略，产生了差异性博弈过程。

3. 博弈结果

博弈过程中策略互动主体达到的相对稳定状态就是博弈结果。单极结构下制度博弈以传统霸权国家主导，其他国家作为跟随者配合行动，均衡结果主要体现霸权国的观念和利益偏好。霸权国塑造符合自身观念的制度体系，自行承担或强制、诱导其他国家分担制度建设和维护的成本，最终通过新规则协调各方利益，以形成有利于自身的治理机制。但多极结构下，制度变迁的实现过程相对复杂，中美两国在不同领域既有竞争，又有大量重叠和共同的利益，需要在不同制度领域和层次采取不同制度策略，管控分歧，扩大全球经济治理制度框架的包容性空间。在制度竞合过程中，未来全球经济治理可能形成以中美两国为主导，双中心化、功能领域高度重叠、规范领域一定程度分离的发展趋势。

3.4　基于人类命运共同体视角的全球经济治理理论

2013年3月23日，习近平主席在俄罗斯莫斯科国际关系学院发表题为《顺应时代前进潮流　促进世界和平发展》的重要演讲，首次提出人类命运共同体的重要理念。

人类命运共同体将所有人视作整体，提供了一种人类整体主义的方法论，从人类作为整体的高度认识全球经济，为当前全球经济问题的解决提供了新的整体主义方法论。人类命运共同体倡议也被多次写入联合国决议，获得了国际社会的普遍认可。全球经济治理需要共同的价值理念，因为治理不仅仅限于建立和运行制度，还包括共同的价值体系、社会规范和文化实践以及社会团结的观念。随着时代发展，现行全球治理体系不适应的地方越来越多，国际社会对变革全球治理体系的呼声也越来越高。人类命运共同体理念对于推动全球经济治理体系变革具有重要意义。

3.4.1 理论基础

人类命运共同体理念的提出适应了当今经济社会发展的客观需要。二战结束后，《国际货币基金协定》《国际复兴开发银行协定》《关税及贸易总协定》等一系列国际经济协定的签订构建了国际经济秩序，促进了国际经济发展，但其本质是以资本主义国际分工为基础的国际生产体系、以不平等贸易为条件的国际经贸体系和以国际金融资本垄断为主导的国际金融体系，缺乏包容、民主、自由、公正、普惠的精神，导致国际经济被少数发达国家控制。广大发展中国家丧失经济自主权，处于不公平的贸易地位，并陷入长期的债务危机和经济困境，严重阻碍了人类社会的进步发展。为维护国家主权、促进经济发展推动自由、民主和公平的国际经贸，广大发展中国家提出建立国际经济新秩序的主张。随着《建立新的国际经济秩序宣言》《建立新的国际经济秩序的行动纲领》《各国经济权利义务宪章》等国际文件的签订，奠定了建立包容、民主、自由、公正、普惠的国际经济新秩序的坚实基础。人类命运共同体理念的提出，就是以共享为核心目标，超越以资本绝对权力为中心的认知，以新的理念来引领经济全球化、经济治理体系的转向。人类命运共同体理念的根本目标就是让人类命运共同体的所有成员都能在资本增殖的过程中共享经济发展的红利，把全球经济治理放在“资本—劳动”的现实框架之中，最广泛地凝聚起全球资本主义体系的边缘国家，彻底改造旧的“中心—外围”关系，打造一个“政治互信、经济融合、文化包容的利益共同体、命运共同体、责任共同体”。

全球经济治理体系的基础和核心是国际经贸。国际经贸具有深刻的人性根源和人性基础。经济关系是其他一切社会关系的基础和纽带，使人联结起来形成经济共同体乃至命运共同体。随着商品经济的确立和市场经济的发展，地域封锁被打破，人们自愿交往、互通有无、平等互利，形成利益共同体和命运共同体。人类的经济形式、经济生活日益类似、不断趋同，以致经济全球化，既是国际经贸的基础，也是全球经济治理体系的基础。在此背景下，人类命运共同体理念也是商品经济或市场经济发展以至经济全球化的必然结果。虽然如何构建全球经济治理体系尚在探索之中，但人类命运共同体理念为统率和指导国际经济治理提供了理论基础，将赋予发展中国家更多的经济利益，重塑共同发展、合作共赢的健康交往关系，超越“中心—外围”的国际分工体系和利益固化格局。

3.4.2　原则拓展

随着经济全球化的不断加深，原有国际经济秩序在实施中发展失衡、治理困境、数字鸿沟、公平赤字等问题凸显，全球经济治理体系需要确立新的理念补充和发展。

1. 主权平等原则

国际经贸既是社会分工的产物，也是国际分工的结果，无法完全由国际市场调节以实现自由、民主和公平的国际经贸。国家主权的目的之一是促进国际经贸发展，但如果国家主权与促进国际经贸发展的目标相悖，就违背了国际市场规律。一些西方国家以保护本国利益为名，以国家名义采取单边主义、保护主义、贸易战等逆全球化的政策和措施，破坏全球产业链和价值链的正常运行，招致国际经贸摩擦冲突不断、国际经济秩序失范无序的恶果。维护和践行多边主义，推动构建人类命运共同体是对主权平等原则的新扩展，更符合全球利益。

2. 经贸自由原则

经贸自由原则是国际经贸的基本原则。国际经贸自由不仅仅指货物自由、交易自由、价格自由、谈判自由、合同自由等，其本质是人的自由，世界应是“自由人的联合体”。只有经贸自由，才有自由竞争，才能优胜劣汰，才能实现国际资源的有效配置。但世界各国的资源禀赋不同，竞争能力各异，国际经贸并非是真正自由的，而只是少数大国的经贸自由。人人自由、人类自由，这既是人类命运共同体的内在要求，也是人类命运共同体的基本内容。国际经贸是实现人类自由的基本路径，全球经济治理体系的根本宗旨在于促进国际经贸的发展以实现人类自由。全球经济治理体系通过促进和维护国际经贸自由，发挥各国比较优势，取长补短，自由竞争，相互促进，相互成就，共同进步，实现人类自由，人类命运共同体对经贸自由原则的扩展是构建全球经济治理体系的主要方向和努力目标。

3. 平等互利原则

平等互利是市场经济的本质要求，也是国际经贸能够持续发展的重要基础和根本原因。国际经贸往来中，各国利益最大化的实现需要内在平等互利的利益调整机制。然而，由于各国综合实力和缔约能力的差异，国际经贸不平等互利的情形时常出现，国际经济秩序亟待重构。当前，国际经贸主要由少数发达国家、国际垄断资本及资本家主导，资本的盈利逻辑和资本家追求自身利益最大化的本性决定了国际经贸难以实现平等互利，需要用人本主义节制资本逻辑，使国际经贸的平等互利从形式意义向实质意义发展。构建全球经济治理体系的根本目的就是从实质上保障国际经贸的平等互利，进而构建人类命运共同体。

4. 守信原则

诚实信用是国际经贸和全球经济治理体系的基本原则。国际经贸面临着更多的不确定因素和风险，一旦违约将发生连锁反应。国际经贸中国际法主要是协定、条约或公约，并没有强制力和强制执行机构保证实现。国际经贸协定是构建人类命运共同体的基本方式和牢固纽带，人类命运共同体也是建基于无数的国际经贸协定及其履行上。诚实信用、有约必诺、履行责任，是人类命运共同体的基本保障。当今国际社会的许多问题很大程度上是一些国家特别是发达国家言而无信、有约不诺、不负责任造成的。一些发达国家主导国际秩序却不承担主要责任，享有主要权利却不承担主要义务。守信不仅是履行国际经贸协定的必要条件，也是促进构建人类命运共同体的重要原则。

3.4.3 实践路径

人类命运共同体理念为推进全球经济治理体系提供了经济模式、科技共享、金融秩序、绿色发展等多方面的实践路径。

1. 经济模式

经济模式是全球经济治理体系的重要内容，只有掌握了经济模式的自主权，才能掌握自身命运。各国享有选择经济模式的自主权也是国家主权和经济主权的题中之义。事实上，各国应采取何种经济模式不仅要考虑是否有利于本国人民命运的发展，还要考虑是否有利于人类命运发展和人类命运共同体的构建。构建全球经济治理体系，改革由西方经济模式主导的国际经济秩序，坚持共商共建共享的全球治理观，不断改革完善全球治理体系，使其向兼容并包的方向发展，对于实现全球经济自由民主公平、共商共治共享的目标具有重要意义。

2. 科技共享

科技进步是构建全球经济治理体系的根本动力。促进科技进步和科技转让、实现科技共享是全球经济治理体系最核心的内容之一，推动人类社会共同发展进步，才能构建人类命运共同体。以人类命运共同体理念为指导，调整国际科技转让，让科技创新成果为更多国家和人民所及、所享、所用，每个国家特别是发展中国家都可以从科技进步中获利，建立面向新科技革命和产业变革的政策制度体系，营造国际合作环境。

3. 金融秩序

国际经济秩序的核心是金融秩序，因此不公平的国际金融秩序是全球经济治理体系所要解决的重要问题。构建全球经济治理体系必须改革国际金融体制，建立民主化、平等化的金融决策制度，加强金融风险评估、预警机制、防范体系和应急救济等能力的建设，保障国际金融安全，使国际金融普惠国际社会，为构建人类命运共同体创造重要条件。

4. 绿色发展

全球经济治理体系不仅是经济发展，也是绿色发展。因为人类命运共同体不仅是人类自身的命运共同体，也是人类与自然环境的命运共同体，意味着人类与自然生命共命运，人类绿色生存、人类绿色发展、人类永续生存发展。人类顺应自然环境，保护自然环境，与自然环境和谐相处，“天人合一”，才能构建人类命运共同体。因此，人类命运共同体视角下全球经济治理体系，要在优先保护自然环境的前提下促进国际经济发展，添加相应“绿色条款”，提升“绿色条款”地位，发挥指引作用。

第4章

全球经济治理改革的演进趋势与基本思路

4.1 全球经济治理中的国际关系

经济全球化需要国际社会制定国际规则来协调国家间经济活动，从而能够预防和化解国际纷争，降低经济全球化带来的不确定性和风险。但是，当今世界的大国间矛盾和全球治理的挑战均呈现上升趋势，大国博弈激化并陷入僵局，国际体系的对抗性可能达到了冷战之后的最大强度，国际冲突风险总体呈上升趋势，大国博弈持续激化。而大国对抗对全球经济治理形成了较大阻碍，导致主要国家在需要开展合作的全球性议题上无法进行有效合作，这是当前全人类面临的严峻挑战。与此同时，大国博弈激化的同时，一些新兴大国的国际影响力呈上升趋势，开始在国际关系中发挥重要作用。

4.1.1 全球经济治理主体相互嵌入

相互依赖是世界政治的一种客观事实，是以国家或组织相互影响为特征的普遍情形。相互依赖并不局限于互利的情景，而是与行为体付出的代价有关。

是否从相互依赖中获得更大收益，并不取决于相互依赖框架本身，而是取决于行为体的主观认知和评价。相互依赖既有可能是均衡的彼此依赖，也有可能是非对称性的彼此依赖。不过，均衡的相互依赖是一种理想状态，事实上绝大多数情况下，非对称的彼此依赖是一种常态。

1. 全球化的不断深入

全球化的深化意味着全球经济治理主体间关系的相互嵌入程度逐渐加深。20 世纪 70 年代，东西方意识形态的冷战已趋于缓和，东西方无论是人员流动还是市场要素流动都已经打破了冷战时期的限制，市场要素的跨国流动无论是规模还是质量都是空前的。因此，全球化的深化尤其表现为经济全球化进程的深化，并且一直延续至今。但是，近些年美国的贸易保护主义尤其是共和党特朗普政府的孤立主义措施，使得“逆全球化”现象异常突出，给全球化进程带来了一定的挑战。然而，全球化作为一种客观趋势而不可逆转，只是由于受到一些岩石的阻挡，遭遇暗礁断崖而减弱了一些势头，但这一切无法根本改变全球化的趋势。全球经济治理主体之间的联系程度不会减弱，反而会更加相互嵌入。

2. 资本与利润的多向流动

20 世纪 70 年代后，资本与利润的流动越来越呈现出多向流动现象。早期资本主义吸纳式的全球经济治理模式实际上是资本为了在全球范围内逐利和争夺殖民地而采取的一种分赃制度。于是，全球经济治理的层面就产生了这样一种呼吁，即“要求把全球化为所有国家服务放在优先地位”。更确切地说，在此阶段的全球化，国际社会呼吁建立一个适应全球经济治理需要的全球政府，至少有一个拥有立法权力的世界议会，加上一个世界法庭和指定的、拥有执法权的行政机关（陈伟光等，2022）。在这种情形下，资本作为全球经济治理重要的行为主体，不再是以瓜分世界为目的，而是以追求全球秩序的安全与稳定为诉求。特别是在互联网赋能之下，全球化及其负面效应都因互联网技术而具有强大的传导效应。资本网络、利润网络上的任何一点出了问题都会迅速从爆发点传导出去，从而产生系统性的危机。鉴于此，无论是资本还是主权国家、国际组织都不得不主张一种“负责任”的全球经济治理，即“责任制”治理。因此，这种相互依赖的利益格局决定了全球经济治理不同主体之间尤其是资本之间必须从分赃制度走向责任制度。

3. 全球化冲击导致传统主权观念被冲淡

传统的主权理论认为，主权是一个国家所固有的权力，不可进行让渡。但是，欧洲一体化的实践表明，主权的某些要素性权力可以从国家中让渡出来交给共同体来管辖。假如欧洲一体化过程中主权的让渡是国家的主动行为，那么在当今全球化进程中，面对众多全球化的负面效应以及随着全球化本身的不断深化，任何国家都难以应对全球化带来的各种非传统安全威胁，国家将被迫出让某些主权权利。但是，这也并不是说明可以随意夸大全球化对国家的影响，有一种观点把全球化和全球经济治理视为要建立在世界帝国和世界主义民主之上的世界主义国家，这显然是不现实的，也会在实践中遭遇严重的困难。不过，某些主权权力的出让的确导致相互依赖的加强和利益相互嵌入程度的加深。

4.1.2　大国经济外交与全球经济治理体系

大国经济外交是全球经济治理制度演进的重要力量，通过经济外交手段塑造有利于自身的全球经济治理体系，是近百年来大国的通常做法（陈伟光和蔡伟宏，2019）。从某种程度上讲，近代经济全球化及其治理体系演进的历史，也是大国经济外交及其互动的历史。以主权国家为主要行为体的全球经济治理体系中，大国经济外交的合作与竞争往往是推动其治理制度形成和发展的主导方式和重要工具。虽然代表性问题成为全球经济治理体系改革的重要内容，但在当代全球经济治理体系由发达大国掌控的局面下，发展中国家及低收入群体在全球经济治理体系中的话语权不高，平衡个体及地区差距等问题往往较难纳入国际协调的议题。

1. 大国经济外交是全球经济治理的必要环节

大国经济外交行为及其博弈是全球经济治理制度体系形成与演进的必要环节。制度是博弈的均衡结果，外生冲击和行为体的观念、权力和利益结构内部因素的变化是制度变迁的动力源，但行动环节是制度的形成与演进不可或缺的，全球经济治理制度变迁一般需要行为体的观念宣示、倡议提出、权力博弈和制度形成等过程。大国在经济外交的策略和手段运用中可以是多样的，如经济援助、经济制裁、容忍、开放式或俱乐部式合作等。二战结束后西方建立的布雷顿森林体系奠定了多边制度秩序基础，该制度的创立和发展是英美两国制度性权力和平转移的标志，也是美国经济外交胜利的果实。在随后的全球经济治理进程中，世界主要大国通过经济外交不断推动其制度体系变迁。中国是大国经济外交的后起之秀，伴随着中国改革开放的历史进程，中国经济外交不断发展和成熟，成为中国特色大国外交的有机组成部分。而作为全球第一和第二大经济体以及发达与发展中国家的代表，中美两国各自的经济外交以及中美双边经济外交的互动，对于当代全球经济治理的制度变革与塑造会产生重要影响。

在未来相当长的时间里，全球经济治理不大可能会出现一个由其中一方主导的绝对中心。事实上，当前基于实力、利益和价值的差异，二十国集团大体上衍生分化出以七国集团和欧盟代表西方守成国家利益的版块，金砖国家所代表新兴发展中崛起国家利益的板块和其余中等强国版块三类平行并存的亚团体，其中七国集团和金砖国家是搭建二十国集团平台的两根关键支柱。七国集团曾一度雄心勃勃，力图将自己打造成冷战后及 21 世纪的全球治理核心。但冷战结束以来的实践表明，七国集团无法也无力成为新世纪全球治理的中心，它只能是多个治理集团中的一个。未来七国集团将主要议程调整集中到信息技术和数字鸿沟、世界贫困与非洲发展、全球经济增长、打击恐怖主义、防止核生化武器的扩散、地区冲突的预防与治理、能源与环境问题等领域，并加强与新兴经济体和发展中国家的对话与合作，尽力维持发达国家在全球治理领域中的既得利益。鉴于全球性权力转移将是一个长期的过程，全球治理体系的演变也将是一个长期过程，这种多个非正式治理集团的共处也将长时间存在。

中美两个大国在稳妥处理双边关系的同时，可以通过在全球治理中的合作、协调推动人类命运共同体建设，跳出大国力量消长、赶超时出现的战略冲突陷阱，走出一条前无古人、后启来者的和平发展之路，大国相处之道，其极端重要性对大国和世界来说均不言而喻。两国共同追求并推进公正、公平、合理的全球治理体系建设，不仅体现了两国立足长远的历史前瞻，兼济天下的宽广胸怀，更体现了双方坚持走和平发展道路的决心和维护大国关系稳定健康发展的自觉。建立新型大国关系的关键不仅是运筹好中美关系，更在于一个符合全人类利益的全球治理体系能否顺利建设并向前推进。

欧盟是国际政治经济格局中的一个重要力量，中欧关系是世界上最重要的双边关系之一。中国应将欧洲作为推动和建立新型大国关系的重要进取方向。要抓住欧洲当前既想深化与中国合作，又有所顾忌的复杂心态，以经济金融合作促政治人文交流，探讨更大规模、更高水平的利益置换，全方位拉近中欧关系，将其塑造成中国新型大国关系框架中的重要一极。未来十年，中国要以建设新型中欧关系为抓手，以平等互利、相互尊重为基础，以和平发展、合作共赢为原则，谋求共同利益和战略共识，发展超越意识形态和社会制度差异的合作模式，建立相互磋商、运行有效和危机管控的合作机制。

2. 全球经济治理体系是大国经济外交的制度保证

全球经济治理制度体系规范了大国经济外交的场合和形式，在经济外交作用下，制度运行会产生符合设计者偏好的制度效应。在全球经济治理制度体系中，一些多边组织、治理平台、合作峰会以及各类国际论坛往往是大国经济外交的重要场所，治理理念、行动方案和讨论议题多出自这些场合，并在互动和博弈过程中达成均衡。制度作为共同遵循的规则，本身具有公共产品的属性，如减少交易成本、减少不确定性以及促进合作等。与此同时，制度是协调共同利益、引导集体行动的纽带，是利益分配的工具，其利益分配功能不可避免地反映了制度设计者的偏好。在全球经济治理中，重要的多边国际组织等制度往往是具有实力的大国提供的公共产品，并以此协调各方经济交易和利益分配，实现对全球经济的治理。

在全球经济治理制度体系中，传统大国与新兴大国基于不同的身份采用了不同的经济外交战略。制度的分配效应会导致制度的相对受益者和受损者，既得利益集团将成为制度的维护者并有意塑造制度的合法性，相对受损集团会成为制度的改革者，改革者会挑战现存制度的合法性。一般而言，新兴大国是制度性权力的后来者，经济实力与制度性权力的不对称性使得新兴大国需要通过外交方式来谋求经济实力转化为制度性权力，以塑造更加公平有效、符合自身利益诉求的制度体系。传统大国是制度性权力的先行者和现行制度的主导者，其更多地倾向于维护制度的领导权占有，其经济外交行动不仅固化了制度领导权及其制度的合法性，而且试图通过规则的执行或制度的改造以获取更大的制度红利。

3. 中美经济外交策略与全球经济治理对比

全球经济治理制度性权力反映了行为体对国际经济结构赖以存在的规则、机制的支配性影响。其权力行使基于制度安排以应对各国宏观经济政策的协调，以及国际金融、贸易、投资、产业分工等领域竞争和合作中的经济问题，行为体获取更大权力的动机是在提供制度性公共产品的同时，协调共同利益以谋求本国经济应获得利益。作为世界大国，美国是经济外交的主要开拓者和实践者，美国经济外交对于塑造和维护美国的国际政治经济的领导地位发挥了重要作用。二战之后，美国主要通过经济外交手段来谋求并维护其在全球经济治理中的主导地位，但这一过程往往伴随着一定的霸权和侵略色彩，具体以美英经济外交博弈进行阐述。

19 世纪末，美国的经济实力就已远超当时的世界霸主英国，但直到二战结束前，美国并没有从英国接手国际制度的主导权。布雷顿森林会议的成果则是美国经济实力向制度性权力成功转换的标志。在制度设计和制度形成过程中，美英两国政府都派出了最佳阵容，展开了一场围绕战后建立国际新秩序的经济外交博弈，布雷顿森林体系的最终形成意味着大国历经制度博弈后国际领导权的和平交接，也预示着美国主导全球经济治理的时代到来。在布雷顿森林会议中，美国凭借当时的黄金储备和金融实力等经济实力的压倒性优势，获得了绝对性胜利。除此之外，美国还通过贸易和金融外交实现对英国主导的国际贸易、国际货币制度的双取代。作为崛起国，美国要真正获取全球经济治理权，需要比较彻底地瓦解和清除英国构建的国际经济制度体系。在货币制度上，曾一度辉煌的英镑霸权时代造就了英国主导的全球化繁荣。英镑区的建立限制了美国和英镑区的贸易往来，也阻碍了美国和非英镑区国家的美元结算。在美国看来，英国正是利用英镑霸权地位对美国实施歧视性的金融贸易政策。这也是美国决心拆散英镑区，建立美元在国际货币体系中的中心地位，进而树立美元霸权的缘由。为此，美国财政部策略性地运用《租借法案》，以耗费英国作为英镑信用基础的黄金和美元储备。对英国而言，《租借法案》带来的不仅是战争物资，同样重要的是能避免其黄金与美元储备的流失。美国为了使得英国黄金与美元储备的余额少于维持战争所需的最低水平，由此让英国在财政上继续依靠美国，美国财政部在《租借法案》生效前要求英国归还之前已到期的债务。二战结束后，美国立刻停止执行《租借法案》，这让英国无法继续"租借"美国物资来度过财政困境，而被迫向美国要求贷款，由此展开《英美财政协定》的谈判。最终，美国凭借其强大的实力支撑以及运用实力转换为制度性权力的外交智慧和技巧在制度之争中取胜。

中国则是国际体系中经济外交的新秀。新时代中国经济外交是中国特色大国外交的有机组成部分，其基本特征是谋求经济实力转化为经济治理能力。新中国成立以来，中国在外交实践中确立了平等互利的通商贸易关系和对外经济援助的原则。改革开放以来，中国的经济外交策略确立了以服务经济建设为中心的工作重点，中国开始融入全球市场并参与全球资源配置及全球分工体系，在经济全球化进程中不断发展壮大，先后经历了全球经济治理体系融入者、建设者和改革者的角色转变。随着中国推动全球经济治理制度的演进，中国经济外交目标也由原来主要服务于经济利益开始转向制度性权力。换句话说，中国一直坚持和平的经济外交之路，主要通过融入全球经济治理体系来开展经济外交活动。20 世纪 80 年代改革开放初期，为了打破被孤立的外界环境，中国经济外交的主要目标是融入国际经济体系，为经济建设创造良好的外部环境。与此同时，中国开始全力加入重要的国际经济组织，以融入全球和地区多边制度体系。在改革开放基本国策的指引下，中国通过学习并适应各类国际经济规则，参与全球市场的资源配置和国际分工，在现存国际体系中不断发展壮大，也为中国深度参与全球经济治理打下了基础。21 世纪初，中国加入世界贸易组织标志着中国成为全球经济治理体系的全面参与者，并逐步担当起建设者和改革者的角色。此外，中国开始积极推动区域自由贸易区建设和区域金融合作发展。随着一批新兴市场国家的同步崛起，其经济实力和制度性权力不匹配现象凸显，发展中国家争取在全球经济治理中相应的代表性和话语权的诉求有所提升。作为最大的发展中国家，维护发展中国家的权益，建立更加公平合理的全球经济治理体系也是中国的大国责任。并且，中国致力于拓展全球经济治理制度性权力空间。面对经济全球化困境，特别是在保护主义抬头、多边机制困境以及全球经济治理赤字的情况下，中国需要为国际社会提供更多的公共产品，提高中国在全球经济治理中的制度性话语权。

中国作为发展中国家，强调“共同发展导向”的包容性全球经济治理理念，倡导“共商共建共享”的全球经济治理理念，能有效避免“形式上”的公平、幻觉下的“实质不公平”，体现了不同发展阶段的“公平性”和发展模式的“中立性”。在国际制度建设行动中，中国以金砖国家新开发银行、金砖国家应急储备安排及亚投行等国际经济合作机制为载体，以互联互通伙伴对话机制、上海合作组织和中国—东盟自贸区等国际合作机制为制度框架，在“一带一路”框架下嵌入新型国际规则，推进全球经济治理新体系的制度化建设。通过构建议题联盟，既协调金砖国家和发展中国家在全球经济治理议程中的态度，形成新兴市场国家的联合优势，维护发展中国家的利益，又着力寻找与美欧等发达国家在全球经济治理领域的共同利益，协调好南北合作和南南合作。而美国则是通过引领及创建布雷顿森林体系的方式确立了新自由主义的经济价值观，美国对英国开展的经济援助外交是帝国特惠制终止的诱致性力量。随着美国领导的新自由主义霸权秩序的衰落，这种以华盛顿共识为基础的价值观遭遇国际社会的挑战。事实上，中国主动塑造新的国际机制是对以美国为典型代表的传统全球治理制度体系的完善。

4.1.3　贸易摩擦与全球经济治理体系变革

随着世界经济格局的演变，国际贸易体量不断增大，贸易结构不断变化，贸易摩擦的形式也在不断演变。因此，分析以往贸易摩擦对全球经济治理规则的影响，总结这些影响背后的共同特征，并探讨中美贸易摩擦可能带来的全球经济治理规则的变化，显得尤为重要。相互依赖并不意味着合作彻底取代国际冲突，国际社会资源的稀缺性和主权国家的利益，决定了即便是在相互依赖的框架中，国际冲突依然不能绝对避免。主权国家永远把国家利益放在首位，由于资源具有稀缺性，竞争乃至冲突都可能发生，但相互依赖的框架并不会发生根本改变。

1. 美日贸易摩擦

20 世纪 60 年代，随着日本经济规模与增速的同步提升，美日贸易逆差不断扩大，美日贸易摩擦频繁发生并不断升级。美日贸易摩擦集中于纺织品、汽车、半导体等领域。日本纺织品的出口量一度占据世界总出口量的近七成，致使美国纺织品业遭受冲击，1977 年美国对自日本进口的丝绸品展开“301 调查”并实行进口限制。随着日本汽车、彩电等产业的崛起，大量产品涌入美国市场，在加大美国贸易逆差的同时也使这些领域的贸易摩擦不断升级。20 世纪 80 年代，日本半导体产业逐渐取代美国的龙头地位，日本也因此受到美国“不公正贸易行为”的指控，1985 年美国贸易代表署对日本发起针对半导体产业的“301 调查”，通过征收报复性关税和签订广场协议，迫使日本作出退让。最终，在美日贸易摩擦中美国凭借强大的国内经济实力和国际经济影响力，以限制进口配额以及征收反倾销报复性关税等手段，通过新经济政策、日美半导体协议和广场协议等双边或多边贸易协定，强制日本实行自主出口限制，并开放国内市场，以缓解贸易摩擦。日本政府则以自愿限制出口的方式化解美国对日本彩电、半导体及汽车等产业的制裁，并通过产业转移将生产加工环节转移到其他发展中国家以避免制裁，由此造成了日本产业空心化和经济衰退的严重后果。

2. 美欧贸易摩擦

美欧贸易摩擦大多集中于农产品与钢铁领域。自欧盟成立以来，欧盟国家在农产品领域实行共同进口关税、共同农业基金和农产品进口补贴等政策，农业生产持续稳定，农产品产量大幅提升。美国以欧盟实行高关税和出口补贴政策为由，认定欧盟农业政策不符合自由贸易精神，并基于世界贸易组织的相关规则，通过征收反倾销税与反补贴税等途径提高进口关税税率。这一情形同样发生在钢铁领域，美国大型钢铁企业以西欧十一国的钢铁公司通过政府补贴以低于成本的价格向美国倾销钢材为由提起诉讼，此后美欧在钢铁领域的贸易摩擦显著升级。特别是进入 20 世纪之后，美国更是依据 1974 年贸易法的“201 条款”，对来自欧盟以及日本、韩国等国的钢铁产品进行了全球保障措施调查。通过梳理美欧在贸易争端中的处理方式可以发现，作为贸易摩擦中拥有更多话语权的一方，美国在处理贸易争端时通常选择采取贸易报复与经济制裁的方式，在国际上通过谈判对有关国家施加压力，同时在国内以贸易立法和提高技术性贸易壁垒等方式，征收反倾销税与反补贴税等途径变相提高进口关税税率以限制进口，平抑贸易逆差。而欧盟国家则通常采用温和的迂回方式，规避美国的贸易制裁。例如，在农产品领域，通过诉诸世界贸易组织的争端解决机制，采用更加温和且被动适应的方式来应对美国的农产品贸易制裁，在钢铁领域则通过提高进口关税以及实施进口配额制度等临时保障措施来对美国进行反制。

3. 中美贸易摩擦

中美逐渐扩大的贸易逆差使得美国连续对中国发起六次“301 调查”。1991 年 4 月，美国政府以中国专利法存在缺陷，美国作品著作权、商标秘密和商标权难以受到保护为由对中国发起了第一次“301 调查”，最终中美双方签订有关知识产权的保护协议，中国对改进知识产权法律作出承诺。同年 10 月，美国对中国发起了有关市场准入的第二次“301 调查”，最终双方签署《中美市场准入谅解备忘录》。1994 年 6 月，美国对中国发起第三次“301 调查”，要求中国完善知识产权保护体系，对美国的知识产权产品进行开放，最终中美双方达成第二个有关知识产权保护的协议。1996年4月，美国以中国的知识产权保护力度不够为由，对中国发起第四次“301调查”，中美双方签署了第三个知识产权保护协议。2007年4月，美国就关于中国惩治盗版和假冒注册商标商品的刑罚门槛问题、关于中国海关处置没收侵犯知识产权货物的规则问题和关于中国涉及版权保护的文化产品市场准入问题向世界贸易组织争端解决机构发起正式磋商，并于2010年10月对中国发起了第五次“301调查”。2017年8月，美国为了查清在技术转移、创新和知识产权保护方面中国政府的政策和措施是否对美国的贸易利益有不合理的歧视或损害，美国贸易代表署以“中国对美国知识产权存在侵犯行为”为由对中国发起了第六次“301调查”。而2018年以来，中美贸易摩擦存在进一步升级的倾向。2018年6月15日，美国白宫宣布对含有重要工业技术的500亿美元中国进口商品征收25%的关税，并且对与工业重要技术有关的中国个人和实体实施投资限制和出口管制。同年12月1日，中美双方元首在阿根廷G20峰会期间会晤，中国同意购买尚未商定的农业、能源及工业产品等，美国同意不会在2019年1月1日把关税提高至25%，现正被征关税的产品会继续维持10%的税率，同时中美双方将继续进行贸易谈判，重点讨论技术转移和知识产权等关键领域的重点和焦点问题。因此，从历次中美贸易摩擦中可以看出，美国仍延续了其一贯的贸易制裁手段，即以不公平贸易、反倾销以及反补贴等理由对中国实行贸易制裁，以实现其缓解贸易逆差进而维护本国经济地位的目的。面对中美贸易摩擦，中国则是一方面不断完善国内知识产权保护法规，坚持改革与开放并举；另一方面对于不合理制裁，也通过诉诸世界贸易组织的贸易争端解决机构来对贸易摩擦进行调解和谈判等。

4.2　全球经济治理改革的演进趋势

全球经济治理行为体趋于多元化，各国通过深化开放合作推动要素资源自由流动，促进世界经济增长，做大“蛋糕”更好满足世界人民的需要，成为全球经济治理体系的目标取向。然而，对危机后的全球经济治理体系评估表明，当前全球经济治理体系效率问题亟待解决。一是当前全球经济增长速度尚未回到金融危机之前的水平，世界经济在当前治理体系之下并没有出现持续的强劲增长。二是世界贸易组织等多边机制面临着停摆的重大挑战，现有国际经济治理机制运行困难，新的机制尚未出现。三是世界主要国家之间双边或者多边面临贸易保护主义等现象突出，世界经济问题难以通过协调解决，全球经济发展面临着重大挑战。

4.2.1 全球经济治理行为体趋于丰富

全球经济治理体系的演变受制于世界经济发展格局的变化。20 世纪 70 年代布雷顿森林体系崩溃后，G7 成为发达国家间博弈与妥协的产物，并在相当长的时期内主导了全球经济治理体系。而 2008 年的国际金融危机爆发次年召开的匹兹堡峰会将 G20 确定为国际经济合作主要论坛，同样是全球经济治理体系的重要支撑。全球经济治理体系的这一变化，反映出新兴经济体在全球经济发展与贸易方面地位的提升，也表明了全球经济治理体系的多元化正成为一种趋势。新兴经济体随着产业技术进步与经济实力提升，进而在国际市场的某些领域的议价能力上升，开始谋求改变长期被国际资本盘剥的不利的国际分工地位，从而在客观上影响或改变了某些产业的传统价值链结构，导致全球经济治理体系调整。

1. 区域贸易协定开始活跃

多元化治理模式的强化成为世界经济非均衡发展中的新变量。世界经济非均衡发展的多维度、多重结构意味着要素的流动商品服务贸易存在诸多不确定性，传统的国际分工体系与全球价值链构造面临经济周期和突发事件的重大挑战。例如，20 世纪 90 年代的亚洲金融危机、世纪之交的新经济与互联网革命、“9 · 11” 事件、2008 年国际金融危机、2020 年全球新冠疫情蔓延造成的非传统安全等。与此相适应，全球经济治理体系也发生了重大调整，主要的国际经济组织如世界贸易组织、国际货币基金组织和某些区域贸易协定均出现了变革或变化的迹象（张韦恺镝和黄旭平，2021）。

全球经济治理发端于 19 世纪初期欧洲的保护莱茵河国际委员会，此后建立的欧洲多瑙河委员会、国际电信联盟以及万国邮政联盟等均存在全球经济治理体系的影子。全球经济治理体系的层次更加丰富，围绕公共产品供给方式，各种机制的尝试将会增多，以弥补原有框架体系的缺陷。二战后以分工协作为指导思想而形成的包含专门性机构并以联合国作为总协调机构的体系，在无政府状态下常常有失协调。今天的国际治理与国内治理边界日渐模糊，信息技术、环境气候、金融稳定和移民问题等许多领域的问题均需进行跨越国界的治理，一国的国内政策极易产生国际上的外部性。而且，已有的多边框架机制的代表性和包容性有限，难以满足经济全球化进一步深度发展的要求，全球公共产品供给与需求不匹配的情况已经十分突出。因此，围绕国际经济秩序的制度安排，各种创新和尝试将持续不断。跨国公司和非政府组织等各类机构将越来越多地在部分全球公共产品的供给中发挥作用，以应对全球化发展中政府治理难以企及或相对滞后的特定领域。各种区域性机制在大国的主导或倡导下得以尝试或推进，试图弥补多边机制治理的缺陷，但在部分领域也可能会形成对多边机制的制度竞争。以国家为主体的多边机制也将在制度的包容性和灵活性上继续努力，试图解决成员国因全球化发展带来的国内治理难题并致力于完成对各国经济政策的协调，以避免因政策外部性造成的恶性竞争。这样，全球经济治理将形成层次丰富的体系，公共产品的供给方式也将趋于多元化。

2. 数字技术与数字产业对经济运行影响深远

进入 21 世纪的第二个十年，以 5G、人工智能、大数据和区块链为代表的信息网络技术飞速发展并被广泛应用于各产业领域，数据、信息和数字技术成为经济运行的核心生产要素，有望引发新一轮技术革命和产业革命。数字技术的渗透或嵌入正在改变社会分工模式和生产方式，日渐形成了以数字产业或数据产业为载体的数字经济形态，成为 2008 年国际金融危机后推动世界经济发展的重要引擎。数字技术具有强大的渗透性和撬动性，数字技术的应用与数字产业的兴起在一定程度上改变了传统的经济治理模式。数字技术嵌入传统产业本质上是先进的数字技术对传统产业技术结构的系统整合。与此同时，数字技术还具有强大的孵化性和拟合性，数字技术能够催生各种类型的数字产业，并能动态地适应商业环境的变化，推动产业结构的优化。例如，区块链技术不仅提升了数字编码、信息传输与存储的数量、速率、品质与安全，而且已成为变革生产工具、革新生产要素和大幅度提高生产效率的强大手段，不仅如此，还将增加产业链中不同模块或单元相互交融重组的可能性，改变了企业之间的基于产品、技术等平面的上下游连接关系，从而衍生出新业态和新模式，增加传统产业附加值。由此，作为核心生产要素的数字技术在价值链构建与实现中具有重要的话语权，掌握先进数字技术的市场主体成为建立某种经济秩序的重要力量。

4.2.2 全球经济治理组织形式趋于多样

自20世纪90年代以来，区域合作蓬勃发展，由非政府组织、社会机构甚至是私人部门参与的新型治理组织不断涌现，各式各样的论坛将具有区域代表性或全球代表性的国家集聚在一起共商治理方案。这些新型的全球经济治理方式与传统的多边治理体系在运行机制上存在较大的区别。传统多边组织制定的规则具有国际法效力，对成员国行为施加强有力的约束。联合国、世界贸易组织、国际货币基金组织和世界银行等传统多边组织通过既定的程序负责规则的制定和修改，并设有常设机构监督规则执行、仲裁成员国的争端。区域合作协议以及由若干个国家或社会组织创办的合作论坛主要通过参与成员的对话和协商达成共识。

1. 多样化全球经济治理行为体的演进

二战期间由44个主要国家参与制定的布雷顿森林协定为战后国际经济秩序奠定了基础，亦成为战后全球经济治理的蓝本。到20世纪50年代中后期，特别是六七十年代，国际经济组织发展极为迅速，超过1500个。冷战结束后，真正意义上的全球经济治理体系得以确立。在全球经济治理体系内，始终存在区域化治理与集团化治理两种倾向。冷战格局的形成，世界经济的主体基本上被割裂为两个自我循环体系，尽管以军事和政治为指向，但经济的集团化局势亦不容置疑。20世纪80年代中期以来，世界各国经济联系日益密切，国际经济竞争日益加剧，此前冷战期间两大阵营内部的各个国家之间也产生了争夺产业控制力和市场的激烈竞争，如欧洲国家与美国、日本的竞争，欧洲国家因地理位置的接近而组建区域经济联盟参与全球经济竞争，由此，经济集团化或区域经济一体化迅速发展，产生了集团化或区域化的经济治理的需求。集团化或区域化的经济治理，首先是帮助提升全球竞争力的需要。经济全球化的深入发展使得任何一个国家都无法掌握实现经济持续发展的所有条件，即使像美国这样的强国也需要获取他国的人才、资源和消费市场。经济集团化或区域经济一体化可以帮助现代国家打破贸易保护主义、融入全球市场，并以区域经济集团为依托提升参与全球市场竞争的能力。其次亦是适应区域经济一体化发展的需要。区域经济一体化的一个重要特征便是区域经济互补与协作较为频繁。地理区域相邻或文化传统相近并相互影响的国家，经济社会发展水平相当或梯度互补显著，经济依赖关系较深，组建成多种多样的经济集团或区域经济联盟，从而实行集团化或区域化的全球经济治理，有助于各国的商品和生产要素在区域内便捷流通，对区域外市场采取一致的或共同的立场。经济集团化或区域化趋势，与其成员的经济互补性、相互依赖性互为因果，并且基于价值链的产业分工成为重要的纽带，其“抱团”发展的目的十分明确，通常成员间互供优惠，对外则联合设置门槛，并且一国经济政策与其外交政策的相互影响较显著。集团化或区域化经济治理通常是建立在双边或多边贸易协定基础上的，典型的如中国—东盟自由贸易区、中日韩自由贸易区以及北美自由贸易区等。集团化或区域化的经济治理的强化，在一定程度上是对全球经济治理体系的消解。

2. 全球经济治理行为体多样化的补充作用

尽管区域合作协议的条款不受国际法保护，对于参与国是否严格执行协议往往缺乏强制约束，但在传统的多边治理组织陷入变革僵局背景下，具有灵活性的区域合作和对话方式在全球经济治理中扮演着更加重要的角色，从长远看，将对多边体系发展存在一定的互补性作用。首先，区域经济合作在参与国自由化措施选择上具有灵活性，能够在一定程度上弥补传统全球经济治理体系的不足，满足各国更高层次合作的需要。其次，成功的区域合作经验可以推广至多边体系，可以成为通向更高层次多边合作的台阶。再其次，成功的区域合作模式也会不断吸引新成员加入，并有可能形成多米诺骨牌效应，最终演变为全新的全球多边合作组织。最后，区域经济治理是全球经济治理的一部分，区域经济治理问题的解决是对全球治理的贡献。

在现有的诸多区域合作协议组织中，G20 最具代表性，已经成为主要发达国家和主要发展中国家政府领导人对话交流的平台，在全球经济治理中的作用越来越突出。G20 达成的共识对于促进各国协力解决全球问题以及推进多边体系变革具有积极意义。但区域合作在短期内也可能会弱化多边治理体系。排他性的区域合作本质上存在歧视性，虽然被多边体系规则所许可，但与多边体系的最惠国待遇和无歧视的基本原则相悖。区域合作的兴起也会削弱各国对传统多边体系改革的关注和依赖，部分国家或区域集团也可能会因此无视多边体系的规则，导致多边体系权威性下降。在未来全球经济治理体系的变革中，应当加强新型治理方式与传统多边治理体系的相互协调。传统的多边经济治理体系承担全球经济治理的基础性作用，应继续发挥其在机制化运行、解决争端和制约贸易保护主义上的制度优势。新型的全球治理模式应在多边治理体系规则下展开，在区域治理模式尚不能完全替代多边治理体系的阶段，应该维护多边治理体系的权威性。在未来相当长的一段时期内，全球经济治理将会出现多样化组织形式并存的格局。

3. 全球经济治理行为体多样化的潜在风险

全球经济治理多样化将引发世界各国合作的困难，一个国家与其他国家的经贸往来必须在复杂烦琐的区域协定之间进行平衡，将增大合作的成本或者造成合作的巨大阻碍。世界亟待推动全球经济治理体系变革优化，通过多边治理机制化解合作的问题或者障碍，国际经济面临着开放还是倒退的挑战，这不仅无助于问题的解决，更无助于效率的提升。针对当前全球经济治理体系出现的问题，美国自 2009 年以来力推《跨太平洋伙伴关系协定》《跨大西洋贸易与投资伙伴关系协定》等，意在继续引领全球经贸规则标准的制定。但特朗普当选美国总统后不仅否决了跨太平洋伙伴关系协议，而且诉诸关税手段对其他国家商品加征关税，限制高新技术对外输出，以国家安全为由拒绝正常的市场合作，甚至准备采取构建城墙的做法以限制劳动力的跨境流动，对开放合作设置诸多人为的新障碍。在此背景下，日本继续倡导推动全面与进步跨太平洋伙伴关系协定，东盟倡导区域全面经济伙伴关系，俄罗斯倡导构建欧亚经济联盟，中国倡导共建“一带一路”。虽然区域治理合作仍然在不断推进，但这也滋生了全球经济治理体系碎片化风险。

4.2.3　全球经济治理政策边界趋于模糊

全球经济治理与国内经济治理的政策边界日趋模糊，对全球经济治理体系的包容性要求越来越高。伴随经济全球化、网络化和信息化的发展，国家间的商品流动、要素流动和信息流动加快，各国政治、经济和安全上的依赖程度不断上升。一国国内政策对其他国家的出口竞争力、企业跨国经营以及要素的流动都会产生显著影响。将原本属于边境内的国内政策纳入全球经济治理和国际协调的范畴极有必要。

1. 国家经济治理与全球经济治理

近年来各国对伙伴国家经济政策的关注度越来越高。在经济全球化发展的今天，某一国的国内经济政策很可能对其他国家产生不可忽视的影响。例如，2008 年金融危机后，美国为应对经济疲软实施的量化宽松货币政策引起世界各国的担忧。而原本属于国家主权范畴的国内经济政策一旦被纳入全球经济治理议题，国家间政策协调的难度就会大幅增加。由于制度、经济和文化上的差异决定了各国国内经济治理的模式不可能完全一致，从国内需求考量，任何一国都希望保留国内经济政策的选择空间。但从全球视角考虑，如果没有一定的政策规则，资源配置的效率和各国之间的政策纠纷就不可避免。

2. 有效提升全球经济治理包容性

经济全球化下商品和要素的跨国流动障碍越来越小，经济全球化在促进各国经济增长的同时，也给各国国内管理带来一系列问题。例如，资本的快速流动加大发生金融风险的可能，发达国家企业的对外投资引起国内普通劳动者收入下降。高污染产业在发展中国家的集聚造成区域生态环境恶化，长期的贸易赤字和资本外流导致部分国家外债问题严重。针对不同的国内问题，各国有必要采取有区别的政策，提升全球经济治理的包容性。全球经济治理不应仅仅着眼于推进贸易投资便利化，更应关注全球公共产品的供给以帮助各国解决现实困难或允许成员国保留一定的国内政策空间去解决自身的特定问题。在处理规则性和灵活性的关系上，全球经济治理体系可以设定一定的临界条件，允许成员国在遭遇严重的困难时采取特殊性措施。国家之间的发展经验可以相互借鉴，但这并不意味着一国的国内治理规则可以照搬到全球治理体系或其他国家。立足于各国的现实，构建全球治理与国内治理相互包容、互为补充的关系是全球经济治理变革的主题和方向。

4.2.4 全球经济治理形式趋于民主

世界进入多极化发展时代，由少数发达国家主宰的霸权式治理模式已经过时，全球经济治理主体由大国霸权治理向共同参与的民主治理方式转变。一方面，发达国家经济实力相对下降、财政赤字高企，没有能力和意愿为全球经济治理体系提供；另一方面，迅速发展的新兴经济体对由少数发达国家支配全球经济治理体系的不满情绪日益增加。

1. 以协调合作打破传统多边治理体系僵局

以美国为代表的发达国家无视国际贸易规则的贸易保护主义行为影响了其

在全球经济治理体系中的权威性。在此背景下，传统由少数发达国家利用既有的投票规则，强行推行对自己有利但轻视其他国家利益的多边体制已经难以持续。在霸权国提供公共产品的能力下降和众多发展中国家加入全球多边组织的情况下，全球经济治理的途径只能是国家之间的协调。全球治理规则的调整需要发达国家和发展中国家的共同参与和共同努力。所有参与全球经济治理组织的成员国都应摒弃只顾本国利益的治理观。只有相互关注彼此的重大利益和重大问题，才能找到符合共同利益的合作路径和合作领域，才能打破传统多边治理体系的僵局。

2. 兼顾发达国家和发展中国家诉求

作为传统的发达国家，应当正视世界经济力量和自身能力的变化，尊重发展中国家的诉求，向发展中国家让渡更多的话语权和投票权，主动为落后国家摆脱贫困和实现可持续发展提供资金、技术支持以及公共产品和服务。广泛参与多边治理体系的发展中国家，尤其是经济迅速增长的发展中大国，应当积极利用全球资源，进一步推进市场开放，提高自我发展能力，遵守多边体系规则，兼顾发达国家的诉求，努力提高全球治理议题设置和规则制定的能力。

4.3　全球经济治理改革的基本思路

坚持国际经济开放性，既是经济全球化长期实践带来的提升全球经济治理体系效率的重要经验启示，也是人类经济社会发展的大势所趋。虽然全球经济发展与诸多因素有关，但在近几十年全球化深化发展的背景下，当代世界经济更快发展显然难以回避开放对效率提升的巨大作用。中国通过近几十年的改革开放，生产要素跨境大规模流动、国际分工水平不断提高、市场边界在大幅度扩展，坚持国际经济开放性成为提升全球经济治理体系效率的重要手段。全球经济治理未来不仅关注要不要扩大开放的问题，而且重点关注如何开放以及如何深化世界各国合作的问题。

4.3.1 坚持以平等为基础

近代以来，建立公正合理的国际秩序成为人类社会孜孜以求的目标。全球经济治理应当以平等为基础，摒弃丛林法则、不搞强权独霸、超越零和博弈，切实反映国际经济格局的变化（金瑞庭和张一婷，2022）。首先，要增加发展中国家代表性和发言权，为发展中国家发展提供更多支持，保障发展中国家正当发展权益。其次，要克服发达国家和发展中国家发展鸿沟，确保各国在国际经济合作中权利、机会和规则的平等，在相互尊重的基础上实现和平共处，促进各国交流互鉴。最终开辟一条合作共赢、共建共享的文明发展新道路，共同推动各国发展繁荣。维护以联合国为核心的国际体系和以国际法为基础的国际秩序，共同应对全球性挑战。

1. 主权平等是国家交往的重要原则

主权平等原则意味着各个国家独立自主并相互尊重，坚守主权平等原则，国际秩序才能根基牢固。《联合国宪章》明确规定："联合国会员国间的关系，应基于尊重主权平等之原则。"主权平等的关键在于国家不分大小、强弱、贫富，主权和尊严必须得到尊重，内政不容干涉，国家有权自主选择社会制度和发展道路。坚持主权平等，才能进一步推动各国权利平等、机会平等和规则平等。《联合国宪章》确认主权平等原则，反对任意干涉他国内政，对于保证国际关系正常发展、促进国际和平与合作，特别是保护广大发展中国家的正当权益具有重要意义。各国应当善意履行《联合国宪章》规定，切实遵守主权平等原则。如果只强调自身利益，不履行本国应承担的国际法义务，违反主权平等原则就会危害以联合国为核心的国际体系和以国际法为基础的国际秩序，使国际法治遭到破坏。

2. 在大变革中维护国际公平正义的挑战

在大变革大调整中如何理解和维护国际公平正义，已经成为一个时代性课题。当今世界正处在深刻复杂的变化之中，针对国际格局变革调整的趋势和方向，世界各国都会从本国利益出发而提出不同看法和主张。对国际关系的基本主张，体现着一国当政者的世界秩序观，很大程度上代表着这个国家对外政策的基本方向。从大的方面看，随着国际力量对比的持续变化，国际格局向多极化演变势不可当。但是，多极化进程必然是长期且复杂的，单极秩序观和多极秩序观的较量有时甚至会发生激烈的震荡。近年来，面对形形色色的全球性挑战，各国同舟共济、携手合作、共克时艰的要求和呼声越来越高，同时某些国家在实行单边主义、四处煽风点火、干涉别国内政方面也更加肆无忌惮。

4.3.2 坚持以共享为目标

全球经济治理应该以共享为目标，坚持共商共建共享的全球治理观，寻求利益共享，实现共赢目标，提倡所有人参与、所有人受益，不搞一家独大或者赢者通吃，坚定不移走和平发展、开放发展、合作发展、共同发展道路。与此同时，全球经济治理应当推动不同国家、不同文明在彼此尊重中共同发展、在求同存异中合作共赢，摒弃一切形式的单边主义和保护主义，反对一切形式的霸权主义和强权政治，共同构建人类命运共同体。

1. 均衡发展是共享的价值取向

世界发展均衡性是提升全球经济治理体系代表性的根本目标。当今世界越来越多的国家实施市场经济体制的改革开放，效率被置于更加优先的地位，世界经济呈现了稳定的增长。然而，如果说全球经济治理体系效率提高是为了推动世界经济的更快发展，但这种发展如果没能惠及广大人民，那么这种开放发展只能是片面且缺乏可持续性的。近几十年来，世界主要国家贫富差距扩大的问题并没有缓解，发达国家与发展中国家并没有出现收敛的迹象，公平与效率的平衡成为世界发展的重要挑战。收入分配的区域或者国别差距问题，既有市场经济的客观规律因素，也有世界资源能源等要素不平衡的原因，亟待通过国际协调来解决，推动全球经济治理体系代表性变革是重要的方向。

2. 和平稳定是共享的基础

“共享”是通过制度性安排而使全球经济治理更加公正合理，共享发展的目的就是要消除差别、消除差距进而消除贫富不均，实现包容性发展。但是，共享是个美好理想，实现共享需要体系、秩序和规则等方面的保障。努力建设持久和平、共同繁荣的和谐世界，共同维护国际公平正义，必须坚持平等互信。首先，各国应该坚定维护联合国及其宪章的尊严和权威，严格遵循联合国宪章宗旨和原则，恪守国际法和公认的国际关系基本准则，按照和平共处五项原则处理国与国关系。其次，各国应当倡导多边主义，坚持国家不分大小和强弱国内事务由本国人民决定。再其次，各国要明确国际问题由各国共同平等协商，相互尊重主权和领土完整，推动国际关系民主化。最后，各国应当增进互信，加强协作，反对霸权主义，反对以牺牲别国安全为代价片面追求自身安全，各国携手努力，共同维护世界和平稳定。

4.3.3 坚持以合作为动力

全球经济治理应该以合作为动力，坚持协商合作，不搞冲突对抗，以全球性合作应对全球性挑战。同时，各国应该加强宏观经济政策沟通和协调，寻求各国利益和合作的交集，照顾彼此利益关切，打造共商共建机制，恪守互利共赢的合作观。拒绝以邻为壑、自私自利的狭隘政策，摒弃垄断发展优势的片面做法，提倡公平公正基础上的竞争。构建以合作共赢为核心的新型国际关系，符合《联合国宪章》关于主权平等、和平解决国际争端、促成国际合作等宗旨和原则，契合当今时代发展潮流，是对传统国际关系理论的超越与创新，具有深刻的理论内涵和重大的现实指导意义。

1. 以人类命运共同体为处理国际关系的共同目标

随着世界格局的改变，国家与国家之间在经济、政治和文化之间的交流正朝着多样化发展，同时由于各国的综合实力正在不断发生着改变，使得国与国之间的关系也发生着明显变化。过去五百多年来，无论是殖民主义、帝国主义还是霸权主义，都在不停地制造动荡与冲突，分裂世界，人类社会为此付出了沉重代价。构建以合作共赢为核心的新型国际关系思想在洞察国际形势和世界格局发展大势的基础上，提出打造人类命运共同体的总布局和总路径，倡导建立平等相待的伙伴关系，营造共建共享的安全格局，谋求开放创新的发展前景，促进和平互助的文明交流，构筑绿色发展的生态体系。在全球经济治理中展现世界各国同呼吸共命运的世界情怀和国际关系，为国际社会实现持久和平与共同繁荣开辟了新前景。

2. 以共同利益为处理国际关系的重要基础

当今世界，各国相互联系、相互依存，利益交融不断深化，共同营造和平稳定环境、谋求共同发展繁荣的现实需求和政治意愿也日益增强。构建以合作共赢为核心的新型国际关系思想，用整体而不是割裂的眼光看待和处理国际关系，倡导各国在维护本国利益的同时，将维护和促进人类共同利益作为看待和处理国际关系的重要出发点。强调以人类命运共同体发展理念为目标，主张各国在求同存异的基础上相互尊重，不断凝聚和扩大共同利益，实现不同社会制度、不同发展道路以及不同文化传统的国家和平共处。这将为世界各国的发展把握好时代脉搏，为国际关系长期、稳定、健康发展打下坚实基础。

3. 以共赢为处理国际关系的基本原则

西方的国际关系理论向来倡导弱肉强食或者丛林法则，缺乏人类命运共同体发展理念或者和平共处的发展目标。而中国的以合作共赢为核心的新型国际关系思想超越了零和博弈和冷战思维等旧观念，认为世界各国都是平等的，坚持“一花独放不是春，百花齐放春满园”的思想，主张在国际关系中尊重各国自主选择的社会制度和发展道路。坚持正确义利观，在维护自身利益的同时兼顾各方利益，在谋求自身发展的同时促进共同发展，致力于实现双赢、多赢以及共赢的发展目标。这在很大程度上顺应了国际社会发展的最终目标，为推动国际秩序的稳定发展提供了新思想。

4.3.4 坚持以开放为导向

正如一滴水融入大海才不会干涸，一个国家也唯有融入经济全球化的洋流，才能在大循环中保持活力。全球经济治理应该以开放为导向，坚持理念、政策和机制的开放与包容，主动适应国际形势变化，充分听取社会各界建议和诉求，鼓励各方积极参与和融入，维护以世贸组织为核心的多边贸易体制，坚定不移发展全球自由贸易和投资。不搞歧视性规则、不搞排他性标准、不搞缺乏公平性体系，不搞有关贸易、投资和技术的关税或者非关税壁垒，防止治理机制封闭化和规则碎片化。致力于推动构建平等协商、共同参与以及普遍受益的区域合作框架，促进经济一体化发展，推动开放型全球经济治理体系建设，在开放中分享机会利益，实现互利共赢。如果说发展是解决各种问题的金钥匙，那么在世界地球村的时代，开放正是打造这把金钥匙的关键。

1. 开放是发展的前提条件

当今目前的世界正处于国际政治经济格局变动的十字路口，正面临着开放还是封闭、前进还是后退的重大抉择。在复杂多变的国际社会背景下，一些国家筑起保护主义的高墙或者想要重返单边主义的老路，经济全球化遭遇了严重挑战。然而历史已经证明，自我封闭只会失去世界，最终也会失去自己。正如中国国家主席习近平所说："如果人为设置壁垒，切断各国经济上的密切联系，不仅违背经济规律和历史潮流，也不符合各国人民普遍愿望，既是短视的，也是不会成功的。"① 长期以来，经济全球化的大潮，让各国经济的资金流、技术流、产品流、产业流、人员流，日渐融为一体。苹果公司曾发布自己的供应商名单，包括了来自多个国家和地区的700多家企业。因此，可以认为，坚持开放导向、共建开放型世界经济，是顺应时代潮流、拓宽发展空间的大势所趋。开放是实现包容和可持续发展的唯一道路，建立伙伴关系永远都胜过对抗。

① 《习近平主席在亚太经合组织工商领导人峰会上的主旨演讲》，央广网，2018年11月17日。

2. 以开放思维拓展发展空间

近年来，经济全球化遭遇倒流逆风，经贸摩擦加剧，一些国家保护主义和单边主义盛行。但从长远看，各国利益高度融合，人类是休戚与共的命运共同体，经济全球化仍是历史潮流，各国分工合作、互利共赢是长期趋势。世界各国要站在历史正确的一边，越是面对经济全球化逆流，越是要高举构建人类命运共同体的旗帜，坚定不移维护和引领经济全球化，推动建设开放型世界经济。坚定不移开放发展，是经济全球化背景下世界各国发展的必然选择，应当受到世界各国的支持和响应。没有任何一个国家可以独自领导世界，也没有任何一个国家可以独自发展经济，“地球村”正在动荡中加速形成。中国在这一过程中进行了大量尝试和努力，“一带一路”建设、中国国际进口博览会、奥运会以及合作抗击新冠疫情等，这些重大决策在推动中国不断发展的同时，也在助力世界经济恢复和发展。通过这些平台，中国同世界各国的交流往来越来越密切，世界各国也在中国的带动下越来越体会到开放才是发展壮大的最佳选择。

第5章

中国参与全球经济治理的历程与途径*

5.1 中国参与全球经济治理的发展历程

全球经济治理体系的不断发展，跨越20世纪与21世纪，是世界经济政治互动发展的重要趋势。在现行的全球经济治理体系下，较之西方发达国家，中国参与全球经济治理体系的时间相对较晚，历史较为短暂。1949年中华人民共和国成立后，根据当时的国内外形势采取了“一边倒”的外交政策，加入以苏联为首的社会主义阵营，中国基本被排除在全球经济治理体系之外。直到1978年进行改革开放后，中国才开始参与到全球经济体系中。而随着全球经济格局的变化，以及中国综合国力与对外影响力的快速提升，中国在全球治理体系中的角色发生了转变。改革开放后的30年中，中国从被动适应全球化逐渐实现了对全球经济治理的主动参与。

回顾历史，中国改革开放40多年的进程实质上是积极而努力地参与全球

* 本章数据均整理自世界贸易组织、世界银行、国际货币基金组织、亚洲基础设施投资银行、丝路基金、中国国际进口博览会和中国自由贸易区服务网等官方网站。

经济治理的过程。随着中国经济开放程度的逐步加大，中国与全球经济的关系愈加密切，中国参与全球经济治理的力度不断加大、广度不断加深。在这40多年里，中国主要通过改革开放接受全球规则进而融入全球经济治理体系。其中，2001年中国加入世界贸易组织和2008年全球金融危机是中国参与全球经济治理历程中最具标志性的事件，它们将中国参与全球经济治理的历程分为了三个阶段：学习与适应时期（1978～2001年）、探索与融入时期（2001～2008年）、建设与引领时期（2008年至今）。

1. 学习与适应时期（1978～2001年）

从中华人民共和国成立到20世纪70年代初，受制于全球冷战格局，当时中国与世界的关系是一种斗争大于合作、猜忌压倒协调、对峙多于对话的关系。这种态势决定了中国对于西方建立并主导的全球经济治理机制持否定与批判的态度。到20世纪70年代末，随着中国在联合国恢复席位以及国际形势的整体缓和，中国开始对国际形势作出新判断，认为大规模战争可以避免，争取较长时间的和平发展环境完全可能。在这一背景下，1978年党的十一届三中全会确立了改革开放的基本国策，调整了中国的对外战略和经济战略，中国实现了重大历史转折。中国的经济发展形态逐步由内向封闭型向外向型转变，其利用外资和对外投资开始实现从无到有，开始了融入经济全球化的进程；中国也开始重视参与国际经济组织和发挥这些组织的作用，逐步恢复了在这些组织中的合法地位，并参与其各项事务工作。在这一时期，中国放弃了“旁观者”的身份，开始参与到全球经济治理机制中，但是参与全球经济治理的范围和力度都是有限的，主要的参与方式是加入各种全球经济治理机制，学习和适应各种机制和规则，在全球经济体系中谋发展。

一方面，中国开始了参与多边全球经济组织的进程。1980年，中国先后恢复了在国际货币基金组织和世界银行中的合法席位，并两次增加特别提款权；1982年，由对外贸易经济合作部、外交部、国家经济贸易委员会、财政部和海关总署联合提议开展恢复中国关贸总协定地位的谈判，并迅速启动了谈判工作。中国还先后加入世界知识产权组织、国际农业发展基金会、亚洲开发银行等政府间国际经济组织。

另一方面，中国也着重参与周边区域的经济治理。1989 年，亚太经济合作组织伴随着新一轮区域经济一体化浪潮的兴起应运而生。1991 年 12 月，中国加入了当时由美日等发达国家主导的亚太经济合作组织，这也是中国首次参与区域性国际经济组织。2000 年 5 月，中国在与东盟和中日韩财长会议上签署了具有亚洲经济合作里程碑性质的清迈倡议，开始建立起区域性双边货币互换机制。随后，中国在东盟自由贸易区（1997 年）、上海合作组织（2001 年）等框架内进一步探索区域性经济合作与治理。而 2001 年 2 月正式宣布成立的博鳌亚洲论坛，其总部设在中国海南，这是首个将总部设在中国的国际会议组织，也是中国以创始者身份参与地区经济治理的首次尝试。

这一时期，在参与全球多边与区域多边治理机制中，中国积极学习相关经济体制与规则，并试图利用国际规则来改革自身经济结构和经济体制，实现与国际接轨。例如，中国积极学习和了解世界银行贷款项目的规则和实施方法，积极学习国际货币基金组织的金融制度建设，以推动中国自身的中央银行体制改革、税制体制改革、外汇管理体制改革和人民币经常项目可兑换等重大经济和金融方面的改革。同时，这种参与也使得中国获得了重要的资金和各种援助，并有力推动了中国的贸易发展。中国先后于 1981 年和 1986 年从国际货币基金组织借入 7. 59 亿特别提款权和 5. 98 亿特别提款权的贷款，用于弥补国际收支逆差，支持经济结构调整和经济体制改革。

2. 探索与融入时期（2001 ~2008 年）

2001 年是中国参与全球经济治理的历史分水岭和转折点。中国政府以“开放”作为参与全球经济治理的主要战略，努力恢复中国在全球经济治理中的参与地位。随着中国融入全球治理体系的不断深入，中国政府正在全方位、多层级地积极参与到全球经济治理的建设事业中去，开始从参与者向建设者转变。

20 世纪末，亚洲金融危机的爆发给予了中国积极推动区域经济治理的机会，为我国后期参与全球经济治理积累了经验。在亚洲金融危机爆发后，中国政府除积极参与 IMF 对泰国、印度尼西亚等政府的资金援助外，中国领导人还多次公开承诺，保持人民币汇率稳定，为维护亚太地区经济形势的稳定做出重要贡献。

2001 年 11 月 10 日，在多哈举行的 WTO 第四届部长级会议期间，WTO 成员全体一致通过了中国加入 WTO 的决定。以此为标志，中国迈出了参与全球经济治理的具有里程碑意义的一步。中国自从加入 WTO 以来，依据“入世”承诺施行了大幅度削减关税、取消一些领域的关税、逐步开放服务贸易市场、加强知识产权保护等措施，同时对国内有关的法律法规进行适当的修正和规范，认真履行“入世”承诺，以“重承诺、负责任、守信用”的国际形象和实际行动，使中国进一步融入国际贸易体系，成为国际贸易体制中承担完全责任的重要成员。加入世贸组织以后，中国充分利用自己的特殊地位，在努力维护发展中国家利益的同时，加强与发达国家之间的沟通协调，积极参与各个领域的多边贸易谈判，促进了 WTO 成员间的相互了解和减少分歧。

而随着新兴经济体的崛起，世界经济发展不平衡的趋势越来越明显。亚洲金融危机过后的 1999 年，二十国集团（G20）应运而生；2008 年美国证券业爆发的危机迅速演变成世界性金融危机，世界各国经济发展水平持续分化，全球经济治理体系暴露出更深层次的矛盾，G20 峰会顺势而创。G20 取代 G7 成为重要的全球经济治理平台。通过这一平台，中国积极宣传自己的全球治理新理念，与其他发展中经济体和新兴经济体一道积极在 G20 论坛上发出共同的声音，提高发展中经济体和新兴经济体的影响力，推动全球经济治理体系走向更加公平、合理、有效和包容。

在这一过程中，中国用自己的实力和行动证明了作为负责任的大国在全球经济治理中所发挥的重要作用。主要包括以下几个方面。第一，积极主办 G20 峰会。第二，强调创新，积极促进世界经济增长。促进经济增长始终是 G20 关注的核心议题。中国首次将“创新增长方式”作为 G20 峰会的重要议题，提出 G20 创新增长蓝图及具体行动计划，为全球创新增长开辟了新的路径，注入了新的活力。第三，坚持伙伴精神，积极应对共同挑战。当前，单边主义与保护主义严重干扰国际秩序和多边贸易体制，成为全球经济稳定的重要风险。在世界面临百年未有之大变局的形势下，中国主张坚持伙伴精神，加强政策协调，应对共同挑战。伙伴精神是 G20 形成的基础，G20 建立之初也是为了解决世界面临的共同问题。作为负责任的大国，中国身体力行弘扬伙伴精神，致力于同世界各国合作共赢。中国与 G20 绝大多数成员通力合作，坚定了全球化和多边主义的方向，中国也随时欢迎包括美国在内的其他国家转变态度，增强经贸合作。正如习近平总书记所说，“只要我们彼此包容、守望相助，就能无论晴时好、雨时奇，都坚定前行，共抵彼岸”[①]。第四，增加绿色金融供给，积极支持全球绿色经济发展。通过梳理近年来主要的国际政治经济关键词不难发现，应对气候变化和低碳经济是现阶段全球最具兼容性的共识。G20 杭州峰会首次同时讨论了可持续发展和气候变化这两个最大的发展问题，首次发布气候变化问题主席声明。中国为推动世界向低碳转型、应对气候变化发挥了积极作用。为了解决气候变化中的资金问题，在中国倡议下，二十国集团首次讨论绿色金融议题，并成立了绿色金融研究小组，总结了相关经验，为各国发展绿色金融提供参考，支持全球经济向绿色低碳转型。

3. 建设与引领时期（2008 年至今）

2008 年全球金融危机为中国参与和引领全球经济治理提供了重要契机。这场由美国次贷危机引发的全球金融危机影响深远，它加速了国际格局的变化和国际体系的转型，传统大国力量相对下降，而新兴经济体群体崛起，它们从国际体系的边缘走向舞台中心。其中，中国先后成为世界第二大经济体和第一大贸易国，成为世界经济增长的主要推动力。随着在世界经济增长中地位的上升，中国进一步融入全球经济治理中，并开始借助 G20 等全球经济治理平台来建设与引领全球经济治理机制的改革。

长期以来，中国致力于国际金融体系改革，提升发展中国家在国际货币基金组织和世界银行中的份额。2009 年 G20 匹兹堡峰会达成了国际货币基金组织和世界银行份额改革的框架协议，2010 年 G20 财长和央行行长会议上达成了 2012 年 10 月之前发达国家向代表性过低的新兴市场和发展中国家转移超过 6% 份额的投票权的决定。这是国际货币基金组织成立 65 年来最重要的治理改革

① 《习近平出席 G20 杭州峰会开幕式并致辞》，新华社，2016 年 9 月 4 日。

方案，也是针对发展中国家最大份额的投票权转移方案。2010 年 4 月，世界银行发展委员会春季会议率先兑现了 G20 匹兹堡峰会的承诺，通过了发达国家向发展中国家转移投票权的改革方案，决定发达国家向发展中国家转移 3.13% 的投票权，使发展中国家整体投票权提高到 47.19%，其中中国的投票权从 2.77% 提高到 4.42%，成为世界银行第三大股东国。2016 年中国接任 G20 主席国后，重启了国际金融架构工作组，推动工作组多次讨论国际货币基金组织份额与治理改革，推进 G20 就国际货币基金组织份额和投票权改革落实达成共识。2016 年1 月，历时五年之久的国际货币基金组织 2010 年改革方案终于正式生效，新兴市场和发展中国家的发言权和代表性得以大幅提高，中国份额排名从第六位上升到第三位。《二十国集团领导人杭州峰会公报》称，G20 将继续推进国际货币基金组织份额和治理改革，致力于在 2017 年年会前完成第 15 次份额总检查，并形成新的份额公式。

与此同时，进入新时期，全球经济治理面临诸多问题与挑战，在这样的背景下，中国提出了“一带一路”倡议，建立了亚洲基础设施投资银行、金砖银行，并出资设立丝路基金等全球经济治理新平台。2013 年，中国领导人在出访中亚、东南亚国家期间，提出了共建“丝绸之路经济带”与“21 世纪海上丝绸之路”（以下简称“一带一路”），以及亚洲基础设施投资银行（以下简称“亚投行”）等重大倡议，旨在通过加强沿线各国的全方位合作，对接彼此的经济发展战略，实现优势互补，促进共同发展。

“一带一路”倡议积极塑造着全球经济互联互通的健康局面，是中国向世界发出扩大开放、联通世界的强劲信号，是中国对全球经济治理的重要贡献。中国提出的“一带一路”倡议与现有全球经济治理安排形成互补，旨在带动周边乃至更大范围的经济活力，以基础设施为基础，搭建跨地区经济合作的国际大平台，实现互利共赢，寻求共同发展和可持续发展。

公共产品是全球经济治理的核心内容。成立于 2016 年 1 月的亚投行和丝路基金是中国向世界提供的公共产品。“一带一路”倡议本身是将经济发展放在首要位置，“一带一路”倡议所构成的跨区域合作框架和制度，将是中国和参与国家共同构建的制度型国际公共产品。2016 年亚投行的成立标志着国际金融治理翻开了崭新的一页，也客观上倒逼了 IMF 的份额和投票权的改革。倡议成立亚投行，是中国承担更多国际责任、推动完善现有国际经济体系、提供国际公共产品的建设性举动。

世界正处于百年未有之大变局，全球治理体系也面临重构的局面。在这一变局之下，《区域全面经济伙伴关系协定》（Regional Comprehensive Economic Partnership，RCEP）的签署，既符合全球价值链区域化发展的大趋势，也为处于重构之中的国际经贸治理体系提供了一种更加包容和开放的新路径。RCEP 更多体现了包容性，是发展中国家参与国际经贸规则重构的重要平台。中国正努力谋求扩大与更多国家和地区的自贸协定谈判，以继续推动形成立足周边、辐射“一带一路”和面向全球的高标准的自由贸易区网络，中国实施自由贸易区战略的重要目标就是为了能够深度参与国际规则的制定，更是中国参与全球贸易治理的重要途径。中国制定的中长期发展规划与联合国《2030 年可持续发展议程》对接，推动达成《巴黎协定》，也是中国政府推动全球发展共识进一步在国内主流化，从而倒逼国内改革的战略性举措。

新冠疫情的暴发与全球蔓延，对世界经济运行、国际政治格局产生了重大的冲击。中国作为新兴大国，在全球抗疫复产复工中，发挥着积极作用，疫情使经济全球化受到严重冲击，全球治理体系受到严重危害，同时也给全球多边治理体系带来严重冲击，而目前单边主义和保护主义政策盛行，更须旗帜鲜明坚定不移地推进全球化和全球治理，扩大对外开放。

5.2 基于国际组织的参与实践

新中国成立后，随着综合国力的增强和国际地位的提高，中国在积极探索国际规则、参与全球经济治理的过程中，也提出了自由贸易区网络建设、数字经济规则构建、“一带一路”倡议、亚投行、国际进口博览会等中国新理念。

中国坚定不移奉行互利共赢的开放战略，发挥大国担当与责任，为国际经济治理体系的改革和创新贡献中国智慧。在全球经济治理体系的各领域中，中国通过推动人民币加入特别提款权（Special Drawing Right，SDR），加快了国际货币体系改革，推动各国共同建设公平公正、包容有序的国际金融体系；成立了金砖银行和亚投行等，提供国际公共产品，完善了全球金融治理格局；提出“一带一路”倡议，建立更广泛国际合作框架，推动提高新兴市场国家和发展中国家代表性和发言权。推动自贸区建设、自贸协定签署以及 RCEP 等建成；成立中国拉共体论坛，促进世界多极化发展；积极倡导气候变化、粮食安全等非传统议题，将能源、气候变化、粮食安全、基础设施投资、反腐败等非传统议题相继纳入 G20 议程，使 G20 真正成为世界经济的“稳定器”、全球增长的“催化器”和全球经济治理的“推进器”，不断完善全球经济治理框架。

中国参与全球经济治理改革实践的对比如表 5－1 所示。

表 5－1　　中国参与全球经济治理改革实践的对比

名称	参与方式	领域	效果
世界贸易组织	2001 年中国加入 WTO	多边贸易体制	自加入 WTO 以来，中国认真履行“入世”承诺，以“重承诺、负责任、守信用”的国际形象和实际行动，使中国进一步融入国际贸易体系和全球经济治理体系中
世界银行	1980 年中国恢复了在世界银行的合法席位	金融	中国积极推动世界银行投票权的改革，中国在其中的话语权和影响力不断提升
货币基金组织	1980 年中国恢复了在国际货币基金组织的合法席位	金融	中国大力推动以国际货币基金组织为主的国际金融治理结构的改革，推动国际金融治理体系朝向更加公平、合理、多边化的方向发展
G20	G20 于 1999 年成立，中国是成员国之一	宏观经济、金融、投资、发展等综合领域	G20 对话与合作机制已形成以领导人峰会为引领、协调人和财金渠道“双轨机制”为支撑、部长级会议和工作组为辅助的对话与合作架构，成为中国参与全球经济治理的又一重要平台
金砖国家合作机制	金砖国家合作机制起始于 2006 年 9 月	综合	金砖国家合作机制已经形成以领导人峰会为引领、以安全事务高级代表会议和外长会晤等部长级会议为支撑、以金融论坛等为辅助的合作机制框架，并成为金砖国家参与全球经济治理的重要平台，在全球经济治理中发挥越来越大的作用

续表

名称	参与方式	领域	效果
“一带一路”	2013 年 9 月，共建“丝绸之路经济带”的倡议提出；同年 10 月“21 世纪海上丝绸之路”的构想提出	综合	“一带一路”成为新的全球经济治理平台，“一带一路”倡议是中国全球治理观的创新实践，中国通过示范和引领“一带一路”倡议，在新的全球经济治理平台逐渐实现从参与者到引领者的转变
亚投行	2016 年 1 月亚投行成立	金融、投资、发展	在中国推动下成立的亚投行实现了对现有国际货币体系的有益补充，是中国主导的全球经济治理新平台
进博会	中国于 2018 年举办国际进口博览会	贸易	这是我国推动新一轮高水平对外开放的一项重大决策，也为全球贸易搭建了公共平台，让世界各国共享中国发展机遇，是中国为维护自由贸易、推动经济全球化健康发展提供的国际公共产品
自贸区	2002 年中国与东盟签署了第一个自贸协定	区域贸易体制	自 2002 年第一个自贸区建成以来，中国在实践中形成了适合中国国情的自贸区建设之路

5.2.1 世界贸易组织

2001～2012 年，中国履行加入世界贸易组织承诺，积极全面参与全球经济治理。2001 年 12 月 11 日，在卡塔尔举行的加入世界贸易组织第四届部长级会议通过了中国加入世界贸易组织的相关法律文件，中国正式成为世界贸易组织第 143 个成员。加入世界贸易组织后，中国继续深化改革，规范法律法规，降低关税，消减非关税壁垒。经过三次贸易政策审议，截至 2010 年，中国已经履行了全部加入世界贸易组织的承诺。

中国自从加入 WTO 以来，依据“入世”承诺施行了大幅度削减关税、取消一些领域的关税、逐步开放服务贸易市场、加强了知识产权保护等措施，同时对国内有关的法律法规进行适当的清理、修正和规范，认真履行“入世”承诺，以“重承诺、负责任、守信用”的国际形象和实际行动，使中国进一步融入国际贸易体系，成为国际贸易体制中承担完全责任的成熟成员。同时根据 WTO 争端解决机制，在 WTO 的规则内来处理与其他成员之间的贸易纠纷，坚决维护多边贸易体制的严肃性和权威性，积极倡导自由贸易和投资，反对贸易保护主义。截至 2018 年 4 月，中国在世贸组织的起诉案件 17 项，已经结案 8 项，被诉案件 27 项，已结案 23 项。中国还积极参与多哈回合谈判和积极参与 WTO 其他规则的解释等行动。

中国“入世”以后还充分利用自己既是发展中国家又是贸易大国的特殊地位，在努力维护发展中国家利益的同时，加强与发达国家之间的沟通协调，积极参与各个领域的多边贸易谈判，多次在谈判中担当协调者的角色，促进了 WTO 成员间的相互了解，减少了分歧。例如在多哈谈判中，中国与广大的发展中成员一起据理力争，终于使欧盟等发达成员放弃了贸易与投资、竞争政策和政府采购透明度三个议题，维护了发展中国家的整体利益。中国还同印度、巴西及非洲集团成员一起阐述立场观点，使得美国等发达国家在知识产权与公共健康问题上作出妥协，同意对《与贸易有关的知识产权协定》相关条款作出修改。自参加多哈回合谈判以来，中国单独提交了 60 多份提案，与其他成员联署的提案也达百份以上，其中反倾销日落条款的提案、渔业补贴的提案、贸易便利化的提案以及争端解决提案都得到了众多成员方的支持和重点关注。中国还加入了由巴西牵头发起的发展中国家重要农业谈判集团和由印度尼西亚牵头的由 45 个发展中成员组成的农业谈判组织，受邀参加了 WTO 的“绿屋”会议，参与 WTO 主要成员方的决策会议等。中国还全程积极参与和推动了《贸易便利化协定》谈判，先后提交和参与联署了 8 份提案（内容涉及贸易法规的公布和实施、风险管理、后续稽查等具体措施，还涉及成员需求和优先领域的确定、技术援助和能力建设支持等综合性的问题），而且在 2015 年 9 月 4 日就正式接受《贸易便利化协定》的议定书，成为第 16 个接受该协定的成员，表明了中国积极支持《贸易便利化协定》尽早实施的愿望。

中国加入 WTO 取得了诸多成就，面对中美战略竞争的新格局，中国采取的策略是进一步提升开放水平。扩大开放需要建设更高水平的开放型经济新体制，面对外部环境震荡期，中国从政策性开放走向体制性开放，进而走向制度型开放，这是中国应对慢速全球化、塑造更优国内外发展环境的必然选择，也是加入WTO为我们带来的重要启示。加入WTO后，中国建设开放型经济体制的步伐加快，且这种现象在加入WTO过渡期结束后的前几年最为明显；加入WTO通过提高商品和要素市场的开放程度促进了开放型经济体制的发展；加入WTO为中国对外开放相关体制的改革提供了新动力，推动了中国开放型经济体制走向更高水平。未来中国应进一步提高商品和要素市场的对外开放水平，加快资本市场开放步伐，推动国内改革和对外开放协同发展，积极参与全球经济治理体系改革，在应对外部环境变化中充分发挥主观能动性。

5.2.2 世界银行

中国是世界银行的创始成员国之一，但由于历史原因，中国直到1980年才恢复了在世界银行的合法席位。在20世纪90年代，中国连续三年成为世界银行的最大借款国，世界银行的贷款也帮助中国在环保、节能、扶贫等项目上取得了重大突破。随着中国经济的发展，中国逐渐从最大的受援国成为重要的捐助国。中国为了支持世界银行应对金融危机，于2009年购买了15亿美元私募债券，用于支持发展中国家的贸易融资，为加强南南合作，共同应对国际金融危机发挥了积极作用。

除了融资方面对世界银行的支持合作，中国在世界银行的投票权份额也随着世界银行机构改革而逐步增加。2010年4月25日，世界银行通过了投票权改革的方案，就投票权从发达国家向发展中国家和转轨国家转移3.13个百分点达成一致。中国的投票权由2.77%增加到4.42%，跃升为继美国、日本之后的第三大股东国。这在一定程度上反映了中国在世界银行中影响力的提升。2018年4月21日，世界银行宣布130亿美元的增资获股东压倒性支持，此次增资之后，中国在世界银行的投票权继续上升达到5.71%，尽管美国和日本的投票份额略有缩水，但是仍是第一、第二大股东国。投票权的提高意味着中国在世界银行的地位将会更加重要。

5.2.3　国际货币基金组织

2008年金融危机后，美国在国际货币基金组织（IMF）中的绝对主导地位随着中国等新兴市场国家的积极参与而动摇。中国在积极接受IMF的技术援助和政策建议的同时，也主动寻求增加自身在整个机构中的决策权，大力推动以国际货币基金组织为主的国际金融治理结构的改革，希望通过改革来提高中国在国际货币体系的话语权，推动国际金融治理体系朝向更加公平、合理、多边化的方向发展。作为IMF董事会的8个成员国之一，中国为在IMF董事会的话语权奋斗了数十年，经历了2006年、2008年、2010年三次IMF机构改革，直到2016年1月，中国在IMF成员国的投票份额才从3.8%增加到6.1%，成为继美国、日本之后的拥有第三大投票份额的成员国。其中2010年的份额改革标志了该组织对新兴经济体和发展中国家历史性的权力转移，然而这次改革因为美国国会迟迟不肯批准，而推迟到2016年才得以落实。

除了中国在IMF投票份额的增加，中国和其他金砖国家在2008年金融危机后，还对美元主导世界货币体系的合法性和可持续性提出了意见和建议。2008年胡锦涛在出席G20华盛顿峰会时指出，应当将更多货币吸纳为主要的国际流通货币。[①] 2009年，中国人民银行行长周小川发表了题为《关于改革国际货币体系的思考》的文章，提出要避免美国在国际流通管理中谋求自身利益，增加IMF特别提款权的使用作为一种超主权的储备货币，应该将更多的货币，特别是人民币，纳入特别提款权的篮子。在提案几个月后，IMF就采取了一系列加强特别提款权作用的措施。在2015年11月30日，IMF董事会最终决定将人民币纳入特别提款权篮子，使其成为继美元、欧元、日元、英镑之后的第五种货币。该决议于2016年10月1日开始生效，不仅标志着人民币国际化取得重大突破，也意味着中国在国际货币治理中日益增长的重要角色的合法化。SDR货币篮子中包含了美元（41.73%）、欧元（30.93%）、人民币（10.92%）、

① 《胡锦涛在金融市场和世界经济峰会上的讲话》，新华社，2008年11月15日。

日元（8.33%）和英镑（8.09%）这五种货币。人民币的权重位列第三，表明人民币在国际货币体系中的地位提升了，不仅有助于增强 SDR 的代表性、稳定性和吸引力，有利于建立一个更强劲的国际货币金融体系，而且也有利于中国以人民币“入篮”为契机，进一步深化金融改革，扩大金融开放，为促进全球经济治理结构的完善和转型做出积极的贡献。

但值得注意的是，与美元和欧元在国际货币体系和国际交易中的重要地位相比，人民币的国际化程度远远低于中国在全球经济中的重要性。2016 年国际清算银行三年一度的外汇交易数据显示，欧元区创造的 GDP 占世界 GDP 的 15.81%，而欧元的外汇交易额占全球外汇交易总额的 15.70%，这反映出欧元在国际货币体系中的地位与其对世界经济的贡献水平持平。但美元和人民币的国际地位则与各自对世界经济增长的贡献严重不匹配，美国贡献了世界 GDP 的 24.73%，但美元在世界外汇交易中却占 43.79%，中国虽然贡献了世界 GDP 的 14.83%，但人民币的交易额比重却仅为 1.99%。在未来很长一段时间人民币还拥有很大的成长空间，其国际化程度和影响力必然会随着中国在世界范围内的经济活动而不断提高。

5.2.4 二十国集团

2008 年全球金融危机爆发促使二十国集团提升为领导人峰会，并替代八国集团成为国际经济合作的主要论坛。二十国集团合作机制顺应了发达国家和发展中国家实力此消彼长的客观事实，为各国更广泛、更平等、更有效地进行协作提供了重要平台。二十国集团这一平台为中国更加全面深入地参与全球经济治理，对全球性问题提出“中国方案”以及提升国际经济治理中的话语权提供了重要机遇。

二十国集团由七国集团财长会议于 1999 年倡议成立，2008 年国际金融危机爆发前，二十国集团在财长和央行行长会议机制下就国际金融货币政策、国际金融体系改革及世界经济发展等问题交换看法。金融危机的爆发促使二十国集团于 2008 年召开第一次领导人峰会。在 2009 年的匹兹堡峰会上，二十国集团峰会正式被宣布为国际经济合作的主要平台，这标志着一个承认发展中国家地位和话语权、强调合作共赢的世界经济协调新机制的诞生。2008 年金融危机爆发以来，二十国集团从部长级会议机制升级为领导人峰会，在危机管理方面起到重要作用，遏制了金融危机的进一步蔓延，成功推动了世界经济复苏和金融稳定。在二十国集团前三次峰会时，世界经济深处金融危机的泥潭，二十国集团重点任务是协同应对全球挑战。随着世界经济复苏势头的开始，以及欧洲主权债务危机等新因素的出现，二十国集团成员各自面对的情况发生了不同变化，因此开始出现不同的宏观经济政策主张。2010 ~ 2012 年，二十国集团主要面临应对欧洲主权债务危机与促进世界经济复苏增长的任务以及各国之间的政策协调。二十国集团峰会机制在危机中诞生，在应对危机中发挥了不可替代的作用。随着危机的逐渐消退，二十国集团正面临从危机管理向全球经济长效治理的转型。作为国际经济合作的主要论坛，二十国集团通过一系列共识和成果巩固了其在全球经济治理中的地位。

二十国集团是中国首次以创始国和核心决策者的身份参与的全球经济治理机制。2008 年，二十国集团领导人首次在华盛顿举行领导人峰会，中国第一次成为全球经济治理核心平台的创始成员。借助二十国集团这一核心平台，中国不断加强与发达国家领导人的协调联系，实现了与美国、俄罗斯以及欧盟等的良性战略互动，同时就世界经济的宏观政策协调、金融风险管控和金融体系改革等实质性问题加强与各国的讨论。这些行为增加了中国在世界银行和国际货币基金组织中的份额和投票权，也有力提升了中国在全球经济治理中的影响力与制度性话语权。

1. 中国通过二十国集团参与全球经济治理体系改革的具体表现

（1）全球金融体系改革。全球金融体系改革是全球经济治理体系建设的重要内容，也是二十国集团的核心议题之一，历届领导人峰会都将应对国际金融挑战及问题列为重要讨论问题。二十国集团已在国际金融机构改革、全球金融安全网建设、国际金融监管的完善等领域取得多项成果。

第一，二十国集团加强 IMF 和世界银行的治理结构改革，提升新兴经济体和发展中国家的份额与投票权。2009 年的匹兹堡峰会就作出声明，将发达国家的 IMF 部分份额、世界银行部分股权转移到新兴经济体和发展中国家，承诺提高发展中国家的代表性和发言权。2010 年 11 月二十国集团首尔峰会上，各国领导人承诺尽快落实 IMF 向包括新兴市场国家在内的代表性不足的国家转移 6% 以上份额。

第二，二十国集团强化全球金融安全网建设，以应对资本流动波动性和金融脆弱性。采取的措施包括改进 IMF 贷款方式，提高危机救助的灵活性和有效性；大幅增加 IMF 贷款资源，使其能够更好发挥全球最后贷款人的作用；扩大 SDR 的使用，减少过度积累外汇储备的需求，促进国际流动性的提高。同时，进一步明确 SDR 改革时间表，择机选择更多符合标准的货币加入，以解决国际储备货币供需矛盾。

第三，二十国集团推动金融监管改革，维护全球金融稳定。二十国集团通过设立金融风险处置机制，提高应对金融危机的能力。二十国集团强调建立宏观审慎和微观审慎相结合的监管框架，加强系统重要性金融机构的识别和监管，防范系统性金融危机。在跨国监管协调合作方面，加强跨国监管合作的统一性和系统性，促进高标准国际金融监管框架的建立。

此外，二十国集团还推动建立透明的国际评估和同行审议机制。自 2009 年伦敦峰会正式引入国际评估和同行审议机制以来，历届峰会上各国领导人都支持建立透明的国际评估和同行审议机制，支持 IMF 和世界银行开展的金融部门评估规划和金融稳定理事会实施的同行审议。截至 2023 年 4 月，金融稳定理事会已经完成薪酬制度、风险披露、风险管理处置机制等专题审议以及对美国、英国、德国、中国等的国别审议。

（2）宏观经济政策协调。宏观政策的协调在历次二十国集团峰会都是重点讨论议题，特别是在 2008 年金融危机期间，二十国集团成员均认识到政策协调对于应对危机的重要性，推动主要经济体采取一致行动，有效阻止了金融危机的进一步加剧和蔓延。在新形势下，二十国集团的功能正在发生变化，更加侧重于完善促进全球经济发展的长期和可持续的协调和磋商机制。而危机后全球主要发达经济体货币政策分化日趋明显，世界经济增长的不确定性加剧，各种矛盾问题交织，难以形成政策合力。特别是，经济全球化的深入发展使得全球经济联动性不断加强，各经济体宏观经济政策的溢出效应愈发明显，尤其是发达国家出台的本国的宏观经济政策会对新兴经济体和发展中国家产生显著的影响，二十国集团认识到各国之间宏观经济政策协调更加必要和迫切。

二十国集团机制要确保各成员在议定框架下加强沟通合作，在协调各国货币政策和财政政策等宏观政策，减少负面外溢效应方面发挥积极作用。2008 年金融危机后，二十国集团成员开启相互评估程序，以促进各国政策协调。自 2011 年以来，IMF 又对具有系统重要性的经济体进行政策溢出效应评估，为二十国集团讨论宏观经济政策协调和责任分担提供依据。面对欧债危机爆发后许多发达国家公共债务水平攀升，二十国集团在公共债务管理与债务可持续性方面积极采取政策协调和集体行动加以应对，包括加强合同条款、巴黎俱乐部扩员、GDP 挂钩债券、可持续融资、债务可持续性框架、特别提款权计价债券等。杭州峰会上，二十国集团第一次明确提出综合运用货币政策、财政政策、结构改革政策等加强宏观政策的协调。这种协调表现在：二十国集团成员国在制定宏观经济政策时要充分考虑政策的外溢性，在使本国福利最大化的同时尽可能减少对他国的负外部性。各国宏观政策需要具备可持续性和包容性，能够优化世界经济新秩序。

（3）全球经济增长。2008 年金融危机以来，全球经济增长一直是二十国集团讨论的重要议题。虽然近年来全球经济已经呈现恢复性增长，但是经济增长依然低迷，总需求不足、失业问题突出、债务高企、贸易投资不振，并且各国增长出现分化。全球经济增长不振是表象，而全球经济的中长期结构性问题是更深层次原因。为恢复全球经济增长活力，二十国集团成员达成诸多共识，并采取了一系列措施。在全球经济增长方面，二十国集团强调避免采取以邻为壑、保护主义等不利于全球经济增长的做法；强调成员国采取结构性改革、货币政策、财政政策等直接政策措施促进经济增长；强调国际组织改革为各国经济增长提供助力。特别是，2014 年二十国集团峰会提出在未来 5 年内二十国集团整体 GDP 在现有预期基础上额外增长 2% 的目标。习近平主席出席此次峰会并发表题为《推动创新发展 实现联动增长》的重要讲话。

近年来，二十集团更加关注助力经济长期增长的结构性改革和增强经济韧性。杭州峰会核准了《二十国集团深化结构性改革议程》，确立了结构性改革的优先领域，制定了各国结构性改革指导原则，构建了结构性改革指标，并积极实现宏观经济政策和结构性改革政策的相互配合，以共同促进增长。汉堡峰会将提高经济韧性纳入增长框架，作为帮助各个经济体更好地抵抗未来经济冲击力的一种方式，峰会通过的《二十国集团经济体韧性原则报告》为各国制定了相应的经济韧性原则，这些原则涵盖了实体经济和虚拟经济、公共部门和私人部门、经济体内部和外部等，具体包含生产服务性行业、公共金融、私人金融、货币政策和外向型行业五大领域。汉堡峰会上，习近平主席发表题为《坚持开放包容 推动联动增长》的重要讲话。

（4）全球贸易投资治理。贸易投资问题一向是二十国集团会议的重要议题，从 2008 年华盛顿峰会宣言就反对贸易保护主义达成共识，到 2012 年在墨西哥召开首次贸易部长会议，再到 2016 年中国建立贸易投资工作组并实现贸易部长会议机制化，达成首份贸易部长声明，贸易投资议题在二十国集团合作中发挥愈发重要的作用。

在支持多边贸易体系和反对贸易保护主义方面，二十国集团各成员多次作出承诺。在 2016 年贸易部长会议上各方承诺继续致力于维护以规则为基础的，透明、非歧视、开放和包容的多边贸易体制，决心共同努力进一步加强世贸组织，再次重申此前关于维持现状和撤销已有保护主义措施的承诺，并将承诺延长至 2018 年底，并且承诺在当年年底前批准 WTO《贸易便利化协定》，并呼吁其他世贸组织成员效仿。

二十国集团在积极推动解决金融危机后全球贸易动力不足方面采取一致行动，尤其是 2016 年贸易部长会议通过《二十国集团全球贸易增长战略》，在降低贸易成本、加强贸易投资政策协调、促进服务贸易、增强贸易融资、制定贸易景气指数、促进电子商务发展、推动贸易与发展等领域取得了重要的历史性成果。

在全球投资治理方面，二十国集团 2016 年贸易部长会议批准了《二十国集团全球投资指导原则》，成为世界首份关于投资政策制定的多边纲领性文件，打破了全球投资规则碎片化的局面。这份指导原则确立了全球投资规则的总体框架，为各国协调制定国内投资政策和商谈对外投资协定提供了重要指导。

（5）全球发展治理。二十国集团峰会机制是为应对金融危机而诞生，但是其开始就将发展问题作为重要议题。2008 年华盛顿峰会关注危机对发展中国家的影响，2009 年伦敦峰会公报中提出“确保所有经济体公平而持续的复苏”。2010 年多伦多峰会成立了二十国集团发展工作组，正式开启发展议程。在 2016 年中国第一次把发展问题置于全球宏观政策框架的突出位置。可见，随着二十国集团从危机管理向长效治理转型，二十国集团对发展议题越来越重视，也取得了诸多成果。

第一，二十国集团与联合国发展议程紧密衔接。2010 年首尔峰会首次引入联合国发展议程以来，历次峰会都继续推动这一领域取得进展。2016 年杭州峰会第一次制订落实联合国 2030 年可持续发展议程行动计划，列出了包括基础设施、人力资源开发和就业、普惠金融和侨汇等内容在内的可持续发展行动清单。

第二，支持非洲和最不发达国家工业化。为支持非洲工业化，杭州峰会首次就该议题发起《二十国集团支持非洲和最不发达国家工业化倡议》，提出通过自愿政策选项，强化包容增长，提升发展潜力，助力非洲减贫和实现可持续发展。

第三，基础设施建设。近年来，基础设施投资已经逐渐成为二十国集团的首要议程之一。2010 年首尔峰会将基础设施投资列为《首尔发展共识》和《关于发展的未来数年行动目标》的支柱之一。2014 年基础设施投资工作组成立。2016 年杭州峰会提出加强多边开发银行的作用，动员多边开发银行资源；加强基础设施的连通性以及探索多元化基础设施的融资渠道。

第四，普惠金融。二十国集团成立普惠金融全球合作伙伴（Global Partnership for Financial Inclusion，GPFI），推动全球普惠金融指标的构建，关注中小企业融资问题，并成立了专门的中小企业工作小组，研究如何改善中小企业融资。

此外，二十国集团在就业、粮食安全、公共卫生等领域达成共识，采取共同行动促进包容联动发展。

2. 中国主办二十国集团峰会

新时期，中国实施中国特色大国外交，带来其对全球经济治理的更积极参与和对全球公共产品的更多贡献。2016 年中国担任 G20 峰会主办国，更加积极主动地参与全球经济治理议程设置，把这一进程推向新的高点。作为东道主，中国在杭州峰会成果推进上体现了重要的引领作用，倡导、提出国际经济合作的理念和倡议，也促成了许多成果的达成。杭州峰会发表了《二十国集团领导人杭州峰会公报》和 28 份具体成果文件，成果主要体现在以下几方面。

（1）为世界经济指明方向，规划路径。受全球金融危机和欧债危机的持续影响，当前世界经济增长仍然乏力，二十国集团各成员增长动力不足等问题始终未能解决，并且世界经济依然面临着国际和地区热点问题以及全球性挑战。为此，二十国集团杭州峰会推动各国加强宏观政策沟通和协调，统筹兼顾财政、货币、结构性改革政策，扩大全球总需求，全面提高供给质量，强化经济增长的基础。杭州峰会就推动世界经济增长达成了杭州共识，通过了《二十国集团领导人杭州峰会公报》，进一步明确了二十国集团未来合作的方向、目标和举措，推动构建创新、活力、联动、包容的世界经济。

（2）创新增长方式，为世界经济注入新动力。创新是促进增长的关键，创新增长方式是摆脱危机的必然选择。二十国集团杭州峰会一致通过了《二十国集团创新增长蓝图》，是二十国集团首次围绕创新采取行动。《二十国集团创新增长蓝图》紧紧抓住创新、新工业革命、数字经济等新要素、新业态带来的机遇，从供给侧发力，释放增长动力，实现新旧动能转换。《二十国集团创新增长蓝图》的达成使二十国集团成员形成理念共识，共同制订行动计划并确立保障机制，有助于全面提升世界经济中长期增长潜力。杭州峰会还通过了《二十国集团创新行动计划》《二十国集团新工业革命行动计划》《二十国集团数字经济发展与合作倡议》三大行动计划。各方还制定了结构性改革共同文件，强调要通过结构性改革提高世界经济中长期增长潜力。这些成果在二十国集团历史上都是首创之举，有望使全球经济增长重现活力。

（3）完善全球经济金融治理，提高世界经济抗风险能力。当前，二十国集团在引领和推动国际经济合作方面发挥着举足轻重的作用，杭州峰会继续推动全球经济金融治理的进一步完善。杭州峰会重启了国际金融架构工作组，推动提高国际金融架构的稳定性和韧性；创建了绿色金融研究小组，在二十国集团议程中首次引入绿色金融议题；推动建立开放和稳健的金融体系，建立宏观审慎政策框架和发展普惠金融。杭州峰会还深化国际税收合作以促进全球投资和增长；就能源可及性、可再生和能效问题共同制订行动计划，并在深化反腐败合作中达成多项共识。中国作为主席国还积极推动二十国集团与国际组织的合作，加强发达国家与新兴经济体的政策沟通和协调，扩大二十国集团参与全球经济治理的空间。

（4）重振国际贸易和投资这两大引擎的作用，构建开放型世界经济。杭州峰会推动了二十国集团贸易投资政策合作机制化，具有里程碑意义。中国推动了二十国集团贸易投资工作组的创立，并批准了《二十国集团贸易投资工作组工作职责》，确立了二十国集团贸易投资工作组的合作范围和议事程序，实现了二十国集团贸易投资政策合作机制化。杭州峰会制定了两份具有历史意义的文件：一份是《二十国集团全球贸易增长战略》，致力于包容协调的全球价值链发展，支持多边贸易体制，反对保护主义，扭转当前全球贸易疲软态势；另一份是《二十国集团全球投资指导原则》，这是全球首个多边投资规则的纲领性文件，为各国国内投资政策和对外投资协定提供了指导，加强了多边投资政策协调，填补了全球投资治理领域的空白。

（5）推动包容和联动式发展，让二十国集团合作成果惠及全球。作为二十国集团杭州峰会主席国，中国第一次把发展问题置于全球宏观政策框架的突出位置，第一次制订落实联合国 2030 年可持续发展议程行动计划，第一次采取集体行动支持非洲和最不发达国家工业化。杭州峰会在发展议题的三个第一次是对包容联动发展的最好诠释，向世界释放了中国的一个重要理念：二十国集团不仅属于二十国，也属于全世界，特别是广大发展中国家和人民，这也反映了广大发展中国家的普遍愿望。杭州峰会在发展领域的成果将为推动全球发展不平等、不平衡问题的解决，消除贫困，实现共同发展，为实现 2030 年可持续发展目标做出重要贡献。

3. 中国参与二十国集团的治理效果

以二十国集团为代表的更具包容性的全球经济治理平台的演进，是推动中国更具建设性地贡献全球公共产品的制度激励。从20世纪末对G7/G8峰会的疏远，到2003年开始做客G8峰会，2008年底成为G20峰会一员，再到2016年主办和引领G20峰会，中国与全球经济治理的关系完成了由客人到主人的地位、身份和心理的转变。2008年金融危机后，正是在二十国集团的推动下，中国成为国际货币基金组织与世界银行的第三大股东国，更多的中国籍专家加入国际经济组织高管行列，使中国有机会在全球经济治理中发挥更大作用。

2016年于中国杭州召开的二十国集团领导人峰会是中国深度参与全球治理的一次盛会，它开启了中国参与和领导全球经济治理的新篇章。在二十国集团领导人杭州峰会系列活动中，中国作为主席国向世界贡献了全球治理的中国理念和中国智慧，杭州峰会取得的成果也为世界带来重大而深远的影响。中国利用议题和议程设置主动权，引导二十国集团领导人峰会形成了一系列具有开创性和引领性的重要成果，推动二十国集团从危机应对机制向长效治理机制转型，使其真正成为全球经济治理的行动队，而不是清谈馆。中国首次将发展议题置于与强劲增长同等重要的位置，实现了发展议题在宏观经济政策协调中的主流化，拓展了国际经济合作的新内涵，使发展中国家的贫困和可持续发展等问题更受关注；首次将创新作为核心成果，提出创新是经济增长的深层动力，是世界经济可持续发展的动力源，是未来全球经济治理需要关切的重要方向，从而形成了《二十国集团创新增长蓝图》，为G20开启了新经济领域治理的新篇章；首次就建设多边投资规则达成了纲领性文件《二十国集团全球投资指导原则》；首次就落实联合国2030年可持续发展议程制订行动计划，推进二十国集团通过各自和集体行动来推动可持续发展成果，支持和帮助低收入和发展中国家落实可持续发展议程。中国还将能源、气候变化、粮食安全、反腐败、海洋合作等非传统议题纳入会议议程，以推进二十国集团真正成为世界经济的“稳定器”、全球增长的“催化器”和全球经济治理的“推进器”。

中国的全球经济治理观，体现了中国更大范围、更深层次、更高水平地参与全球经济治理，同时为全球经济治理贡献中国理念和中国智慧。在全球化遭遇逆风，世界经济增长依然增长乏力的背景下，中国作为主席国坚持倡导平等、开放、合作、共享的全球经济治理观，为完善二十国集团全球经济治理核心平台的作用指明了方向。杭州峰会后，中国开始从全球治理的“参与者”“建设者”转变为世界经济增长、全球化深化和全球发展议程的“引领者”和“领导者”。

目前，二十国集团对话与合作机制已形成以领导人峰会为引领、协调人和财金渠道“双轨机制”为支撑、部长级会议和工作组为辅助的对话与合作架构，成为中国参与全球经济治理的又一重要平台。通过这一平台，中国积极宣扬自己的全球治理新理念，与其他发展中经济体和新兴经济体一道积极在二十国集团论坛上发出共同声音，提高发展中经济体和新兴经济体的影响力，推动全球经济治理体系走向更加公平、合理、有效和包容。尤其是在 2016 年的二十国集团杭州峰会上，习近平主席全面阐释了中国的全球经济治理观，首次把创新作为核心成果，首次把发展议题置于全球宏观政策协调的突出位置。[①] 在中国的努力下，峰会期间分别对创新增长方式、强劲的国际贸易和投资、更高效的全球经济金融治理、包容和联动式发展等议题展开讨论，取得了 28 份具体成果文件，发表了《二十国集团领导人杭州峰会公报》，无疑对全球经济治理产生了重大且深远的影响。

5.2.5　金砖国家合作机制

金砖国家合作机制是中国参与全球经济治理的一条重要渠道。金砖国家合作机制起始于 2006 年 9 月的首次外长会晤，十几年来金砖国家合作机制在中国的积极推动下不断完善，合作领域日益扩大，达成了许多重要的合作成果。金砖国家签署的《金砖国家银行合作机制金融合作框架协议》《金砖国家新开发银行合作协议》《关于建立金砖国家应急储备安排的条约》，标志着金砖国家在金融合作方面取得了制度性的突破。中国不仅与其他四个创始成员国平均出资

---

① 《习近平在二十国集团领导人杭州峰会上的开幕辞》，中国政府网，2016 年 9 月 4 日。

成立金砖银行，还提出倡议——建立金砖应急储备基金，用于防范金砖国家的短期资金流动性压力，中国在基金中的占比达到了41%，推动了应急储备基金的尽早投入运作。以上这些不仅大大丰富了全球金融治理体系的制度创新，也大幅度增加了全球金融治理公共产品的供给。近年来金砖国家合作继续深入发展，先后制定了《金砖国家服务贸易合作路线图》《金砖国家投资便利化纲要》《金砖国家创新合作行动计划》等，还成立了金砖银行非洲区域中心，金砖国家各领域务实合作不断机制化、实心化，推动形成了一体化大市场。中国在落实这些合作规划方面，尤其在落实贸易投资、制造业和矿业加工、基础设施互联互通、资金融通、科技创新、信息通信技术合作等优先领域方面，作出了表率。

2017年9月，在中国的积极努力下，金砖国家领导人厦门峰会达成了60多项的成果文件，全面涵盖了政治、经济、安全、人文四大领域，建立了金砖国家示范电子口岸网络和电子商务工作组，设立了金砖国家本币债券基金，建立了应急储备安排宏观经济信息交换机制等，金砖国家领导人决心共同开创金砖合作的第二个“金色十年”。2018年金砖国家南非峰会上，中国提出“金砖国家新工业革命伙伴关系”的倡议，呼吁在全球形成产业链上下游配套的格局。目前，金砖国家合作机制已经形成以领导人峰会为引领，以安全事务高级代表会议和外长会晤等部长级会议为支撑，以金融论坛等为辅的合作机制框架，并成为金砖国家参与全球经济治理的重要平台，正在全球经济治理中发挥越来越大的作用。2017年4月18日，中国常驻联合国代表刘结一代表金砖国家在联合国大会“可持续发展目标筹资问题高级别讨论会”上做共同发言，这是金砖国家首次就重大国际问题在联合国场合共同发声，说明中国在金砖国家中起到了引领作用，加强了金砖国家的凝聚力、团结力和影响力。

全球治理是金砖国家促进自身发展，提高国际地位的重点领域。近年来，金砖国家利用国际多边机制，在经济、金融、货币、能源、气候变化、粮食、发展援助机制、网络空间安全、应对恐怖主义和打击跨国犯罪等领域加强了相互之间的交流与合作，多边关系也不断改善，对全球治理体系完善起到了重要作用。

自2009年首届首脑峰会召开以来，金砖国家合作不断加强。2009年，金砖四国领导人在俄罗斯叶卡捷琳堡第一次召开会议，会晤后的联合声明仅有 15 条。2018 年，金砖国家领导人第十次会晤在南非约翰内斯堡举行。这十年，金砖国家创新全球化理念，践行开放、包容、合作、共赢的“金砖精神”，成为新全球化引领者，并在政治、经济、金融、贸易、社会、人文等领域取得全方位多层次的成果，构建了 60 多项合作机制。金砖国家跨越山海，打破国情、发展模式的差异走在一起，实现了三个“超越”：超越了政治和军事结盟的老套路，建立了结伴不结盟的新关系；超越了以意识形态划线的老思维，走出了相互尊重、共同进步的新道路；超越了你输我赢、赢者通吃的老观念，践行了互惠互利、合作共赢的新理念。

多边合作促进金砖国家多边关系稳定发展。多边机制在众多领域为各国提供了一个相互交流的平台，参与各国通过开展层次不同的多边合作和交流，可以解决多边关系中存在的问题，促进共同崛起。中国是世界第二大、亚洲第一大经济体；巴西是南美洲第一大经济体；俄罗斯是欧洲第五大经济体；印度是世界第七大、亚洲第二大经济体。进入 21 世纪以来，金砖五国的经济持续快速发展，经济总量不断扩大。五国领导层积极参与国际多边机制，通过沟通协调，减少负面因素对多边主义的影响，加深相互之间的认知。金砖国家通过这些国际多边机制加强相互间在政治、经济、安全等领域的交流与合作，有利于增加政治互信、提升贸易额、解决贸易不平衡问题，共同应对气候变化、粮食和能源安全等挑战，最终促进多边关系的稳定发展。中国、俄罗斯、印度等新兴发展中大国不断加强政治联系、促进经济合作，在国际多边机构中发挥更大的作用，最大限度地发挥经济潜能，积极推进世界多极化、经济全球化、国际关系民主化，积极推进世界和平与稳定，切实维护广大发展中国家的利益，并为本国可持续发展创造有利的国际环境。

金砖国家是全球治理的重要多边主义力量。金砖国家把发展中国家从全球治理平台的边缘带拉回中心区。以中国、俄罗斯、印度、巴西、南非为代表的金砖国家，坚持独立自主，主张不干涉他国内政，寻求和平发展，支持联合国继续发挥中心地位和作用，呼吁更公平与合理的国际经济政治新秩序等，为全球治理注入了新的活力。特别是在促进全球经济增长，推动国际体系转型等方面，该组织的活力和创新能力体现得尤为明显。

全球经济增长的新引擎。2008 年，金融危机和欧债危机的爆发使发达国家与发展中国家在全球经济中的地位此消彼长。根据金砖国家领导人第九次会晤发布的数据，2017 年金砖国家在全球经济总量中的占比上升到 23%，较 2006 年的 12% 几乎翻了一番，对全球经济增长的贡献率超过 50%，发展中国家对世界经济增长的贡献率超过 80%。世界经济格局从发达国家转向了发展中国家，发展中国家接过了经济发展的接力棒，成为拉动经济增长的重要引擎。

金砖国家强调维护多边贸易体系的重要性。当前，国际贸易体系正面临保护主义威胁，金砖国家一致反对贸易保护主义，是维护多边贸易体制的强大力量。此外，金砖国家也积极推动全球金融治理改革，包括推动国际货币基金组织和世界银行改革。

积极参与联合国维和行动和发展援助。鉴于联合国在处理国际安全事务中的重要性，金砖国家正试图通过提供更多资源推动联合国安理会改革，以便在联合国框架内发挥更大作用。在 G7 国家逐渐对联合国维和行动的军事和财政捐款减少的情况下，金砖五国均增加了维和人员和资金的支持，为维护国际政治安全提供了重要保障。

金砖国家越来越多地参与发展援助，开始建立新的发展融资机构，如金砖开发银行、亚洲基础设施投资银行等，打破了发达国家在国际治理中的垄断地位。此外，金砖五国成立了金砖国家新开发银行，助推五国自身实现共同发展。同时推动取消对贸易和投资的限制，强调保护发展中国家利益。“金砖 +”模式的提出，有利于把金砖合作打造成当今世界最有影响力的南南合作平台，使金砖五国和更多伙伴国家的双边、多边贸易及相互投资更加富有成效。金砖国家为全球治理提供了多边主义的新经验。金砖国家改变了世界格局长期由发达国家主导的局面，为发展中国家谋求经济合作和提升国际影响力开辟了可供借鉴的成功实例。多年来，金砖合作从无到有，实现了从概念到机制的飞跃，显示出巨大的活力，为全球经济合作树立了典范。

积极参与国际机构改革和金融治理。自 2009 年金砖国家领导人举行首次会晤以来，每次峰会都会就全球治理相关重要议题发表意见，积极推动国际组织改革，加强国际宏观政策协调，提高发展中国家在全球治理体系中的话语权。如在世界银行、国际货币基金组织的改革方案中，发展中国家投票权获得提升，金砖国家排名大幅跃升。金砖国家建立了新开发银行、应急储备安排等区域金融合作机制，对现有国际金融治理机制形成有益补充。新开发银行的出资比例、内部治理、融资贷款等方面的运行机制高度体现了互尊互谅、主权平等、民主包容的原则，这将为金砖国家未来在更深层次领域的发展提供机会和推动力，摆脱传统地缘政治思维的民生发展方式。

南南合作的创新模式。这种模式的基本逻辑是“共同发展”或“合作中的发展”。金砖国家根据自己的发展经验，更愿意通过采取“互利”方法帮助其他国家发展。例如，中国南南气候合作基金已宣布将提供200 亿元（约31 亿美元）用于帮助发展中国家应对气候变化。习近平主席在 2015 年联合国可持续发展峰会上表示，“中国将继续增加对最不发达国家投资，力争 2030 年达到 120 亿美元”①。

2019 年 11 月，在巴西首都巴西利亚举行的金砖国家领导人第十一次会晤，围绕“经济增长打造创新未来”主题展开。习近平总书记指出，这次会晤是在世界经济发展和国际格局演变的关键时刻举行的，新科技革命和产业变革方兴未艾，新兴市场国家和发展中国家的崛起势头不可逆转，为全球经济治理体系变革注入强劲动力，面对“百年未有之大变局”，作为重要的新兴市场国家和发展中国家，中国应该顺应时代潮流，回应人民呼声，展现应有的责任担当，在追求发展道路上矢志不移，在团结合作历程中携手奋进，为人民谋幸福，为世界谋发展。②

5.3　基于“一带一路”的参与实践

2013 年 9 月，国家主席习近平访问哈萨克斯坦时提出共同建设“丝绸之路

① 《习近平在联合国发展峰会上的讲话》，新华网，2015 年 9 月 26 日。

② 《习近平出席金砖国家领导人第十一次会晤并发表重要讲话》，新华网，2019 年 11 月 15 日。

经济带”的倡议；同年10月在访问东盟国家时提出共同建设“21世纪海上丝绸之路”的战略构想。2015年3月28日，国家发展改革委、外交部、商务部发布《推动共建丝绸之路经济带和21世纪海上丝绸之路的愿景与行动》（以下简称《愿景和行动》），标志着“一带一路”已从倡议步入全面推进的新阶段。《愿景和行动》是中国推进“一带一路”倡议的纲领性文件，它从时代背景、共建原则、构架思路、合作重点、合作机制、中国各地方开放态势、中国积极行动、共创美好未来八个方面阐述了“一带一路”的主张和内涵，提出了“一带一路”建设的方向和任务。

“一带一路”倡议以“五通”为合作重点，即政策沟通、设施联通、贸易畅通、资金融通和民心相通，陆上依托国际大通道，以沿线中心城市为支撑，以重点经贸产业园区为合作平台，共同建设六大经济走廊，海上以重点港口为节点，共同建设通畅、安全、高效的运输大通道。

“一带一路”倡议是我国在当今内外环境下的现实选择，是对我国处在新的发展阶段下，构建全方位开放新格局，促进国内区域协调发展的伟大构想。“一带一路”倡议也承担着重大的历史使命，它既体现了我国在新时代大国外交战略的新思路，也是践行“共商、共建、共享”全球治理观、完善全球治理体系以及构建人类命运共同体的重大创举。“一带一路”成为新的重要的全球经济治理平台。

中国支持全球化的健康发展，积极参与现有全球经济治理平台建设。而美欧等西方发达国家仍占据现有治理平台的主导地位，且对我国提升制度性话语权形成制约；我国治理经验的不足和所处发展阶段也决定了我国在WTO、IMF等传统全球经济治理平台仍缺乏领导权。党的十八大以来，我国对全球经济治理的思想和观点不断清晰和完善，习近平主席提出“共商共建共享的全球治理观”①。共建“一带一路”旨在促进经济要素有序自由流动、资源高效配置和市场深度融合，推动沿线各国实现经济政策协调，开展更大范围、更高水平、

① 《习近平在庆祝中国国际贸易促进委员会建会70周年大会暨全球贸易投资促进峰会上的致辞》，新华社，2022年5月18日。

更深层次的区域合作，共同打造开放、包容、均衡、普惠的区域经济合作架构。

由于与联合国在理念上的共通性以及同联合国 2030 年可持续发展议程的高度契合，“一带一路”倡议逐渐被联合国肯定，成为全球经济治理的重要平台。2016 年 4 月，中国与联合国亚洲及太平洋经济社会委员会签署意向书，双方将共同规划推进互联互通和“一带一路”的具体行动，推动沿线各国政策对接和务实合作。2016 年 9 月，中国与联合国开发计划署签署关于共同推进“一带一路”建设的谅解备忘录。这是中国政府与国际组织签署的第一份共建“一带一路”的谅解备忘录，也是国际组织首次参与“一带一路”建设。2016 年 11 月，联合国大会首次在决议中写入中国的“一带一路”倡议，决议得到 193 个会员国的一致赞同。2017 年 3 月，联合国安理会一致通过关于阿富汗问题的第 2344 号决议，首次载入“构建人类命运共同体”理念，呼吁国际社会通过“一带一路”建设等加强区域经济合作，敦促各方为“一带一路”建设提供安全保障环境，加强发展政策战略对接，推进互联互通务实合作。

“一带一路”倡议是中国全球治理观的新实践，中国通过示范和引领“一带一路”倡议，在新的全球经济治理平台逐渐实现从参与者到引领者的转变。“中国一带一路网”数据显示，截至 2023 年 6 月，中国已经同 152 个国家和 32 个国际组织签署了 200 余份合作文件，共建“一带一路”的倡议得到了亚洲、非洲、欧洲、大洋洲和拉丁美洲等许多国家的响应、支持和参与。“一带一路”倡议通过提高有效供给来催生新的需求，让新兴市场国家和发展中国家得到更多发展的机会。正因如此，才能吸引众多的国家和经济体参与其中，各国根据本国国情，寻找跟“一带一路”倡议的契合点，积极与“一带一路”进行战略对接，如欧盟的“容克计划”、俄罗斯的“欧亚经济联盟”、蒙古国的“发展之路”、哈萨克斯坦的“光明之路”、波兰的“琥珀之路”等。目前在联合国大会、安理会、联合国亚太经社会、亚太经合组织、亚欧会议、大湄公河次区域合作等有关决议或文件中都已纳入或体现了“一带一路”建设的内容。中国构建人类命运共同体的全球治理理念正通过“一带一路”建设得以实现。中国还举办了三届“一带一路”国际合作高峰论坛，牵头设立亚洲基础设施投资银行、丝路基金和金砖国家新开发银行等，为促进中国与东南亚各国、中亚地区、中欧各国的经贸合作、实现共同发展贡献了中国智慧。“一带一路”正成为中国参与全球开放合作、改善全球经济治理体系、促进全球共同发展繁荣、推动构建人类命运共同体的中国方案。

5.3.1 亚洲基础设施投资银行和丝路基金

“一带一路”国家经济发展和基础设施建设急需大量资金，而现有国际金融机构无法解决资金短缺问题。亚洲基础设施投资银行和丝路基金更多关注发展中国家的发展实际和融资需求，实现对现有国际货币体系的有益补充，增加了全球金融领域的公共产品供给。2013 年 10 月 2 日，中华人民共和国主席习近平在雅加达同印度尼西亚总统苏西洛的会谈中，倡议筹建亚洲基础设施投资银行（以下简称“亚投行”，AIIB），促进本地区互联互通建设和经济一体化进程，向包括东盟国家在内的本地区发展中国家基础设施建设提供资金支持。2014 年 10 月 24 日，包括中国、印度、新加坡等在内的 21 个首批意向创始成员方的财长和授权代表在北京正式签署《筹建亚投行备忘录》，共同决定成立亚洲基础设施投资银行。亚投行是按照“先域内、后域外”和“开放的区域主义”两大原则进行筹建磋商的，截至 2015 年 4 月 15 日，亚投行意向创始成员国全部确定，共有 57 个，其中域内国家 37 个、域外国家 20 个；按大洲分，亚洲国家 34 个，欧洲国家 18 个，大洋洲国家 2 个，南美洲国家 1 个，非洲国家 2 个。截至 2023 年 1 月，亚投行已拥有 106 个成员，覆盖全球 81% 的人口和 65% 的 GDP。[①] 成为中国推动的全球经济治理领域最重要的事件之一，产生了广泛且显著的外溢效应。

1. 亚投行对新型治理机制的探索

亚投行与亚洲开发银行、世界银行有不同之处，亚洲开发银行、世界银行

① 《开业运营 7 周年 亚投行“朋友圈”何以越来越大?》，人民网，2023 年 1 月 17 日。

等多边开发机构主要致力于全球和区域范围内的减贫工作，而亚投行主要目标是投资准商业性的基础设施，实现亚洲地区的互联互通。亚投行作为一家国际金融机构，必须兼顾各成员方的利益。2015 年 6 月 29 日，《亚洲基础设施投资银行协定》（以下简称《协定》）签署仪式在北京举行，亚投行 57 个意向创始成员国财长或授权代表出席了签署仪式，其中已通过国内审批程序的 50 个国家正式签署《协定》。其他尚未通过国内审批程序的意向创始成员国见证签署仪式，根据《协定》规定，此次未签署协定的意向创始成员国可在年底前签署。《协定》签署仪式的举行是亚投行筹建进程中又一里程碑，标志着亚投行筹建工作进入《协定》批准生效和全面做好运营准备的新阶段。

（1）以 GDP 为依据分配股权。亚投行的法定股本为 1000 亿美元，分为 100 万股，每股的票面价值为 10 万美元。初始法定股本分为实缴股本和待缴股本。实缴股本的票面总价值为 200 亿美元，待缴股本的票面总价值为 800 亿美元。域内外成员认缴股本在 75 ∶ 25 范围内以 GDP（按照 60% 市场汇率法和 40% 购买力平价法加权平均计算）为基本依据进行分配。初始认缴股本中实缴股本分五次缴清，每次缴纳 20%。基于此计算基础，中国、印度、俄罗斯、德国、韩国与澳大利亚成为前六大股东，初始认缴股本所占比例分别为 30. 341%、8. 525%、6. 659%、4. 569%、3. 809%、3. 761%。其中，中方认缴额为 297. 804 亿美元，实缴 59. 561 亿美元。这一排序是国际多边机构中首次体现新兴经济体的优势，充分显示了世界经济格局正在发生的变化。

在亚投行中，发展中国家占多数且拥有较大话语权，这在一定程度上体现了 21 世纪新型多边开发银行的特征，反映了世界经济格局的发展变化，也彰显了发展中国家携手推进亚洲区域发展的信心和决心。但是必须注意到，除了各个成员方缴纳的股本金以及贷款或担保收回的资金外，亚投行需要通过获得信用评级在国际资本市场进行筹资，主要是以发债等方式以低成本筹集资本，这些资金是未来亚投行普通业务的核心资本。中国持股过高、影响力过大也可能会成为不利因素，其中之一就是评级。在标准普尔（S&P）的评级中，亚洲开发银行为最高等级的 AAA。而中国的政策性金融机构——中国进出口银行、中国国家开发银行则低了三级，仅为 AA -。如果评级较低，将会增加融资成本。以中国进出口银行为例，目前该银行拥有标准普尔公司、穆迪投资者服务公司和惠誉信用评级有限公司的评级，这些评级分别是 AA - 、Aa3、A + ，与中国国家主权信用评级一致。因此，亚投行有可能会因为中国股权占比高而导致信用评级不够高，进而影响其融资水平和融资成本。

从这个角度来看，作为域外国家的德国、英国等欧洲国家的加盟，对刚刚起步的亚投行非常有利，加强与欧洲发达成员体的合作，借鉴先进经验，会进一步推动亚投行的快速发展。这些国家的加入不仅可以带来资金推动亚洲基础设施建设，缓解亚投行运营的资金压力，更会带来一系列的人才和智力支持，如欧洲对复杂投资项目的管理制度、符合国际标准的决策方式、对项目投资回报预估等方面的经验等。当然这也意味着对亚投行的运营提出了更高的标准和要求。欧洲国家的加入，也将为亚投行获得较高的信用评级助力，对于发展中国家主导的国际金融机构亚投行来说，在信用评级方面取得突破，将有利于未来在国际市场上以低成本筹集资金。

（2）遵循国际多边组织的运行惯例。投票权分配是亚投行制度设计过程中的一个核心议题，亚投行的总投票权由股份投票权、基本投票权以及创始成员享有的创始成员投票权组成。每个成员的股份投票权等于其持有的亚投行股份数，基本投票权占总投票权的12%，由全体成员（包括创始成员和今后加入的普通成员）平均分配，每个创始成员同时拥有600票创始成员投票权，基本投票权和创始成员投票权占总投票权的比重约为15%。这种分配方式属于混合分配，即各成员方都拥有数量相等的基本票，以体现主权国家平等原则；股份投票权和创始成员投票权按出资比例和加入时间分配，符合国际惯例和市场原则；对于出资比例小的成员来说，意味着获得了超过其投资比例的话语权；兼顾平等原则与金融贡献相结合，保证了亚投行投票权分配的公平合理。此外，为了确保区域内成员对亚投行的控制，体现亚投行的“亚洲特征”，规定域内外成员出资比例为75∶25。在接纳新成员时，经理事会且经超级多数同意后，亚投行可增加法定股本及下调域内成员出资比例，但域内成员出资比例不得低于70%。这一比例高于亚行的条款规定，即亚行章程规定理事会在接纳新成员时，应确保本地区成员占有股本总额的比例不应低于60%。

尽管目前亚投行的投票权确实体现了中国的主导地位，但仍有不少成员方在加入亚投行的等待列表上，包括美日在内的世行和亚行成员，未来也有望成为亚投行成员。随着新成员的不断加入，股份和投票权的分配处于动态进程中，中方和其他创始成员的股份和投票权比例均可能被相应稀释。亚投行的这种开放性，体现了真正的开放区域主义。此外，亚投行将遵循“公开、透明、择优”原则遴选管理层的办法明确写入《协定》，这也是一项区别于现有主要多边开发银行的创新之举，反映了亚投行一贯坚持现代治理的理念。

按现有各创始成员的认缴股本计算，中国投票权占总投票权的 26.06%[①]，是现阶段投票权占比最高的国家，以中国掌握的投票权，应该能通过自己想通过的重大决策，但一个国际多边组织的运营并非如此简单，股权和投票权仅是“硬实力”，在这样一个高度复杂的机构中“软实力”远比“硬实力”重要。布雷顿森林体系最大的缺陷之一就是美国股份不到 20% 却拥有否决权，中国正是回应现行国际机构已落后于世界格局变化的历史趋势而倡导设立亚投行。亚投行的目标是带动周边国家经济的长期发展，因此其治理机制必须要有创新，亚投行首席谈判代表会议主席、中国财政部副部长史耀斌曾表示，亚投行将遵循公开、透明、高效的方式建立一个全新的多边开发机构，随着成员方数量的逐步增加，每一个成员的股份比例都会相应下降，所谓中方寻求或放弃一票否决权是一个不成立的命题。[②] 因此中国虽然是亚投行第一大股东，但中国不能单纯依靠投票权行事，应尽量以达成一致的方式决策。

（3）不设常驻董事会。亚投行设立了理事会、董事会和管理层三层管理架构。理事会是亚投行的最高决策机构，拥有亚投行的一切权力，理事会可将其部分或全部权力授予董事会。董事会负责亚投行的总体运营，除非理事会另有规定，董事会为非常驻性质。其权力包括理事会的准备工作、制定银行政策、就银行业务作出决定、监督银行管理与运营并建立监督机制、批准银行战略、年度计划和预算、视情形成立专门委员会、向理事会提交每个财年的账目等。

① 《中国占亚投行总投票权 26.06% 有一票否决权》，人民网，2015 年 6 月 30 日。

② 《财政部副部长：所谓中方寻求或放弃亚投行一票否决权不成立》，人民网，2015 年 3 月 25 日。

董事会共有12名董事，其中域内9名，域外3名；亚投行设立行长1名，从域内成员产生，任期5年，可连选连任一次；同时设立副行长若干名。

在《亚投行协定》谈判过程中，中方会同各方借鉴现有多边开发银行的经验和做法，以确保亚投行在新的起点上成立和高效运营。在充分借鉴欧洲投资银行高效决策机制的基础上，各方共同商定亚投行董事会在运行初期为非常驻。常驻董事会历来是国际机构的必要设置，起到监督管理部门的作用，但董事会是否真能发挥监督作用并不在于常驻，而在于其职责。在国际机构中，常驻董事会主要负责机构的日常运作事宜，除了宪章中规定的必须由理事会作出决策的事以外都由常驻董事会执行。如果常驻董事会管理银行，但具体的投资决策及运作要由管理层负责，这会出现相互推诿的现象。

相较于世行、亚行等多边开发机构创建之时，如今交通和通信等条件大为改善，董事们即使远在千里之外亦能实现顺畅沟通，加之日常需要董事会决策的事务也大为减少，亚投行将借鉴、吸收世行、亚行等机构的一些好的做法，但由于目标不同，治理结构也会有所不同，因此出于行政效率和精减机构考虑，亚投行决定不设置常驻董事会，亚投行董事会应该像所有大公司和大银行一样，只定期开会盘点政策和提供指引。具体而言，亚投行董事会定位于批准较大的项目，如产业层面的投资，管理层则负责运营大多数具体的项目。同时，亚投行不以国家为目标设立常驻机构，这是因为以常驻机构应对一国建设的需求是低效率的，项目建设需要大量专业人员的参与，但常驻机构有时反而会制约这些人员的工作，这不是有效使用人才的方式。

2. 亚投行的作用

作为新型国际多边机构，亚投行实际上是一种新型的经济崛起成果分享机制，亚投行的起步、推进和发展过程，承担了全球不同国家和经济体利益再聚集和再分配的过程。发达国家在加入亚投行选择上的分化，本质上是利益选择的分化；分享亚洲新兴经济体的发展成果，是亚投行影响力和集合力的根本原因，因此亚投行对于亚洲基础设施及互联互通建设的投入，须落实到利益分享式经济特质的培育与完成上。目前亚投行还很难将各成员方凝聚成兼具价值共同体与利益共同体于一身的平台，亚投行功能作用定位须以发展机会和发展空间的利益共享为根本，第一步先将亚投行打造成一个利益共同体。只要亚投行功能作用定位不偏离“利益分享、发展共赢”的基本方向，其对全球金融秩序和治理结构的改变与贡献，就一定会展现出来。

（1）亚投行有助于弥合巨大的地区发展融资缺口。当前，亚洲不少经济体尚处于工业化、城市化的起步或加速阶段，亚洲地区基础设施发展依然滞后于其经济增长，无论在质上还是在量上均低于国际标准，落后的基础设施已经对亚洲经济发展造成了相当程度的制约。当前，亚洲地区对能源、通信、交通等基础设施需求很大，但供给严重不足，面临资金短缺、技术和经验缺乏的困境。开发规划良好、高质量和可持续的基础设施项目不仅有助于推动经济增长、提高生产率、促进就业，也可以通过基础设施的互联互通促进商品、服务和人员的跨境自由流动，进而促进亚洲区域经济一体化的发展。根据亚洲开发银行的测算，2010～2020 年亚洲国家基础设施投资需求为 8 万亿美元，其中新增能力占 68%，维护和更新现有基础设施占 32%，基础设施年均投资需求将达到 7300 亿美元。具体而言，资金主要需求方向是电力和公路，分别占总体需求的 51% 和 29%；从地区角度来看，东亚和太平洋岛国的需求总计 4. 67 万亿美元，南亚为 2. 87 万亿美元，中亚为 4600 亿美元。

然而，亚洲地区基础设施投入却面临着较大难题。一般而言，落后的发展中国家财政紧张，向基础设施建设的投入比较有限。而世行和亚行等多边开发机构主要致力于全球和区域范围内的减贫，投向亚洲域内基础设施的资金也非常有限，如亚洲开发银行 2014 年仅提供了 229. 3 亿美元的贷款，即使把世界银行集团、发达国家发展援助等都考虑在内，亚洲基础设施建设资金缺口依然很大，现有的世界银行、亚洲开发银行等国际多边机构都无法满足这样庞大的资金需求。另外，由于基础设施投资的资金需求量大、实施周期很长、收入流不确定等因素，私人部门大量投资于基础设施的项目也有难度，全球私人金融机构的基础设施投资多流向发达国家的成熟资产，包括亚洲在内的广大发展中国家和新兴经济体的基础设施建设需求始终难以得到真正填补，因此亚洲经济体在基础设施建设方面常常心有余而力不足。

也正是在这样的困境和需求之下，为构筑基础设施所必需的资金池，中国积极倡议发起亚投行。亚投行作为一种创新的多边投融资平台，可以促进本地区充裕的储蓄资金直接注入亚洲内部的生产性投资（包括区域基础设施）。但是，如果中国向现有的国际金融组织大规模增资，势必大幅改变这些机构的现有股东结构。从这个角度来看，成立一个新的国际金融机构，不仅对中国而言是合理选择，也是对现有金融机构的友好选择。新成立的亚投行不仅可以为亚洲经济社会发展提供高效而可靠的中长期金融支持，有利于夯实作为经济增长动力引擎的基础设施建设，还将提高亚洲资本的利用效率，从而促进区域内全方位的互联互通建设，这对亚洲地区，乃至全球经济的可持续发展都具有非常重要的意义。

（2）亚投行成为联结发展中国家与发达国家利益的纽带。亚太地区被认为是近年来世界上发展最快的区域市场之一，欧洲目前面临的经济形势却是复苏乏力，欧洲对经济增长前景信心不足。英国作为第一个申请加入亚投行的西方发达经济体，所释放的信号清晰而明确：基础设施投资是世界的一个短板，亚投行作为支持亚洲经济体基础设施投资，促进亚洲地区经济发展和区域经济及金融合作的区域多边开发机构，具有弥补这方面不足的巨大潜力和发展前景。西亚、南亚和东南亚国家的基础设施建设较为落后，如果由中国牵头为这些国家提供基础设施建设融资，潜在盈利机会将非常大，而英国可提供高质量的设备。

（3）亚投行是发展中国家参与塑造全球经济治理的有益尝试。当前的国际地缘经济格局已经发生了变化，世界经济多中心、多极化发展的趋势更加明显，这就要求国际金融秩序与时俱进，同时需要与之匹配的多边金融组织。在过去的三十多年里，中国的崛起并非执意要改变现有国际政治、经济秩序，中国只是在尝试建立一个与自身国际经济地位更为匹配的新机制。中国倡建亚投行实际上是在美金融霸权围堵下，迫不得已做出的选择，即存多边组织和机构要么反映了二战之后美国在全球的强势地位，要么延续了日本在亚洲地区曾经的领先优势。当前时代变化之际，中国根据自身主张提出相应的经济议程，设立对应国际机构自然是外交步骤的重要一步。亚投行的登场是中国从被动的全球化参与者成长为主动参与者，参与塑造新的全球化秩序的第一次尝试。

亚投行的出现反映了新型国际关系，欧洲与其他受到美国影响的国家积极投身亚投行建设，预示着全球经济治理的一个新方向，即欧洲向中国等新兴经济体靠拢，使得全球金融政治的天平更加平衡，全球经济治理体制可能正在进入一个力量更加平衡、更加注重互利双赢，但同时也可能是治理形势十分复杂的新时代。在短期内，亚投行对全球金融体系的直接影响是有限的，但亚投行意味着一个替代选项的存在，长期内这将有助于形成改善现有国际经济和金融治理秩序的倒逼机制。中国带动全球秩序重组，带领发展中国家选择性接受西方的游戏规则，也带动非西方国家的崛起，将重塑全球政治、经济格局。所以成立亚投行的意义不仅在于对外输出资金，帮助发展中国家解决基础设施融资的资金缺口，更重要的是撼动了已有的以发达国家为主导的国际发展政策制定过程，为改善发展政策和实践提供了反思和讨论的契机。

亚投行宗旨是促进亚洲区域的互联互通和经济一体化，以基础设施建设和跨境互联互通为重点。亚投行发布的《可持续发展债券影响报告（2022)》显示，截至2022年底，亚投行批准了涵盖202个成员的33个项目，总投资额达到了68.1亿美元。亚投行以主权担保贷款为主，既可以降低风险，也提高了其自身的信用评级，实现进一步降低融资成本的目的。亚投行不是对原有全球金融体系的否定，而是对其的有益补充。亚投行与世界银行、亚洲开发银行、欧洲投资银行、欧洲复兴开发银行等金融机构开展了密切合作。亚投行作为由发展中国家主导的多边机构，是对现行全球经济治理体系的重要补充和发展，致力于以更合理的资本结构、决策、运营等新型治理机制，探索构建开放、高效和包容的利益共同体。亚投行的成立不仅有助于弥合地区发展融资缺口，进一步联结发展中国家和发达国家利益，而且实现了发展中国家参与塑造全球经济治理。

3. 丝路基金

丝路基金致力于为“一带一路”框架内的经贸合作和双边、多边互联互通提供融资支持，重点围绕“一带一路”项目的融资与合作国家和地区的基础设施、资源开发、产能合作等项目。2017年5月丝路基金获得中国政府1000亿元人民币的增资，增强了其服务“一带一路”建设的能力。丝路基金数据显示，截至2022年底，丝路基金投资项目涵盖60多个国家和地区，承诺投资金额超过200亿美元。

中国发起建立亚投行和丝路基金的行为，反映出中国转向“寻求影响力”的变化。中国发起的新机制与新规范并非推翻或者颠覆原有体制，而是更加符合多边主义原则、更关注发展中国家需求的新机制。新机制与新规范同样基于规则、奉行多边主义，但是它更关注长期以来既有规范忽略或者失灵的部分，试图以一种更为互惠的方式创造共同利益。长期以来，中国一直试图推动国际政治经济秩序朝着更公平、公正、合理的方向迈进，而亚投行正是一个尝试。正如习近平主席在第五届理事会年会视频会议上的发言中所提到的，“解决经济全球化进程中出现的矛盾，各国应该努力形成更加包容的全球治理、更加有效的多边机制、更加积极的区域合作。亚投行应该成为促进成员共同发展、推动构建人类命运共同体的新平台”①。在未来，亚投行仍然要坚持共同发展、勇于开拓创新、创造最佳实践、坚持开放包容，为国际社会应对风险挑战、实现共同发展做出更大贡献。建立亚洲基础设施投资银行和设立丝路基金意义表现在：促进中国与周边国家的互联互通；为“一带一路”国家和地区提供资金支持；拉动中国经济增长；加快中国资本账户开放和人民币国际化进程。对“一带一路”沿线发展中国家的基础设施进行大量投资，不仅能够消除增长瓶颈，促进所在国的经济增长，还能拉动其他国家包括发达国家的出口，给发达国家创造结构改革的空间。

5.3.2 国际进口博览会

2017年5月在北京举办“一带一路”国际合作高峰论坛时，习近平主席宣布中国将从2018年起举办“中国国际进口博览会”（以下简称“进博会”），

---

① 《习近平在亚洲基础设施投资银行第五届理事会年会视频会议开幕式上的致辞》，新华社，2020年7月28日。

这是我国推动新一轮高水平对外开放的一项重大决策，也为全球贸易搭建公共平台，让世界各国共享中国发展机遇，是中国为维护自由贸易、推动经济全球化健康发展提供的国际公共产品。目前，进博会已成为推动全球商品和服务对接的桥梁，成为中国坚定扩大开放，全球企业共享中国市场、中国机遇的重要平台。

进博会广邀国内外采购商，建立“买全球、卖全球”的开放性平台。不仅会为全球货物和服务交易提供一个平台，而且将广邀世界各国、国际组织等共同参与，举办高峰论坛，对全球重大问题进行探讨，打造面向世界的，包容、开放、合作的新平台，推动经济全球化向着更开放、包容、普惠的方向发展；中国通过举办国际进口博览会，支持其他国家分享中国不断扩大的进口市场，允许其他国家搭乘中国发展的便车，为沿线国家乃至全球提供出口机会；国际进口博览会通过相关机制建设，给予最不发达国家以必要的技术支持和能力建设，帮助其融入全球价值链，通过进口博览会的机遇，实现贸易减贫的目标。

一方面，进博会为推动发展中国家贸易发展提供了重要机遇。当前全世界经济发展仍面临着重大的挑战，而贸易作为推动经济发展的重要引擎，无疑是发展中国家实现疫后复苏的重要支撑。畅通贸易渠道、推动商品出口便成为各国政府的重要关切，进博会无疑将为广大发展中国家提供实现贸易畅通的平台。超过 30 万平方米的进博会展厅足以汇聚来自五湖四海的朋友，超过 3000 家企业参加的盛会将为广大参展企业提供洽谈合作的舞台。2020 年第三届进博会期间，联合国工业发展组织、世界知识产权组织等国际组织，工业和信息化部、财政部等国家部委，以及各地方政府举办政策解读、对接签约、投资促进等类别 101 场配套活动，积极助力展会成交、双向投资和产业合作。新品发布专区有 42 家国际知名企业举办发布活动，分展区、分行业集中展示全球顶尖新产品、新技术、新服务，出现密集的签约潮，进博会已成为全球新品的首发地、前沿技术的首选地、创新服务的首推地。在历届进博会中，除了来自发达国家和各种龙头企业的“高精尖”产品之外，广大发展中国家的参展企业所带来的极具特色的产品也博得了众多目光。进博会不仅推动了发展中国家对华出口的增长，更为这些国家提供了在国际平台上推广其产品的机会。此外，为推动最不发达国家参加展会，实现贸易增长，中国更对其提供了“特殊待遇”，包括每年为每个参会的最不发达国家免费提供2个标准展位，对它们运送展品参展实行费用减免，展会期间专门为它们举办了多场有针对性的供需对接会、洽谈会、投资说明会等一系列配套经贸活动等。在中国的积极推动下，埃塞俄比亚的咖啡、赞比亚的野蜜等得以走进千家万户。作为世界最大的发展中国家，中国正通过这次盛会与最不发达国家共享发展机遇。2018年首届进博会上，全球44个最不发达国家中，有30多个获邀前来参加进博会。[①] 正如世贸组织总干事罗伯托·阿泽维多所评价："这是一场既让发展中国家得益，又让发达国家获利的盛会。"[②]

另一方面，进博会为促进发展中国家相互学习、提升发展能力创造了重要平台。中国国际进口博览会的意义远超博览会本身，进博会已然成为中国为世界提供的含国际采购、投资促进、人文交流、开放合作为一体的国际公共产品。数以千计的参展企业除了售卖产品、寻找商机外，行业间的交流学习也使得发展中国家的许多参展企业看到了发展方向，同行业龙头企业所达成的合作协议为这些企业创造了新的发展机遇。不止于此，作为进博会三大支柱之一的虹桥国际经济论坛更是为发展中国家围绕发展问题交流学习提供了重要的平台。在虹桥论坛上，来自国际政、商、学、研等各界领袖，围绕全球经济的热点问题，交流思想，共同为促进全球经济发展、共建人类命运共同体建言献策，而这对于广大发展中国家实现经济增长而言无疑极具启发意义。第四届虹桥国际经济论坛聚焦"百年变局下的世界经济：后疫情时代全球经济合作"，主论坛和囊括更多议题的分论坛无疑为广大发展中国家疫后复苏之路、探寻国家合作创造了重要的平台。

中国的发展得益于世界，而中国也愿意为世界提供更多的公共产品。在逆全球化思潮涌动，经济全球化遭遇了重大挫折之际，中国于2018年召开了首届中国国际进口博览会，为多边贸易体制提供了新支持，为全球经贸发展注入了新动能；新冠疫情以前所未有的速度打击着全球贸易和投资，全球贸易链、产

① 《进博会向最不发达国家分享发展机遇》，新华社，2018年11月10日。

② 《专访："一场既让发展中国家得益，又让发达国家获利的盛会"——访世贸组织总干事阿泽维多》，新华社，2018年11月6日。

业链受到严重干扰，中国仍克服困难于2020 年如期召开第三届中国国际进口博览会，为推动疫后复苏、重振世界经济注入了强心剂；在各国寻找经济复苏之路的后疫情时代，中国如期为世界带来第四届及第五届中国国际进口博览会是对后疫情时代全球经济合作提供的坚定支持，是带领发展中国家团结发展、共同实现经济复苏和积极参与全球经济治理的大国担当。

5.3.3　区域全面经济伙伴关系协议

中国参与并积极推动区域全面经济伙伴关系协议（Regional Comprehensive Economic Partnership，RCEP）的谈判进程。2013 年开始的 RCEP 谈判是为了应对 TPP 而发起的，谈判范围包括降低工业产品关税、服务贸易、知识产权等 18 个领域。由于各成员方之间经济发展水平差异等原因，RCEP 的谈判一直久拖不决。2018 年 11 月 14 日，第二次 RCEP 领导人会议一致同意，争取在 2019 年完成 RCEP 谈判。2020 年 11 月 15 日，在全球疫情和世界经济均处于十分严峻复杂形势的背景下，来自文莱、柬埔寨、印度尼西亚、老挝、马来西亚、缅甸、菲律宾、新加坡、泰国、越南 10 个东盟国家，以及澳大利亚、中国、日本、韩国、新西兰 5 个亚太国家的代表，在经过 8 年 31 轮正式谈判和 400 多场磋商后，以视频方式签署了《区域全面经济伙伴关系协定》。

区域自贸协定的发展历史大致可划分为四个阶段。第一代自由贸易协定基本上只关注商品货物贸易；第二代则逐渐开放部分服务领域，并继续推动贸易方面的自由化；第三代协议进一步涉及服务、资本和人员范畴的开放，并增加跨境政策协调内容。前三代协议大多局限于少数或同等发展水平的成员之间，商品和投资市场开放仍有诸多限制，对于服务贸易和专利保护等现代议题关注较少，这也在一定程度上导致了全球经济治理，尤其是全球投资和贸易治理的赤字。第四代自由贸易协定全面提升了多边经贸合作的广度和深度：货物贸易市场准入门槛大幅降低，大多包含零关税条款；服务部门开放水平提高，将服务贸易纳入协议范围；投资领域限制逐渐减少，除涉及国家安全的领域基本都实行开放；引入知识产权保护、数字经济、国有企业、劳工权利和环境保护等新的规则议题；建立争端解决机制增强协议的约束性。

作为第四代自由贸易协定的代表，与现有世界经济区域一体化组织相比，RCEP 具有以下特点：一是覆盖的人口数量最多，经济规模最大，经济投射力强；二是成员国整体发展水平分化程度高、包容性强；三是成员国构成复杂，呈多元化态势；四是构筑模式和组织模式有所创新；五是未来发展潜力巨大、回报丰厚。此外，在电子商务方面，RCEP 首次在亚太范围内达成了全面、较高水平的多边电子商务规则成果；在投资自由化和便利化方面，RCEP 整合并进一步升级了所有“东盟 +1”自贸协定框架下的投资条款，最终达成迄今亚洲规模最大的投资自由化和便利化协定；在成员国自贸伙伴关系方面，作为世界首个将中国、日本、韩国东亚经济“三巨头”汇聚在一起的“超大型”自贸安排，RCEP 在三国之间架起了自贸协定的桥梁，不仅填补了中日、韩日之间多年来自贸安排方面的空白，也填补了亚太乃至世界经济区域一体化的历史空白。RCEP 作为区域经济治理关键性助推力量，不仅为全球经济治理体系发展提供了有力的支撑，也为中国深入参与全球经济治理体系改革提供了重大机遇，将有助于中国破除参与全球经济治理体系改革面临的机制设计障碍、单边主义障碍和多边互信障碍，推动构建共商共建共享的全球经济治理秩序，提高中国在国际经济事务中的制度性话语权。

虽然当前中国参与全球经济治理体系变革面临诸多挑战，但 RCEP 的签署不仅为经济全球化重新启程注入了新动力，也为中国参与全球经济治理体系改革带来了巨大的机遇。具体地，RCEP 实现了全球贸易和投资治理机制创新，为更广阔时空尺度上的全球经济治理体系改革提供了试验场所；冲破了霸权大国制造的单边主义恐慌，倒逼保守力量重返多边体系；弥合了逆全球化下多边政治互信的裂缝，夯实了世界共同推进全球经济治理体系改革的基础。

1. 推动治理机制创新变革，破除“意大利面条碗”困境

RCEP 具有突出的包容性和平等互惠性，不仅打破了当前以发达国家意志为主导制定治理规则的现状，还创新全球贸易和投资治理机制，有效助推梳理并统一全球贸易和投资治理规制，破除困扰已久的“意大利面条碗”难题。

（1）体现了高度的包容协调性和充分的平等互利性。RCEP 的 15 个成员国在经济体制、规模体量和发展水平等方面存在巨大的差异性和互补性，其中既有中国和日本等经济大国，也有柬埔寨和老挝等后进国家。RCEP 的规则设计充分考虑了区域内经济体的多样性特征，给予欠发达成员国一定的过渡期或例外条款，力图让成员国均能更好地融入区域经贸合作网络。例如，部分欠发达成员国的关税削减标准更为宽松，部分产品零关税可以保留 20 年的过渡期。此外，与以往的 TPP 等发达国家主导的经贸协定相比，RCEP 在知识产权保护和劳工权益等方面也并未给成员国设置过于严苛的条款，为继续推动全球性的多边经贸治理机制变革提供了新的思路和经验。

（2）助力破解“意大利面条碗”困局。一方面，RCEP 发挥了区域经贸协定“整合器”的作用，推动了现有成员国之间经贸协定的升级。RCEP 整合优化了原有“东盟 +1”的自由贸易协定，形成统一的区域贸易投资规则，在推动各国形成合力共同参与全球经济治理体系改革的同时，也有效缓解了规则繁复导致的“意大利面条碗”效应。另一方面，RCEP 发挥了区域经贸合作“推进器”的作用，令原本并没有自由贸易协定的中日、日韩间建立起新的自贸伙伴关系。RCEP 是第一个将中国、日本和韩国东亚三大经济体聚合起来的自由贸易和投资协定，能够有效消除三国之间复杂的、间接性的贸易规则约束，增强 RCEP 区域经济增长的动能。例如，RCEP 生效后日本运往韩国的产品免关税比重将从 19% 升至 92%，运往中国的产品免关税比重则从 8% 攀升到 86%。①三国间统一的免关税规则，有利于减轻涉中日韩三国贸易企业的运营和时间成本，也能够有效减缓区域内的“意大利面条碗”效应。

2. 消弭单边主义障碍，倒逼霸权大国重返多边体系

RCEP 的签署减缓了全球单边主义、保守主义和保护主义持续增强的势头，消弭了区域外大国为阻挠 RCEP 成员国深化经贸合作所设置的障碍，有效遏制了霸权国家内部的保守力量，倒逼美国等发达国家加快重返多边主义体系。

---

① 《RCEP，中日韩“以经促政”新抓手》，环球时报网，2022 年 1 月 4 日。

（1）有效遏制乃至逆转了当前的逆全球化浪潮。RCEP 的签署证明了以区域经济一体化发展推动经济全球化发展道路依然可行。RCEP 第 20 章最终条款规定，协定自正式生效 18 个月后，RCEP 将向其他国家或单独关税区开放。此外，RCEP 还建立了包括原产地标准、海关程序、检验检疫和技术标准等在内的统一规则，叠加在取消关税和非关税壁垒的利好条款之下，RCEP 各成员国正在以实际行动把“区域经济一体化”推动升级成为“全球经济一体化”，助力应对逆全球化思潮和推动全球经济治理体系重回正轨。

（2）有效抵御了区域外大国对 RCEP 区域的政治干涉，强化了亚洲地区的全球经济治理话语权。RCEP 作为一项非西方国家主导且具有“亚洲”色彩的协定，对区域外霸权主义大国的利益产生了影响，因而其签署也遭遇了诸多外来干涉。美国曾以人权和数据隐私安全议题作为借口，要求日本和韩国“封杀”RCEP。但出于对国家利益和 RCEP 重大利好的考虑，日韩始终公开支持加入 RCEP。而作为“五眼联盟”成员的澳大利亚和新西兰也并未因为美国的政治压力而放弃加入 RCEP。这不仅反映出美国霸权主义的威慑力正在逐渐减弱的历史趋势，更代表了亚洲新兴经济体的集体崛起。

（3）有效倒逼霸权主义国家重返多边主义体系，守护全球多边治理共识。RCEP 的签署宣告美国通过“重返亚太”和“印太战略”遏制新兴经济体崛起的失败，迫使其重新审视对外政策路线，逐步回归“理性”，参与到全球经济治理体系改革的进程当中。拜登上台后调整了美国的对外战略，重新回归《巴黎协定》和世界卫生组织，并在《国家安全战略中期指南》中表示“美国将重申对全球发展和国际合作的承诺，重振和更新在世界各地的联盟和伙伴关系”，力求恢复美国在多边主义体系中的全球号召力。RCEP 的签署在倒逼美国重返多边主义的过程中发挥了不可忽视的推动作用。

3. 弥合多边政治互信，重启全球经贸合作深化进程

RCEP 的签署弥合了逆全球化浪潮下的多边政治互信裂缝，重启了全球经贸合作深化的进程，夯实了世界各国共同推进全球经济治理体系改革的基础。

（1）RCEP以经贸合作凝聚多边政治互信。RCEP通过较大的区域经贸合作规模和较高的市场开放水平，有效吸引了彼此间存在利益冲突的国家共同参与到一体化进程之内，结束了亚洲地区“日趋活跃的区域贸易投资”与“长期缺失的贸易投资合作机制”的不均衡发展状态。例如，中国和日韩两国之间长期存在主权争端、历史遗留问题、经贸摩擦、文化价值冲突以及区域外大国干涉等结构性难题，近年来澳大利亚和中国也多次因意识形态、贸易和疫情等问题产生经贸摩擦，RCEP其他成员国之间也存在着复杂多样的结构性矛盾。而在如此复杂的多边关系之下，各成员国能够“不计前嫌”积极加入RCEP，表明RCEP巨大的市场前景有效消弭了各国之间的政治“敌意”。此外，日本、韩国、澳大利亚和新西兰等RCEP成员国均是美国的核心盟友，这也意味着RCEP在经济潜力和规则质量方面具有较大的优势，足以弥合这些国家与中国等新兴经济体之间在意识形态、政治利益和价值观之间的差异。

（2）RCEP的签署加速重启了经济全球化发展的进程，强化了中国深入参与全球经济治理体系改革进程中的信心。在RCEP签署的45天后，历时七年的《中欧全面投资协定》在2020年12月30日正式签署，全面拓宽了中国与欧盟的贸易投资关系。2020年11月中国国家主席习近平在亚太经济合作组织第二十七次领导人非正式会议中表示，“中方欢迎区域全面经济伙伴关系协定完成签署，将积极考虑加入全面与进步跨太平洋伙伴关系协定”。[①] 中国商务部已经着手评估、研究和深度分析CPTPP所有条款，并与部分成员国进行了非正式接触。

5.3.4 自由贸易区

中国倡导合作共赢，维护经济全球化大局。习近平总书记强调，人类发展

---

① 《习近平在亚太经合组织第二十七次领导人非正式会议上的讲话（全文）》，新华社，2020年11月20日。

进步大潮滚滚向前，世界经济时有波折起伏，但各国走向开放、走向融合的大趋势没有改变。[①] 各国应坚持协同联动，坚定不移发展开放型世界经济，在开放中分享机会和利益、实现互利共赢。中国始终旗帜鲜明地反对各种形式的保护主义，坚定不移地维护多边体制的权威地位，在积极推动世界贸易组织（WTO）多边贸易谈判的同时，并行推进区域和双边贸易协定谈判，将实行高水平对外开放作为新时代对外开放的主基调、主旋律，将22个自由贸易试验区、海南自由贸易港等作为新时代对外开放的新高地，主动向世界开放中国市场，为各国共享中国发展红利搭建新平台。

表5－2　　截至2023年9月中国自贸区协议情况

已签协议的自贸区	· 中国–塞尔维亚 · 中国–厄瓜多尔 · 中国–尼加拉瓜 ·《区域全面经济伙伴关系协定》(RCEP) · 中国–柬埔寨 · 中国–毛里求斯 · 中国–马尔代夫 · 中国–格鲁吉亚 · 中国–澳大利亚 · 中国–韩国	· 中国–瑞士 · 中国–冰岛 · 中国–哥斯达黎加 · 中国–秘鲁 · 中国–新西兰（含升级） · 中国–新加坡（含升级） · 中国–智利（含升级） · 中国–巴基斯坦（含第二阶段） · 中国–东盟（含“10＋1”升级） · 内地与港澳更紧密经贸关系安排
正在谈判的自贸区	· 中国–海合会 · 中日韩 · 中国–斯里兰卡 · 中国–以色列 · 中国–挪威	· 中国–摩尔多瓦 · 中国–巴拿马 · 中国–韩国自贸协定第二阶段谈判 · 中国–巴勒斯坦 · 中国–秘鲁自贸协定升级谈判
正在研究的自贸区	· 中国–哥伦比亚 · 中国–斐济 · 中国–尼泊尔 · 中国–巴新	· 中国–加拿大 · 中国–孟加拉国 · 中国–蒙古国 · 中国–瑞士自贸协定升级联合研究

资料来源：中国自由贸易区服务网（http：//fta. mofcom. gov. cn/）。

① 《习近平在二十国集团领导人第十三次峰会第一阶段会议上的讲话（全文）》，新华社，2018年11月30日。

自中国于2002年与东盟签署第一份区域自由贸易协定以来，中国自贸区建设取得了显著成果。在自贸区建设过程中，中国不断总结经验教训，逐渐形成适合中国国情的自贸区建设之路。

截至2023年7月，我国已签署了22个自贸协定（含亚太贸易协定），包括与东盟国家、智利、巴基斯坦、新西兰、新加坡、秘鲁、哥斯达黎加、冰岛、瑞士、韩国、澳大利亚、格鲁吉亚、马尔代夫、毛里求斯、柬埔寨的自贸协定，以及中国内地与香港、澳门的《关于建立更紧密经贸关系的安排》（Closer Economic Partnership Arrangement，CEPA），和《区域全面经济伙伴关系协定》（Regional Comprehensive Economic Partnership，RCEP）。总体来看，我国的自贸伙伴既有与我国经济水平发展相当的发展中国家，也有经济发展水平高于我国的西方发达国家；从地域上看，遍布亚洲、欧洲、大洋洲、南美洲等各个大洲。

除已经达成正式协定的自贸区外，我国还正在推动中日韩自由贸易区谈判，以及与海湾阿拉伯国家合作委员会（以下简称“海合会”）、斯里兰卡、以色列、挪威、摩尔多瓦、巴拿马、巴勒斯坦等正在开展的双边自由贸易协定谈判。此外，我国还在研究与哥伦比亚、斐济、尼泊尔、巴布亚新几内亚、加拿大、孟加拉国、蒙古国等国建设自由贸易区的可行性。

通过商签自贸协定，我国对自贸伙伴的货物关税水平大幅降低，零关税产品税目占比以及零关税产品进口额占比基本都达到90%以上，实现国际上高标准自贸区通常的“双90”标准；通过商签自贸协定，简化了货物贸易规则，扩大了服务业对外开放，放宽了外国投资的准入门槛，全方位多角度推进了国际规则谈判和规制合作；通过商签自贸协定，推动了国内体制机制的改革进程，理顺了扩大开放的国内法律环境；通过商签自贸协定，推进了国内产业的结构性改革和总体竞争能力。

5.3.5 “一带一路”倡议对于全球经济治理的贡献

改革开放以来，尤其是2001年加入WTO以来，在全球贸易自由化进程中，中国外向型经济发展取得了巨大成功。但是，2008 年全球金融危机爆发后，我国经济发展的内外部环境发生了明显的变化。从外部环境来看，金融危机后发达国家经济正处于复苏与调整之中，市场需求疲弱，保护主义上升，既无法继续大规模进口来自新兴市场国家的商品，也不愿再继续承受来自新兴市场国家的大规模贸易赤字。同时发达国家开始塑造排他性的、更高标准的全球贸易与投资新规则，自由开放的全球多边贸易体系正面临被解体的困境，新兴市场国家和广大发展中国家的比较优势将因此受到极大削弱，其全球市场与投资来源也都会被大幅压缩。

从国内环境来看，中国需要一种新的战略来推动新一轮的经济发展。一方面，过去三十余年，中国的开放战略主要集中在“引进来”，但现在中国的劳动力工资随经济的发展不断上涨，劳动密集型产业逐渐向周边低成本国家转移，传统的开放战略受到巨大挑战。另一方面，中国的对外投资增长迅速，《2021 年度中国对外直接投资统计公报》显示，自 2003 年以来，中国已连续十年位列全球对外直接投资流量前三，对世界经济的贡献日益凸显。2021 年流量是 2002 年的 66 倍，年均增长速度高达 24.7%。正如党的十八大报告所指出的，要加快完善互利共赢、多元平衡、安全高效的开放型经济体系。

在金融危机爆发后全球经济治理变革态势日渐凸显的背景下，“一带一路”倡议标志着中国逐步迈入了主动引领全球经济合作和推动全球经济治理变革的新时期（毛艳华，2015）。进入 21 世纪，中国与世界的关系发生了根本性变化：中国已经成为全球第二经济大国、第一货物贸易大国及第一出口大国、第三投资大国、最大外汇储备拥有国等。中国的经济实力与影响力显著，国内市场容量巨大，资金实力雄厚，在新一轮对外开放过程中，既可以凭借广阔的国内市场吸收新兴市场国家的商品，也可以为新兴市场国家提供重要资金来源，逐步有能力满足其外部市场与资金需求。中国作为世界经济的重要引擎之一，为世界经济复苏做出了重要贡献。据国际货币基金组织统计，2014 年中国经济对世界经济增长的贡献率为 27.8%，是该年度对世界经济增长贡献最大的国家。因此，中国在主动参与全球经济事务的过程中，可以更加主动地提出“中国建议”“中国方案”，使之成为“世界方案”的一部分。

总的来说，"一带一路"倡议是中国积极参与 21 世纪全球治理和区域治理的顶层设计，对于构建开放型经济新体制、形成全方位对外开放新格局有着重要意义。在金融危机爆发后全球经济治理变革态势日渐凸显的背景下，"一带一路"倡议标志着中国逐步迈入了主动引领全球经济合作和推动全球经济治理变革的新时期，"一带一路"相关议程着眼于为全球经济治理输出公共产品，体现了中国作为负责任大国的作用与地位，"一带一路"倡议是对全球经济治理理论的重大贡献。

第6章 中国参与全球经济治理的专题实践

6.1 全球数字贸易治理

数字贸易指利用互联网传输来实现的产品和服务的商业活动，不仅包括最终消费品在互联网上的销售和在线服务的提供，还包括实现全球价值链的数据流和实现智能制造的服务流等。数字贸易还可以指贸易方式数字化和贸易对象数字化，包括通信基础设施、互联网资源、应用基础设施、互联网融合服务和有关数字产品等。

目前，数字贸易的发展存在巨大鸿沟，与货物、服务贸易相比，发达国家在数字服务贸易方面更具优势，美欧主导着全球数字贸易市场。数字贸易以跨境数据流动为驱动，与平台企业跨境业务联系密切，形成跨界融合的全球性数字化生态。数字全球化标志着新一轮的全球化，也为全球数字治理体系的构建提供了前提。疫情加速了服务贸易数字化进程，后疫情时代，数字贸易发展迈入“快车道”。

6.1.1 全球数字贸易治理进展

当前，全球在数字经济关键问题上并没有正式的全球性治理机制。我们较为熟悉的有三种治理机制。首先是多边经济治理框架下的数字治理，以二十国集团为代表。2016 年 G20 杭州峰会首次把数字经济纳入议题中，并设立数字经济任务组（Digital Economy Task Force，DETF），之后 2020 年在沙特峰会上计划将任务组升级为数字经济工作组。G20 坚持的是非正式国际机制的总框架，在具体问题上通过正式国际组织作决策并采取行动，形成了“G20 +”的复合体。WTO 下的服务贸易总协定（General Agreement on Trade in Services，GATS）在应对电子商务议题上存在局限，2019 年 1 月中美欧在内的 76 个 WTO 成员方签署《关于电子商务的联合声明》，启动 WTO 电子商务诸边谈判。但多边谈判主体的立场差异较大，谈判前景不甚明朗。

亚太经合组织（APEC）、经济合作与发展组织（OECD）也都是重要的多边全球经济治理框架。APEC 的数字经济议题逐步向数字贸易、网络安全、隐私保护、规则制定等方向发展，还设立了电子商务指导小组和数字经济指导小组等推动议程实施。值得一提的是为了提高实施效率，APEC 采用了“探路者方法”这一新方式开展合作，成功建立了“跨境隐私规则体系”（Cross-Border Privacy Rules，CBPR）。但随着议题领域的细化，各国同步实施改革难度加大，新合作难以达成。经济合作与发展组织同 G20 一样也是非正式的国际组织，它主要角色是推动对政策的讨论，提供同行评议机制，此外嵌入到多边组织中为具体议题提供智库支持，影响力在逐渐增加。如 2020 年的 G20 会议在数字经济领域便使用的是 OECD 的研究成果。

双边和区域性自由贸易协定为全球数字治理规则添砖加瓦，如 TPP/CPTPP、美日数字贸易协定、RCEP、中日韩自由贸易协定。这些自由贸易协定中的电子商务便利化条款与日俱增，可反映各方在数字领域的诉求，在降低各国数字化贸易成本、促进跨境数据安全流动、减少技术壁垒、促进数字贸易方面发挥了较大作用。美国主导的 TPP/CPTPP、美墨加自贸协定、美日数字贸易协定均强调数字贸易自由化，体现了数字领域的“美式模板”。欧盟主导的欧盟—韩国自由贸易协定、欧盟—越南自贸协定等反映了“欧式模板”，即欧盟对于版权和隐私保护的诉求。中国主导的 FTA 反映了中国促进电子商务便利化的目标。新加坡主导的贸易协定则构建出一个全面的数字经济政府间合作框架，便利性而非约束性条款居多。俄罗斯、印度等国均提出，要以国家信息安全和跨境数据流动安全为前提，要求信息和数据在当地储存，但这些国家还没有形成系统的规则体系，影响力有限。数字监管逐渐由"边境"规则向"边境后"规则延伸，欧盟力推边境后监管规则的形成。

具体来看，双边、多边、区域、全球贸易谈判中关于数字治理的议题可分为七类：电子商务与配套制度、数据管理与流动（包括跨境数据流动、数据存储本地化限制、隐私保护、政府数据开放等最核心问题）、数字贸易税收、知识产权与数字资产保护、市场开放与公平竞争、数字治理与网络安全、数字经贸发展合作。数据跨境流动成为全球治理的焦点。

美国作为数字贸易大国，在贸易协定中不断削减隐私和安全条例，在促进数据跨境自由流动、非歧视待遇上是先行者，并倡导计算设施存储的非强制本地化。美国在 WTO、国际服务贸易协定（Trade in Service Agreement，TISA）等多双边协定以及 G20、G7 等场合均大力提倡削减数字贸易壁垒。2017 年 12 月，欧盟议会通过《迈向数字贸易战略》报告，要求欧委会制订欧盟数字贸易战略，掌握全球数字贸易规则和标准谈判主动权。欧盟则在"隐私保护"和"视听例外"上坚守立场。具体而言，欧盟高标准的"隐私保护"导致其围绕"知识产权保护"和"跨境数据自由流动"等核心关切所进行的磋商与美方存在分歧，倡议数据存储本地化。欧盟知识产权集约型企业比重高，随着数字化产品的增长，欧盟特别重视提高贸易协定中的数字知识产权标准，并且坚决不同意不加限制的数据自由流动。"视听例外"即为保持民族文化独立性，在数字音乐、电子书、数字视频这些视听文化上存在例外规定。如果"隐私保护"和"文化例外"这两个核心问题能得到解决，将极大程度地加快欧盟 FTA，尤其是欧盟与发达经济体谈判（如 TTIP）的前进步伐。美欧在未来网络中介责任上的分歧可能加大。如何寻找两大议题"跨境数据自由流动"与"隐私保护"的平衡点一直是欧盟在谈判中所关心的。欧盟必须先就"隐私保护"和"视听例外"两个核心问题出台能契合于数字贸易发展的规则，方可构建出一个让缔约各方实现共赢的数字贸易规则"欧式模板"。将来，相信欧盟会在坚守"文化例外"的前提下稍微放开"文化合作"。

掌握技术和平台的私营部门是数字治理的第三个重要力量，如数字平台、标准组织、产业联盟、专家智库。其中，电子商务平台成为塑造全球贸易规则的新的主体，在遵守现有的国家间跨境电商规则的基础上，积极推动如世界电子贸易平台（Electronic World Trade Platform，eWTP）的搭建。产品标准的差异制约着国际贸易，私营部门主导的标准化组织如互联网工程任务组（Internet Engineering TaskForce，IETF）、万维网联盟（World Wide Web Consortium，W3C）、第三代合作伙伴项目计划（3rd Generation Partnership Project，3GPP）有助于完善全球数字治理规则。私营部门通过加入开源社区实现新的全球数字标准治理。并且，政府和智库专家协同合作的治理方式在不断增加。智库专家发起的治理规则话题政治色彩较弱、运作灵活，更易被接受，政府可能会通过这类“代言人”来“潜移默化”地参与到全球数字治理中。私营部门灵活游走于国际机制间，推动着新兴领域如大数据、人工智能、区块链、物联网等规则的出台。

现存的问题：数字全球化带来了“数字鸿沟”，发达国家和发展中国家互联网水平差异越来越大；数字领域治理呈碎片化，数字贸易条款混杂易造成“意大利面碗效应”；数据保护主义、网络安全威胁等问题；亚太国家参与的贸易协定在深度上低于欧美发达国家或地区主导的区域贸易协定，且难以涉及较为敏感的农业和金融部门。

主要与以下几个原因有关：（1）治理问题覆盖范围广内容太分散，导致机制选择碎片化；（2）各国对数字化问题诉求差异大，难以达成一致，发达国家企图通过数字产业的全球布局建立新的竞争优势，而发展中国家面临的最关键问题是数字化转型；（3）数字技术的发展凸显了各国国内原有产业发展不均衡的矛盾，导致受损部门对全球化的抵制，因此强化了保护主义态势；（4）安全问题是数字治理存在核心争议的问题，如数据跨境流动问题可能关系到国家情报、企业秘密和个人信息，如何做到既要促发展又要保安全，各国对数字治理相关问题持审慎态度。

6.1.2 中国在全球数字贸易治理可发挥的作用

数字领域治理体系的碎片化反映了各国不满足全球治理现状、谋求治理体系变革的诉求，也给未来的全球治理带来巨大挑战。多边治理停滞下，新兴市场国家积极参与到区域化治理中，力图推动多边机制的改革，使全球治理体系朝着更加公平的方向发展。G20、东盟“10＋6”RCEP、金砖国家、“一带一路”倡议都反映出新兴市场国家的努力。RCEP 是全球涵盖人口数最多的自贸区，RCEP 的成功签署，对亚太区域内已有的多个协定起到了一定的整合与优化升级的作用，阻止了区域贸易规则进一步碎片化的趋势，推动了亚太一体化进程，未来发展潜力很大。2016 年中国也相继出台了《国家信息化发展战略纲要》和《“十三五”国家信息化规划》，有效引导和促进了数字贸易的发展。

1. 指导原则

全球数字治理应秉持多边主义，须做好利用议题选择合作方的工作。在多边谈判的场合，除了发达国家、发展中国家这样的大阵营划分外，更多是议题上的合作，合作方随议题而变化。针对不同利益诉求，可以在前期工作和谈判中，与具有相似观点和想法的成员方协调立场，共同推动数字贸易规则朝着符合最大多数成员利益的方向发展。“中国方案”需要掌握两方面原则：一方面，“中国方案”应该充分研究和借鉴“美式模板”和“欧式模板”的合理成分；另一方面，“中国方案”应该考虑我们的发展阶段，量力而行。现阶段我们没有必要盲目追求高标准，而是应根据自身特点，重点推动无纸化、数字证书和电子签名互认、消费者隐私保护、产权保护等比较容易达到的内容。参考美欧日等数据流动的分级分类管理制度，将可以自由流动和不能自由流动的数据进行分类管理。

2. 总体路径

（1）扩大数字贸易对外开放，加快构建数字贸易相关法律法规。积极培育跨境电商等贸易新业态，开展数字服务贸易试点示范。依托跨境电商平台促进企业数字化转型，开发释放出数字贸易潜能。建立健全个人数据保护立法，健全知识产权立法，完善跨境数据流动立法，培养适应开放需求的数字治理体系，例如风控体系、监管体系等。

（2）积极参与全球数字贸易规则制定。组建跨学科、跨领域的数字贸易专家团队，深度参与数字贸易规则谈判，积极参与新兴议题的磋商。扩大与“一带一路”国家数字贸易合作，积极探索反映发展中国家诉求的规则体系。培养更多数字化人才，推广我国数字技术和标准，打通数字丝绸之路。积极探索构建跨境电商全口径统计、税收、贸易便利化及消费者保护等一系列制度，逐步形成符合世界贸易组织规则的标准体系，争取全球数字贸易规则制定的主动权。

3. 具体路径

（1）多边层面。应制定跨境电商统一规则。目前，全球主要数字贸易参与国在该领域尚未达成较为一致的共识，中国应当基于自己的比较优势即在跨境电商领域的领先地位，加快建立并推广通关便利化、跨境物流等跨境电商有关规则，在多边层面彰显话语权，占领规则制定高地。为努力与高标准贸易国际规则接轨，应以开放促改革，对内积极完善国内相关立法和准则，对目前一些不符合国际惯例的领域进行深入改革，特别是在自贸试验区方面积极行动试验。

（2）区域和双边方面。截至2020年10月，中国已经和25个国家和地区签订了18个自由贸易协定（FTA）。从已经签署的FTA来看，中国与澳大利亚、韩国以及格鲁吉亚签署的FTA涉及电子商务章节等数字贸易规则，而与东盟、智利、冰岛、瑞士、新西兰等大多数国家和地区缔结的FTA不涉及这一议题。中国应以现有的中韩FTA和中澳FTA中电子商务规则为基础，重点在数字服务贸易的市场开放、跨境数据自由流动、计算机设施和数据本地化以及源代码等问题上加快与亚太国家的FTA签署，勇于担当亚太区域经济一体化的引领者。首先，推进高水平中日韩FTA的建设，在RCEP基础上提升贸易投资自由便利化水平，把中日韩FTA打造成高水平“RCEP+”。尽管中日韩三国边境后规则仍存在分歧，但通过区域经济合作来对冲贸易保护极有必要。应努力在区域贸易规则制定与合作上充分发挥包容性与灵活性，可实行阶段性FTA，即对短期内无法协调的领域可在考虑整体利益的基础上将其作为例外条款以后再行处理。其次，积极考虑加入CPTPP，对比之下RCEP侧重于传统货物贸易方面关税，而CPTPP则包括了数据流动等领域，规则标准、自由化程度更高，中国与

CPTPP 11 国中较大的贸易伙伴国没有贸易协定，如日本、加拿大及墨西哥，而中国与其他成员国的贸易规模很大。经过韩剑等（2021）的预测，中国的加入显著促进了成员间的贸易流量，为本国及现有成员国带来巨大的经济利益，远大于美国重返 CPTPP 和 CPTPP 单独的出口增量。还要推进 RCEP 优化升级以及推动 RCEP 与 CPTPP 在规则上的融合，实现亚太地区贸易协定的整合。最后，积极推动覆盖 21 个 APEC 成员方的亚太自由贸易区（FTAAP）建设。

在新冠疫情、贸易摩擦等多因素叠加下，各国纷纷步入数字化转型阶段，未来全球数字治理规则将迎来重构的关键期。多边机制在探索中缓慢前行，双诸边机制仍然较为活跃，私营部门和政府间合作有望进一步深化。中国外贸正处于由大向强发展的关键时期，大力发展数字贸易，抢占数字贸易规则制高点，对于推动我国产业向价值链中高端攀升，推进贸易高质量发展具有战略意义。

6.2 全球金融治理

全球金融治理，是指各国通过签署协定等方式形成特定的制度、规则和机制，对全球货币事务和金融活动进行管理，以维护全球货币和金融秩序的稳定和公平，进而推动全球经济、贸易和投资等各个领域的健康发展。

6.2.1 全球金融治理体系发展概述

全球金融治理可追溯至 19 世纪。早年国际贸易的发展促进了资本的跨国流动，私人信贷机构发展的大金融集团、其与中央银行的合作、中央银行间的合作，构成了全球金融治理的最初形态。第一次世界大战使得大金融集团主导的全球资本流动中断，这类集团的影响力被弱化，由于战争需要融资，各国对中央银行的需求强化。两次世界大战期间，主要国家为管理国家间经济和金融关系，进行了一系列尝试，如建立国际联盟经济委员会、同盟国赔偿委员会、国际清算银行以及主要国家间的中央银行网络等，这些努力多以失败而告终。当前全球金融治理体系始于第二次世界大战后的国际政治经济秩序重建。根据张发林（2018）的研究，从时间上看，全球金融治理体系演进历程可以划分为美国霸权时期（1944～1971年）、“七国集团”时期（1972～2008年）和“二十国集团”时期（2009年至今）三个阶段。从结构上看，根据盛斌和马斌（2018）的研究，各组织机构可被划分为宏观稳定、多边开发、金融监管与标准制定三类。其中，宏观稳定类组织主要是国际货币基金组织；多边开发类组织主要包括世界银行和区域开发银行，区域开发银行指各洲的如亚洲开发银行、非洲开发银行、欧洲复兴开发银行等；金融监管组织为国际清算银行（Bank for International Settlements，BIS）、金融稳定论坛（Financial Stability Forum，FSF）。我们主要从时间上对发展进程进行梳理。

1. 第一阶段：从第二次世界大战结束前到1971年布雷顿森林体系瓦解

世界经济体系原本由英法等欧洲国家主宰，1929～1933年西方国家发生大萧条，1939年第二次世界大战爆发，二战后欧洲经济受到重创，而美国凭借其占到全球七成的黄金储备，建立了一套以美国为主导的战后国际经济体系——布雷顿森林体系。早在1944年，布雷顿森林会议宣布成立国际复兴开发银行和国际货币基金组织，国际复兴开发银行即为世界银行的前身。布雷顿森林体系的核心内容是将美元和黄金挂钩，把传统“金本位”制度变成了“美元本位”制度，美元成为了世界货币，纽约成为了全球金融中心。到了20世纪70年代，世界经济多极化发展，日本和西欧强势崛起，纽约、伦敦和东京成为国际金融市场的“金三角”。美国无法维持美元的绝对主导地位，布雷顿森林体系趋于瓦解。

2. 第二阶段：从布雷顿森林体系瓦解到2007年全球金融危机前

1973年，由于第四次中东战争爆发，作为全球经济命脉的石油价格猛涨，工业国家经济严重受挫。为应对该危机，西方国家领导人开始寻求合作，美、日、英、法、德、意利用多边场合展开对话，最终决定召开峰会。1975年7月，六国首脑在法国巴黎朗布依埃城堡开启非正式会谈，通过协商实现了政策目标的一致化，是“七国集团”的雏形，为后续各国合作打下了基础。1976 年波罗利峰会顺利召开，加拿大加入成为正式会员，至此“七国集团”（G7）正式组建完成，此后七国首脑会议每年举办一次。这七个会员国均为发达国家，G7 为当时世界上经济实力最雄厚的国家集团，经济体量合计占到全球总量一半以上，因此号称“富翁俱乐部”。从此由 G7 和布雷顿森林机构（国际货币基金组织、世界银行集团、关税与贸易总协定）共同掌舵国际金融体系，并且 G7 的话语权越来越大。1997 年 6 月，在第 23 次七国集团峰会上，俄罗斯以正式成员出席，开启了“八国集团”（G8）时代，该集团由原本的经济协调机构变成一个综合论坛，讨论的问题涵盖各个领域，几个大国建立起符合自身利益的国际秩序。1997 ~ 1998 年亚洲金融危机爆发，G8 意识到需要改革金融体系，建立一个包括新兴经济体国家在内的全球共同行动“紧密小组”，以及在国际社会推广 G7 达成的共识。1999 年 12 月，G20 财长和央行行长会议在德国柏林召开，参加会议的成员包括美国、日本、德国、法国、英国、意大利、加拿大、俄罗斯、中国、阿根廷、澳大利亚、巴西、印度、印度尼西亚、墨西哥、沙特阿拉伯、南非、韩国、土耳其以及欧盟，一个由“19 国 + 欧盟”的 20 国沟通机制产生。但此时的 G20 明确其只是在布雷顿森林体系框架内提供一个非正式对话的新机制，会议只由各国财长或央行行长参加。在当时 G20 并不太受关注，全球治理主力依然是 G8。

3. 第三阶段：2007 年全球金融危机爆发以来

2007 ~ 2009 年次贷危机起源于美国，并演变为全球金融危机，各国金融体系都经受了严峻考验，西方经济遭受重创，全球经济中心逐渐向东转移，八国集团经济影响力下滑。2008 年全球金融危机暴露出了全球金融治理的诸多问题，如监管力度不足、监管滞后、国际协调与合作不足、缺乏宏观审慎性、系统风险监控缺失、“大而不能倒”金融机构的形成等。加上以中国、印度、俄罗斯、巴西等金砖国家为代表的新兴经济体崛起，G7/G8 对全球治理显得力不从心。2008 年秋天，美国总统布什提出召开 G20 首脑峰会，G20 从之前的部长级会议变为国家领导人峰会，并于当年 11 月 15 日在华盛顿举行首届领导人金融市场和世界经济峰会。从这次峰会开始，G20 结束了成立最初几年的松散、非正式国际组织的状况，在协调各国政策、应对金融危机方面开始发挥实质性作用。2009 年，G20 决定 2011 年以后 G20 峰会要成为年度、制度化地讨论全球经济议题的论坛，G20 年度峰会逐渐承担起世界金融治理任务，议题上从金融危机应对、经济刺激和反对贸易保护主义等短期性问题，转向经济再平衡、增长和就业，以及国际金融架构改革等长期性问题，甚至开始涉及安全问题。所以说，自 2008 年全球金融危机以来，当前全球金融治理已形成一个网状组织结构和体制复合体。该网状组织结构以 G20 和 FSB 为核心，囊括了货币关系、银行、证券、保险、金融市场基础设施、会计准则等诸多领域的国际规则。世界各国按照 G20 决议，加强对本国金融机构的监管。当然也有一些国际性的监管机构，详见后文。另外，由于政治背景迥异和在国际问题上的众多分歧，俄罗斯于 2014 年退出 G8 集团，至此 G8 重新回到 G7。

近年来，由于全球性货币金融合作面临资金不足、条件苛刻等诸多困难，加上各种区域经济一体化进程的推动，区域性和集团性的货币金融合作框架不断出现。前者如"清迈协议"（Chiang Mai Initiative，CMI）及其多边化（Chiang Mai Initiative Multilateralisation，CMIM），后者如美联储主导的"14 国货币互换协定"、金砖国家应急储备安排（Contingent Reserve Arrangement，CRA）等。在长期发展融资方面，亚洲基础设施投资银行和新开发银行（即金砖银行）兴起。区域性或集团性货币金融合作安排的出现，是对全球性货币金融合作机制的补充。但由于种种原因，一些合作安排并没有取得很好的成效。譬如创建于 2000 年 5 月的"清迈协议"，由于缺乏独立的宏观经济检测机制，在使用时相当程度上需要与 IMF 的"条件性"（conditionality）挂钩，因而至今基本没有被启用过。尽管挂钩的比例已经从最初的 90% 降为 70%，但仍然不足以鼓励有关国家在危机时申请使用。其他区域性货币安排也有类似的问题。

6.2.2　全球金融监管体系构成

由于国际金融组织同国际经济组织有重合，且我们在前面几章内容中有涉及对于一些金融组织如国际货币基金组织和世界银行的描述，因此本节主要介绍与金融治理密切相关且比较特别的金融监管组织，这是全球金融体系的重要组成部分，具体包括巴塞尔银行监管委员会（Basel Committee on Banking Supervision，BCBS）、国际证券事务监察委员会组织（International Organization of Securities Commissions，IOSCO）、国际保险监督官协会（International Association of Insurance Supervisors，IAIS）等。

1. 巴塞尔银行监管委员会

巴塞尔银行监管委员会简称“巴塞尔委员会”，是国际清算银行的一个正式机构，由美国、英国、法国、德国、意大利、日本、荷兰、加拿大、比利时、瑞典10国的中央银行于1974年底共同设立。巴塞尔银行监管委员会制定了一系列协议、监管标准与指导原则，来持续强化银行风险管理与防范金融风险。它的主要宗旨在于交换各国监管安排方面的信息、改善国际银行业务监管技术的有效性、建立资本充足率的最低标准及研究在其他领域确立标准的有效性，为完善与补充单个国家对商业银行监管体制的不足、减轻银行倒闭风险起作用。其中最重要的协议是1988年7月制定的《关于统一国际银行资本衡量和资本标准的协议》。1997年亚洲金融危机爆发后，《统一资本计量和资本标准的国际协议：修订框架》最终条款通过，主要解决亚洲金融危机爆发期间银行资本管理不够完善，无力应对区域性金融风险冲击等问题。2008年全球次贷危机爆发，暴露了国际银行业中的核心资本充足率偏低、银行高杠杆经营缺乏控制、流动性监管标准缺失等问题，之后2010年9月，巴塞尔银行监管委员会通过《更具稳健性的银行和银行体系的全球监管框架》和《流动性风险计量、标准与监测的国际框架》两个文件，并于2010年版和2017年版确定了宏观和微观结合的审慎监管体系，树立了系统性风险管理和系统重要性银行监管的新监管理念，可以说，巴塞尔协议汲取每次金融危机市场系统性风险爆发的教训，在持续完善强化银行风险管理。但是巴塞尔协议也被诟病为“老年人俱乐部”，欧美许多大型银行并不愿意遵守该规则，他们以银行资本计量方法过于复杂、市场风险资本要求大幅上升、流动性指标约束导致放贷与利润获取能力削弱为由，游说本国金融监管部门要么放缓执行监管标准，要么大幅放宽相关监管尺度。从根本上来看，大型银行机构很难对自身所造成的金融风险作出客观评估，存在着一定操作困难，需要寻找新的监管框架来填补问题。2013 年 9 月，G20 要求金融稳定理事会（Financial Stability Board，FSB）制定当银行遭遇偿还危机时的损失吸收标准；2014 年 11 月，FSB 发布《处置中的全球系统重要性银行损失吸收能力充足性（征求意见稿）》；一年后，FSB 正式颁布总损失吸收能力（Total Lost Absorb Capability，TLAC）基本框架，对全球系统重要性银行（G-SIBs）提出更严格监管要求，填补了巴塞尔协议的监管盲点。

2. 国际证券事务监察委员会组织

国际证券事务监察委员会组织（以下简称“国际证监会组织”）成立于 1983 年，是由各国、各地区证券期货监管机构组成的专业组织，是主要的金融监管国际标准制定机构之一。截至 2019 年 2 月底，该组织共有 224 个会员，包括 128 个正式会员、32 个联系会员和 64 个附属会员。中国证监会是 IOSCO 的正式会员。上海证券交易所、深圳证券交易所、中国金融期货交易所、中国证券登记结算有限责任公司、中国证券投资者保护基金有限责任公司、中国证券业协会、中国证券投资基金业协会是 IOSCO 的附属会员。

IOSCO 主要在保护投资者，增强投资者对证券市场诚信的信心，并实施适度监管。《证券监管目标与原则》是其纲领性文件，于 1998 年首次发布，最新于 2017 年修订。文件确立了证券监管的三项目标，即保护投资者，确保市场的公平、高效和透明，减少系统性风险。该文件具有较强的专业性和指导性，但并不具备强制效力，IOSCO 成员可以根据这些目标和原则，结合各自市场的特点和发展水平自主实施相应监管，开展跨境监管与执法合作。

3. 国际保险监督官协会

国际保险监督官协会（IAIS）是全球性保险监管组织，于 1994 年在瑞士成立，其宗旨是制定保险监管原则与标准，提高成员监管水平。IAIS 有来自近 140 个国家和地区的 200 多个成员，负责制定全球保险监管的指导原则和标准，是保险领域最具影响力的国际性组织。当前 IAIS 主要在三个方面发挥着重要作用：一是制定国际保险监管规则；二是发布国际保险最新动态；三是提供国际保险界交流平台。

6.2.3 中国融入全球金融治理体系的行动

一方面，中国参与到大多数专业全球金融治理机构中成为会员，包括国际货币基金组织、金融稳定理事会、国际清算银行及下属机构、巴塞尔银行业监管委员会、国际保险监督官协会、国际证监会组织等，且广泛遵守或执行主要全球金融治理国际规则，譬如《巴塞尔协议Ⅲ》《证券监管目标和原则》《金融市场基础设施原则》等。另一方面，中国也推动设立了一些新的金融机构如金砖银行和亚投行。

1. 中国加入国际货币基金组织

国际货币基金组织是根据 1944 年 7 月在布雷顿森林会议签订的《国际货币基金组织协定》，于 1945 年 12 月 27 日在华盛顿成立的。与世界银行同时成立，并列为世界两大金融机构，国际货币基金组织是由 190 个国家参与的，致力于促进全球金融合作、加强金融稳定、推动国际贸易、协助国家达至高就业率和可持续发展的组织。1969 年创设特别提款权。中国是国际货币基金组织创始国之一，1980 年 4 月 17 日，国际货币基金组织正式恢复中国的代表权。2008 年 IMF 改革之后，中国份额增至 80.901 亿特别提款权，所占份额仅次于美、日、德、英、法五大股东国，投票权上升到 3.65%。2011 年 1 月 1 日，IMF“一篮子”货币在特别提款权中所占的比例分别为美元（41.9%）、欧元（37.4%）、日元（9.4%）、英镑（11.3%）。2015 年 10 月 1 日，中国首次开始向国际货币基金组织申报其外汇储备，这是中国向外界披露一项重要经济数据的里程碑式事件。2015 年 11 月 30 日，国际货币基金组织批准人民币加入特别提款权（SDR）货币篮子，新的货币篮子将于 2016 年 10 月 1 日正式生效，一篮子货币的权重调整为：美元占 41.73%，欧元占 30.93%，人民币占 10.92%，日元占8.33%，英镑占8.09%。2022年5月，国际货币基金组织完成了五年一次的特别提款权定值审查，将人民币在特别提款权货币篮子中的权重从10.92%上调至12.28%。

2. 中国加入金融稳定理事会

金融稳定理事会前身为金融稳定论坛（FSF），是七个发达国家（G7）为促进金融体系稳定而成立的合作组织。在中国等新兴市场国家对全球经济增长与金融稳定影响日益显著的背景下，2009年4月2日在伦敦举行的20国集团（G20）金融峰会决定，将FSF成员扩展至包括中国在内的所有G20成员国，并将其更名为FSB（Financial Stability Board，FSB）。中国加入FSB后，人民银行、财政部、银监会、证监会、保监会等部门通过多种形式参与到理事会工作，在参与国际金融监管标准制定和国内金融监管改革推进方面做出积极贡献。香港金融管理局作为FSB前身FSF的成员，在FSB成立后继续保留成员资格，在相关领域发挥着重要作用。2013年1月28日，金融稳定理事会在瑞士苏黎世召开全体会议，这是FSB组建成协会类法人机构的成立大会，中国人民银行副行长易纲、财政部副部长李勇和中国银行业监督管理委员会副主席王兆星出席会议。这项会议重点讨论了全球脆弱性问题，审议了当前金融改革，包括场外衍生品、处置框架、影子银行、风险治理和会计趋同改革的最新进展，还讨论了金融市场基准利率改革、影响长期投融资的监管因素和地区工作组工作进展等议题。

3. 中国加入国际清算银行

国际清算银行（BIS）是世界上历史最悠久的国际金融组织，是英、法、德、意、比、日等国的中央银行与代表美国银行界利益的摩根银行、纽约和芝加哥的花旗银行组成的银团，根据海牙国际协定成立于1930年，最初为处理第一次世界大战后德国战争赔款问题而设立，第二次世界大战后，它成为经济合作与发展组织成员国之间的结算机构，该行的宗旨也逐渐转变为促进各国中央银行之间的合作，为国际金融业务提供便利，并接受委托或作为代理人办理国际清算业务等，即先后成为欧洲经济合作组织（经济合作与发展组织）各成员国中央银行汇兑担保的代理人、欧洲支付同盟和欧洲煤钢共同体的受托人、欧洲共同体成员国建立的欧洲货币合作基金的代理。国际清算银行不是政府间的金融决策机构，亦非发展援助机构，而是西方中央银行的银行。刚成立时只有7个成员，现成员已发展至60家中央银行或货币当局。中国于1984年与国际清算银行建立了业务联系，中国人民银行自1986年起就与国际清算银行建立了业务方面的关系，办理外汇与黄金业务。1996年9月9日，国际清算银行通过一项协议，接纳中国、巴西、印度、韩国、墨西哥、俄罗斯、沙特阿拉伯、新加坡的中央银行，以及中国香港金融管理局为该行的新成员，11月中国人民银行正式加入国际清算银行。香港回归之后，其在国际清算银行的地位保持不变，继续享有独立的股份与投票权。香港金融管理局与中国人民银行同时加入国际清算银行。中国人民银行加入国际清算银行，标志着中国的经济实力和金融成就得到了国际社会的认可，同时也有助于中国中央银行与国际清算银行及其他国家和地区的中央银行进一步增进了解，扩大合作，提高管理与监督水平。

4. 中国加入巴塞尔银行监管委员会

巴塞尔银行监管委员会（以下简称“巴塞尔委员会”）成立于1974年，由十国集团国家中央银行和银行监管当局组成。三十多年来，巴塞尔委员会先后发布了一系列银行监管和风险管理的原则、指引和稳健做法，包括1988年资本协议、有效银行监管核心原则、新资本协议等重要银行监管制度，并为全球监管当局分享交流监管技术和经验提供了重要平台，增强了全球银行监管标准的一致性。虽然巴塞尔委员会发布的监管文件对各经济体不具有法律约束力，但为各经济体改进银行监管提供了重要标杆和参考，巴塞尔委员会实际上已经成为银行监管国际标准的制定机构。我国一直积极参与巴塞尔委员会有关监管制度的起草工作，并借鉴巴塞尔委员会发布的监管文件，完善我国银行监管制度。1997年，《有效银行监管核心原则》问世，为提高监管标准的普遍适用性，巴塞尔委员会吸收了包括中国在内的9个非十国集团国家的代表组成了工作小组，共同起草监管标准文本，这是近年来唯一与非十国集团国家共同起草的国际监管文件。2004 年 2 月，根据 1988 年资本协议，中国银监会发布了《商业银行资本充足率管理办法》，推动了银行体系资本充足率持续大幅度上升；2003 年和 2007 年中国银监会按照《有效银行监管核心原则》开展了两轮自我评估，并制定和实施了提高银行监管有效性中长期规划。2009 年，巴塞尔委员会决定吸收澳大利亚、巴西、中国、印度、韩国、墨西哥和俄罗斯为该组织的新成员。至此，巴塞尔委员会成员扩大为 20 个，包括澳大利亚、比利时、巴西、加拿大、中国、法国、德国、印度、意大利、日本、韩国、卢森堡、墨西哥、荷兰、俄国、西班牙、瑞典、瑞士、英国和美国。随着新兴市场国家加入巴塞尔委员会，新兴市场国家将前期介入国际监管规则制定，直接参与文件起草和文件审议，并将在银行监管的国际文件中充分体现新兴市场的国情与立场。有助于改变以往熟知的“巴塞尔程序”，即由发达国家制定标准，仅有选择地征求其他国家的意见和建议的监管制度的制定方式。对我国来说，加入巴塞尔委员会是我国银行监管史上的一个重要里程碑，这既有助于为国际银行体系稳定做出更大的贡献，也有助于积极借鉴发达国家成功的监管经验，提升中国本国银行监管体系的有效性，促进我国银行监管事业的发展。

5. 中国加入国际保险监督官协会

国际保险监督官协会（IAIS）是唯一专门致力于保险业监管制度和监督问题的全球性组织，该组织于 1994 年在瑞士成立，代表为来自 130 多个国家和地区、180 个司法管辖区的保险监管机构和保险监督官，包括国际组织，如国际货币基金组织、世界银行、经济合作与发展组织，以及来自保险行业机构专业协会、保险和再保险机构、顾问机构、国际金融机构等方面的 100 多个观察员。国际保险监督官协会会员现已覆盖了全世界保险市场的 97%。我国于 2000 年 10 月正式成为国际保险监督官协会成员，并参加了其中 6 个分委员会，享有对重大事务的表决权。与巴塞尔银行监管委员会和国际证券委员会相较而言，IAIS 仍然是一个非常年轻的组织。IAIS 成立较晚反映了保险行业对特定因素的反应要相对迟一些、保险市场反国有化的水平相对较低等特点。直到 20 世纪 90 年代，许多国家的保险监管仍然是政府职能部门的一部分，通常设在财政部，而不像银行监管者，他们通常设于中央银行。因此，保险监管者几乎没有什么独立于政府体制之外寻求国际协调的独立性和权力。IAIS 的发展主要归功于美国保险监督官协会（National Association of Insurance Commissioners，NAIC）的活动，其呼吁使 IAIS 变成一个实体存在。IAIS 的功能就是为监管者提供一个信息交流的有效平台，如金融危机时对全球性保险公司 AIG 有关监测和管理信息的交流。

6. 中国加入国际证监会组织

国际证监会组织（IOSCO）也称证券委员会国际组织，是各证券暨期货管理机构所组成的国际合作组织。总部设在西班牙马德里，正式成立于 1983 年，其前身是成立于 1974 年的美洲证监会协会。现有 224 个会员机构，其中包括 128 个正式会员，32 个联系会员和 64 个附属会员。按监管市场的发展状况，可划分为分属技术委员会和新兴市场委员会；按地理区域划分分属亚太地区、欧洲地区、美洲地区及中东/北非地区委员会。作为全球证券监管者的论坛和国际证券监管标准的制定者，IOSCO 发布的重要报告、行为规范和准则已成为全球证券行业和证券监管的重要指南。中国证监会于 1995 年 7 月加入该组织，成为其正式会员。2009 年 2 月 15 ~ 17 日，国际证监会组织在美国华盛顿召开会议。经技术委员会和执委会讨论决定，批准中国、巴西和印度三个新兴市场国家的证券监管机构加入技术委员会。技术委员会是国际证券监管标准的实际制定者，IOSCO 在二十国集团伦敦峰会之前批准中国证监会加入 IOSCO 技术委员会，标志着国际社会对中国证券市场发展和监管的认可及我国在国际证券监管领域话语权的增加，对我国成为金融稳定论坛成员具有积极的推动作用。至此，中国证监会已加入 IOSCO 的全部委员会，并参与其相关工作组的事务。

7. 中国推动设立金砖国家新开发银行和应急储备安排

金融危机后对国家的币值稳定造成影响，印度、俄罗斯、巴西等国都经历了货币巨幅贬值也就是通货膨胀，靠救助存在不及时和力度不够的问题。虽然中国货币波动较小，但金砖国家为避免在下一轮金融危机中受到货币不稳定的影响，决定构筑一个共同的金融安全网，在货币不稳定的时候可以借助这个资金池兑换一部分外汇来应急。金砖国家新开发银行这一名称在 2012 年提出，2013 年 3 月第五次金砖国家领导人峰会上决定设立。根据国际在线报道，2014 年 11 月 15 日，在出席 G20 布里斯班峰会前夕，习近平主席同巴西、俄罗斯、印度等金砖国家领导人进行会晤。他指出，金砖国家要继续致力于建设一体化大市场、金融大通道，基础设施互联互通，人文大交流，建立更紧密经济伙伴关系。要抓紧落实建立金砖国家新开发银行和应急储备安排。金砖国家新开发银行于 2015 年 7 月 21 日开业，成立后主要资助金砖国家以及其他的基础设施建设。2017 年 9 月 4 日，中国向金砖国家新开发银行项目准备基金捐赠仪式在厦门举行。财政部与新开发银行签署了中国捐赠 400 万美元的协议。金砖国家新开发银行的设立，既推动了其他国家的基础设施建设，又符合中国“走出去”战略，中国输出了经验、技术和标准，彰显了新兴大国的责任担当。巴西、南非、俄罗斯、印度的基础设施缺口很大，在国家财政力所不逮时，需要共同的资金合作。并且金砖国家新开发银行并非仅面向 5 个金砖国家，而是面向全部发展中国家，作为金砖成员国，可能会获得优先贷款权。金砖国家领导人还考虑成立金砖应急储备基金，这是中国提出的倡议，旨在救助陷入短期经济危机的国家，并非营利机制。作为倡议者，中国积极承担责任并践行最大的出资份额（400 多亿美元），展现了大国担当和责任感。

8. 中国发起筹建亚投行

进入 21 世纪以来，新兴市场国家日益成为全球经济增长的新引擎，但不合理的国际金融机制并未改观。亚洲拥有全球 60% 的人口，亚洲经济占全球经济总量的 1/3，但由于建设资金有限，一些国家铁路、公路、桥梁、港口、机场和通信等基础设施严重不足，这在一定程度上限制了该区域的经济发展。国务院参事汤敏坦言，有限的资金量令世界银行、亚洲开发银行不能全力支持亚洲基础设施建设，这成为亚投行成立的重要背景。2013 年 10 月，习近平主席与印度尼西亚总统苏西洛在雅加达举行会谈时提出，为促进本地区互联互通建设和经济一体化进程，中方倡议筹建亚洲基础设施投资银行。[①] 一个月之后，筹建亚投行进程在北京启动。在紧随而来的2014年1月、3月、6月、8月、9月召开了五次筹建亚投行的多边磋商会议。2014年10月24日，21个亚投行首批意向创始成员国在人民大会堂签署《筹建亚投行备忘录》，标志着各方共同决定成立亚投行。2015年12月25日，历经800多天筹备，由中国倡议成立、57国共同筹建的亚洲基础设施投资银行正式成立，全球迎来首个由中国倡议设立的多边金融机构。时任财政部部长楼继伟说，亚投行将作为多边开发体系的新成员、新伙伴，和世行、亚行等现有多边开发银行一道，为促进亚洲地区基础设施互联互通和经济可持续发展做出积极贡献。截至2021年10月，亚投行已由57个创始成员发展到来自六大洲的104个成员，并实现三家国际评级机构最高信用评级“全满贯”。根据财政部官网的介绍，截至2021年底，亚投行已向中国提供9笔主权和非主权贷款，承诺贷款总额27.6亿美元，主要用于支持节能环保、跨境互联互通、疫情应对、灾后重建、信息技术等领域。未来一个时期将重点围绕以下领域开展合作。(1) 跨境互联互通。重点支持口岸和边境城市内外联通基础设施建设、国际贸易枢纽互联互通基础设施建设（如国际机场、港口、物流等）等。(2) 环境可持续发展。重点支持大气污染防治、固体废弃物处理、水污染处理等。(3) 数字基础设施建设。重点支持数字化基础设施建设（包括5G互联网、数据中心、智慧城市、智慧交通等）等。

6.2.4 全球金融治理体系现存问题

实体经济的发展是驱动全球金融格局变化的原动力，同时，这些变化也反映了当前国际货币体系、各国经济结构以及不同发展阶段的特点。当下各国高度金融监管，使得金融风险防范意识和相关措施有了实质性的加强，但金融脆弱性仍然存在，并且和金融周期有着密切的关联。目前，国际金融环境面临贸易保护主义崛起、中美经济增长下行和美国加息对新兴市场国家的负外溢效应

---

① 《习近平同印度尼西亚总统苏西洛举行会谈》，人民网，2013年10月3日。

这三大风险的叠加威胁。在央行重要性上升的背景下应注意几个问题，即货币政策对于实体经济调控力度和空间在下降、央行决策的独立性在下降、央行对于金融市场的调控可能会带来收入财富差距的扩大。新兴市场在国际金融市场地位的提升，主要体现在 G20 峰会机制的建立、IMF 份额改革、人民币在全球外汇储备体系中作用的上升、亚洲区域金融合作组织的建立等，但同时也面临着一些问题。

1. 援助条件严苛，救助效率低下

当国家发生金融危机向国际金融组织进行求助时，往往会被附以严苛的政治经济条件，而且援助方案可能并不适用。例如，在亚洲金融危机期间，IMF 对于泰国、马来西亚等国家提供救助时，要求其马上实行紧缩的财政政策和货币政策以稳定汇率，结果导致这些国家陷入更深的衰退。

2. 全球化割裂

特朗普上台后坚持“美国至上”原则，大行贸易保护措施，逆全球化趋势明显。在疫情暴发后，美国第一时间孤立中国，进一步实施产业链“去中国化”政策，想要造成中美经济的“脱钩”。正是美国对中国的排斥政策使国际协调达成一致共识的难度增加，主要国家间无法通过共同行动来进行全球金融治理。

3. 疫情下的集体量化宽松政策泛滥

新冠疫情冲击下，为防止股市崩盘和防范金融危机，美国、英国以及欧元区发达国家再次实施大规模的量化宽松政策，以维持金融市场稳定。这种举措的确有助于应对国际金融市场的剧烈波动，但是持续性无上限的量化宽松政策，也会给全球金融治理带来不确定性因素。主要发达经济体如美国的货币为世界货币，实施量化宽松会创造出大量流动性，无法在其内部吸收，就会将成本转嫁到别的国家尤其是新兴市场国家，造成新兴经济体的通货膨胀压力，国际大宗商品价格上涨还会带来经济其他各方面的挑战。所以说，疫情下全球金融治理的利益博弈，给新兴经济体带来了利益损失。

6.2.5 中国参与全球金融治理可发挥的作用

目前，中国更多的是全球金融治理国际规则的接受者，而非制定者。游离于核心议程和具体规则的制定过程，中国无法从真正意义上深度融入全球金融治理。因此，结合自身发展的实践和经验，为全球金融治理提供中国智慧和中国方案，是中国深度融入全球金融治理的核心关键。展望未来，中国应通过多方面的努力，在尊重第二次世界大战结束初期形成的国际金融治理基本框架的同时，积极寻求变革和突破。

1. 治理理念

（1）发挥大国责任与担当。在疫情中，美、德、法等国家均没有起到应有的表率作用，同其他国家开展金融支持协调工作，缺乏责任担当与身先士卒的精神。作为大国，应肩负起大国责任与担当，通过行动使全球金融治理体系朝着更广泛国家共同利益的方向发展。

（2）寻求共同的利益诉求，增强合作协调，降低发达国家与发展中国家间利益分歧。

（3）加强政治包容与互信。疫情暴发初期，部分国家对其他国家的防疫措施、信息公开进行猜疑，对有疫情国家抗疫措施缺乏信任。政治不信任的情况导致在面临疫情严重冲击时，某些国家一意孤行，不利于世界整体打赢疫情防控战。

2. 总体行动

（1）积极协调同主要国家在国际金融领域中的关系。传统全球金融治理框架难以被打破，美国在全球金融治理中仍将处于核心地位，中国应避免对美国金融核心利益的直接挑战，强调两国在国际金融治理中利益共享，维持正常关系。中国在参与全球金融治理中，应积极获取欧洲国家的支持，随着后疫情时代全球金融的复苏，中欧之间深入合作会有利于中国参与到全球金融治理事务中。

（2）凭借完整产业链，夯实实体经济。新冠疫情对全球产业链造成了短期无法修复的影响，恶化了全球金融治理的经济基础。中国是有着完整工业体系的国家，应充分发挥产业链优势，抓好全球价值链的某些环节，提升在国际分工中的影响力。

（3）促进既有国际金融机构的改革。国际金融机构改革的进展比较缓慢，一方面中国要采取对国际金融机构与组织改革的集体行动，另一方面积极创设类似于亚投行的新兴国际金融机构，为全球和区域经济发展提供更多公共产品。

（4）倡导共建“人类命运共同体”。疫情凸显了各国的不足，也使各国意识到彼此是息息相关的，中国应借此机会呼吁构建包容的“人类命运共同体”，鼓励大家团结实现后疫情时代的经济复苏和金融稳定。“一带一路”倡议下的亚洲基础设施投资银行、丝路基金等投融资金融机构与组织也可以在后疫情时代发挥重要作用，有助于中国参与到金融治理决策中。

（5）促进数字金融发展。随着5G、人工智能等技术的发展，未来线上办公情形和可能性将增加，尤其是新冠疫情对传统金融业务模式造成冲击的同时，也在倒逼金融机构的数字化改革。数字货币、加密货币技术的应用也将推动金融数字化的发展。中国可以积极发掘数字化金融规则，从而在新领域获得话语权。

3. 具体行动

（1）继续创造和完善各种基础性条件，包括扩大金融开放、完善汇率形成机制和改进投资环境等，稳慎推进人民币国际化，促进多元储备货币体系的早日形成；同时，积极推动SDR的增发和扩大使用范围，为国际货币体系的长远变革创造机会。

（2）积极参与G20框架下的国际宏观经济政策协调，不断推动政策对话机制的完善，提升其机制化水平和政策对话效果。推动IMF和世界银行集团的份额与投票权改革，力争在第16轮总检查中进一步提升中国的份额与投票权，使其与中国经济总量与开放程度等指标保持一致，加快推进这两个国际金融组织的治理变革。进一步提高人民币在SDR货币篮子中的比重，继续提升人民币的国际化程度。

(3) 积极参与全球金融安全网建设，扩大货币互换协定的签署范围；加强区域性货币金融合作，积极推动“清迈协议多边化进程”的具体实施，加快“10+3”宏观经济研究办公室（AMRO）的机构建设，为亚洲货币基金的最终设立创造条件。

(4) 继续审慎推进资本账户可兑换，扩大金融业务的对外开放，同时不断扩大在跨境资本流动和金融服务领域的国际监管合作，在数字货币跨境流动等新兴领域的监管合作方面，提出建设性方案。

6.3 全球气候治理

6.3.1 全球气候治理发展情况

1. 全球气候治理的理论范式

气候变化作为一种重要的公共产品，其治理模式必然无法脱离全球治理的范畴。参考既有文献，国际气候治理可以被定义为国际社会为应对全球气候变暖问题，在联合国主导下建立的具有自我实施性质的国际制度、规则或机制总和，即国际气候治理主要涉及各经济体为应对全球气候变化而进行的国际气候合作或作出的其他安排。

国际气候治理主要围绕为什么进行国际气候治理、治理什么、如何治理、由谁治理、治理效果如何等问题展开。理论界最为关注的是国际气候制度的规则制定、制度的合法性、公平性和有效性。

(1) 治理原因。联合国政府间气候变化专门委员会（IPCC）发布的全球气候变化第五次评估报告（2014）指出，未来全球气候变暖还将继续，到21世纪末地球表面平均温度将在1985～2005年的基础上升高0.3～4.8℃。将未来升温幅度控制在2℃以内需要全球采取积极行动，大幅度减少温室气体的排放。

全球极端气候事件会影响人类安全。气候变暖会造成冰山融化，海平面上升，洪水灾害增加，受此危害的人数上涨。影响人类健康、粮食安全和未来的发展。2021年2月美国得克萨斯州因极端严寒天气导致的电力供给中断事件，引发各界对气候变化影响的强烈关注。

全球气候变暖会带来生态环境破坏。温度升高导致某些物种灭绝，暴雨洪涝灾害导致水土流失，进而造成沙漠化和干旱。IPCC发布的全球气候变化第四次评估报告（2007）认为高温、热浪以及强降水频率等极端气候事件将在21世纪有所加强，而这些极端气候事件的频度和强度的增加对生态系统的影响是非线性的，频繁的气候事件可能超出生态系统的恢复力，并导致生态系统的崩溃与功能丧失。根据德国NGO组织“德国观察”发布的《全球气候风险指数》统计，1996～2015年全球累计发生极端气候事件高达1.1万起。中国在排行榜中位列第23，以强降水、洪涝灾害、降水引发的泥石流等极端气候灾害为主。气候变化正在对中国产生越来越显著的影响。

（2）治理方案。作为典型的全球公共产品，气候变化问题是全球市场失灵的最显著体现。其解决方案只能全球集体行动，共同管理。在全球层面，制定总的温室气体排放方案、排放路径和行动计划，鼓励各主权国家积极参与签署多边气候公约或协定；在国家层面，各国依据多边公约框架，制定国别减排目标和行动计划，并通过双边、区域或多边等各种形式的合作，切实实现温室气体的减缓。

（3）治理进程。1972年第一次世界环境大会在瑞典召开，包括气候变化在内的全球性环境问题正式进入国际社会的视野。1979年第一次世界气候大会在瑞士召开，气候变化问题正式进入全球范围的议事日程。1988年联合国政府间气候变化专门委员会IPCC成立，负责对气候变化问题从科学角度予以评估。

1990年第45届联合国大会启动《联合国气候变化框架公约》（UNFCCC）谈判进程，国际气候谈判正式启动。1994年3月《联合国气候变化框架公约》

正式生效，包括194个缔约方。国际社会拥有了应对气候变化的第一本根本大法。公约为国际社会未来数十年如何控制大气中温室气体的浓度作出了制度安排，包括减缓、适应、资金和技术以及能力建设等。1997年12月第三次缔约方大会（COP3）上签署了《京都议定书》，对发达国家和经济转型国家（即附件一国家）设定了具有法律约束力的温室气体减排目标，从而使得全球温室气体减排行动真正开始付诸实施。其对工业化国家和发展中国家提出不对称的减排安排，实行严格的自上而下的强制性减排机制，通过三种灵活机制帮助发展中国家减缓和适应气候变化。然而，2001年小布什上台后，美国宣布退出《京都议定书》，这一举动沉重打击了当时国际社会应对气候变化的信心和决心。直到2004年底，俄罗斯正式批准了《京都议定书》，才使得议定书于2005年正式生效。2007年12月，框架公约缔约方大会以及《京都议定书》缔约方会议在印尼巴厘岛举行，历经10多天的艰难谈判，大会最终通过了“巴厘岛路线图”。在减缓、适应、技术和资金、能力建设等气候治理的四大核心要素上取得了一定进展，初步构建了国际气候治理的架构。尤其技术和资金机制进入气候谈判的核心议题。但大会并没有就“全球长期目标”形成一致意见。2015年底，经过艰难的磋商和利益妥协，《巴黎协定》最终得以成功通过，不到1年后就正式生效。《巴黎协定》规定，各缔约国应努力在21世纪末前将全球平均温度上升幅度控制在不超过工业化前水平2℃以内，并力争不超过工业化前水平1.5℃之内。其开创了一种全新的国家自主贡献国际气候治理模式，为未来国际气候治理指明了方向。要求加大2020年前的气候行动力度，定期提交通报各国自主贡献，提出透明度建设。其特点是治理格局发生重大转变，发达国家和发展中国家身份相对平等，并且协定的生效门槛远低于《京都议定书》生效门槛，这确保了全球应对气候危机方面只进不退。

目前，全球碳中和的共识已经形成且在不断壮大。2017年有29个国家签署了碳中和联盟的声明，作出了21世纪中叶之前实现碳零排放的承诺；2019年马德里气候峰会上有66个国家承诺了碳中和的目标；截至2020年6月，已经有125个国家承诺了碳中和的目标，甚至不丹和苏里南声明实现了碳中和目标。2020年中国作出碳中和承诺，大大提振全球信心，促进碳中和的共识加快形成。

2. 治理机制

理论界一方面从经济学视角对如何减缓气候变化的经济影响、气候适应的成本和收益、国际合作机制和公平等问题进行了初步的理论探索；另一方面则从国际政治经济视角考察了国际气候治理合作的困境。涉及分配的“公平”标准的设定，是国际气候谈判和经济学界研究探讨的重点和难点。

（1）减排机制。《京都议定书》提出三种减排机制，旨在提高温室气体减排的经济效率：一是碳排放权交易系统（Carbon Emissions Trading System，ETS），通过建立排污权交易市场以及制定相关的跟踪、监督和处罚机制，以价格信号反映温室气体排放权的稀缺程度，其交易基于排放配额的分配及衍生的类似期权与期货的金融衍生品；二是清洁发展机制（Clean Development Mechanism，CDM），内容是发达国家投资者对发展中国家进行项目融资，目标是鼓励发展中国家的可持续发展和减少发达国家的减排成本，可被看作一种补贴；三是联合履约机制（Joint Implementation，JI）。

（2）技术转移机制。自公约签署以来，低碳技术转移一直是国际气候治理的焦点和难点，发达国家坚持技术转让应该遵循市场模式，发展中国家则希望能得到无偿或者低成本的技术援助。历次缔约方大会都将技术转让议题列为重要议题，目前已经形成了一系列决议和框架：COP7 构建了技术转让行动框架；巴厘行动计划要求加强技术开发和转让并给出了五点努力方向；坎昆气候变化大会上发起新的技术机制以提高相关技术的转让；《巴黎协定》条款中专门对技术开发与转让作出规定。

（3）资金机制。资金一直是国际气候治理进程上讨论最为激烈、分歧最为明显的议题。从 1991 年全球环境基金在联合国应对气候变化框架公约（UNFCCC）下设立以来，国际气候资金机制已经走过二十多年历史，在公约框架下，逐步形成了全球环境基金（Global Environment Facility，GEF）、适应基金（Adaptation Fund，AF）、绿色气候基金（Green Climate Fund，GCF）、气候变化特别基金（Special Climate Change Fund，SCCF）、最不发达国家基金（Least Developed Countries Fund，LDCF）等在内的资金体系。公约外出现气候投资基金、国际金融组织及多边开发银行的气候资金、国家气候基金，如中国的中国气候变化南南合作基金，私人资本如 The P8 Group 等。

6.3.2 中国参与全球气候治理改革的必要性

2015 年由中国 16 部委联合发布中国《第三次气候变化国家评估报告》显示，近 100 年来，中国气候变暖的速度在全球均值之上，且气温还将进一步上升。直接的影响是降水增加，尤其北方地区未来降水增幅在 5%～15%。气候变化带来的暴雨、强风暴等极端天气事件的频率和强度均出现上升，每年气象灾害造成的损失高达 2000 亿～3000 亿元人民币。气候变化会使发展中国家更易受损，其农业和生活更依赖自然条件，贫困地区和脆弱地区会因此遭受严重冲击，且可能导致陷入环境贫困的恶性循环。

1. 发达国家与发展中国家责任差异

目前，气候变化与环境治理中存在的主要问题是责任分担问题、气候变化和环境治理融资问题。即发达国家和发展中国家在全球环境治理中各自应该承担怎样的责任，权责应该如何分配。如何制定合理的融资机制，推进融资方式和融资主体的多元化，确保更多的资金来源；如何吸引广大的私人部门、开发性机构积极加入到全球环境治理中来以及协调好利益相关方。

《联合国气候变化框架公约》明确指出，国际社会在应对全球气候变化的过程中必须遵循五项基本原则：一是共同而有区别的责任原则、公平原则和各自能力原则；二是特殊原则；三是预防原则；四是兼顾气候变化与经济发展的可持续发展原则；五是推动应对气候变化与国际经贸关系协调的国际合作原则。共同但有区别的责任原则，旨在为发达国家与发展中国家规定不同的减排责任与义务，体现出公平性与合理性。然而在实施中，发达国家侧重强调共同责任，发展中国家侧重强调区别责任。由于侧重点不同，导致在两个方面——量化减排任务和资金与技术援助的责任分担产生较大分歧和争议。各国对国家发展空间和碳排放权的争夺，以及崛起中的新兴大国与欧美日等发达国家作为关键的气候治理主体在国际上如何公平地分摊责任和义务方面存在的巨大分歧。发展中国家坚持的公平原则是基于历史责任为基础，认为衡量责任时，应该不能只看当前排放，还要看历史累积，且要考虑人均排放水平。发达国家则认为，未来大气中增加的温室气体主要来自发展中国家，要采取未雨绸缪的办法，控制发展中国家的未来排放。

中国是温室气体排放大国，又是最易受到气候变化影响的国家之一。在国际气候治理舞台上，中国同时面临着来自发达国家和其他发展中国家两方面的压力。与此同时，中国承担着代表发展中国家敦促发达国家承担历史性责任、实现气候正义的历史任务。中国需要更深入地在全球气候安全、全球气候治理、全球气候适应、全球气候合作、气候外交等方面发挥怎样的引领作用，通过哪些方式、途径与措施来实现引领，是我们想尝试厘清的问题。

2. 全球气候治理格局的引导需要

国际气候合作方面存在著名的“吉登斯悖论”。吉登斯首次从政治的视角探讨了气候变化治理问题，认为国际社会对气候变化更多采取袖手旁观的态度。他对国际层面的气候治理进程持悲观态度，认为在缺乏中美两个排放大国高度参与的情况下，谈判很难真正取得有效成果。[①] 但现实并非如此悲观，各主权国家虽然围绕气候治理问题展开一系列“交锋”，但还是在努力推进寻找共同应对全球气候变化的方法。

《京都议定书》时期，围绕气候谈判形成三大阵营：以美日加澳等为首的伞形国家集团、欧盟、以“77 国集团 + 中国”为代表的发展中国家集团。欧盟是国际气候进程的积极推动者，拥有先进的环保技术和较多资金，高举环保大旗，倡导积极的减排措施。美国、加拿大、澳大利亚等国则对减排安排持抵制和保守态度。发展中国家阵营在这一时期，在对待发达工业化国家减排问题上能保持相对一致的立场，但由于不承担法定的减排义务，对这一时期国际气候治理进程的影响力相对有限。

---

① ［英］安东尼·吉登斯：《气候变化的政治》，社会科学文献出版社 2009 年版。

国际气候治理经过30年的发展，发达国家与发展中国家的排放格局已经发生了逆转。从《京都议定书》到《巴黎协定》，国际气候制度谈判从双轨变为单轨，从自上而下分配减排责任变为自下而上国家自主决定减排贡献。

欧盟2019年以来提出了一系列绿色新政，美国拜登新政府也提出了气候政策。以发达国家为首的很多行动的总体方向都是向绿色低碳不断发展。中国作为碳排放大国、第二大经济体，气候变化问题的主张对全球的带动和引领作用非常明显。中国提出碳达峰和碳中和目标既立足于自身的发展需要，又顺应了国际发展潮流。中国作为全球气候治理和国际合作的重要一方，需要寻找机遇，更好发挥引导作用。

一些重要动因在全球气候治理的作用必须得到重新认识，这些根本性问题包括国家行为体的作用、非国家行为体的责任分担、科学与政治的互动、国际气候制度建构及大国气候外交转型等。

6.3.3 中国参与全球气候治理的进程

1. 参与双边合作

2014年中美在北京发布《中美气候变化联合声明》，在声明中明确提出了各自的减排目标：美国以2005年为基年，努力到2025年实现26%～28%的绝对减排目标，中国则努力尽早降低排放峰值，提升非化石能源比重。2015年中美在华盛顿又发布《中美元首气候变化联合声明》，中方重申到2030年单位GDP二氧化碳排放将比2005年下降60%～70%，计划于2017年启动全国碳排放交易体系。美方重申了其清洁电力计划。中欧、中法、中英、中日、中澳、中印、中巴之间也都达成了有关气候变化的联合声明。

2. 参与多边合作

政府间气候变化专门委员会是世界气象组织和联合国环境规划署联合建立的政府间机构，中国是最早参与到政府间气候变化专门委员会工作的国家之一。中国还参与了传统的全球气候治理多边框架，包括《联合国气候变化框架公约》《京都议定书》《巴黎协定》。

2014 年 G20 澳洲峰会上，中国设立气候变化南南合作基金，美国则承诺向 GCF 增资 30 亿美元。在中美的带领下，其他发达国家也纷纷表达了资金援助意愿，这是 G20 在气候变化领域里取得的最大进展，为 2015 年底巴黎全球气候条约奠定了基础。

2015 年在巴黎召开联合国气候变化大会，中国提出基于“国家自主贡献”的减排方案促进了《巴黎协定》的达成，成为全球气候治理的引领者。

2016 年 G20 杭州峰会通过《二十国集团落实 2030 年可持续发展议程行动计划》，明确采取紧急行动应对气候变化，其影响将成为 G20 的优先工作，倒逼各国加快制定明确的时间表和行动计划，建设清洁低碳、安全高效的现代能源体系，实现能源资源的高效利用。中国将环境气候议题纳入，可见中国期待通过 G20 这一全球治理机制来拓展全球气候治理多边合作议题。此外，在峰会中，中国将“绿色金融”这一主题列入议题，首次成立了 G20 绿色金融研究小组，面向可以产生环境效益来支持可持续发展的投资融资活动，为全球绿色金融发展提供清晰的战略性政策信号与框架。中国在未来要积极发挥 G20 作为重要的全球经济治理平台的作用，继续推动《巴黎协定》的落实。2030 年可持续发展议程的落实和气候变化是德国 G20 峰会的两大核心议题。同时这二者也是中国 G20 杭州峰会的重要成果，中国可以充分利用 2017 年德国 G20 峰会对发展议程的重视，以及德国 AIIB 成员身份，推动 G20 继续在气候变化和可持续发展方面做出有力的增值贡献。

3. 参与区域合作

APEC 会议是亚太地区最高级别的多边经贸合作机制。2014 年 APEC 峰会在北京召开，中国推出多项推动亚太区域气候治理的议程，达成多项区域合作协议。还发布了《APEC 绿色发展高层圆桌会宣言》，促进亚太地区绿色发展和绿色转型，加强绿色供应链合作。

亚欧会议（Asia-Europe Meeting，ASEM），其主要由政治对话、经济合作和文化交流三个部分组成。参加亚欧会议的成员在能源、环境、劳动等领域也开展了一些合作，中国与欧盟在环境气候方面的合作体现在亚欧林业实务合作方面，以应对全球气候变暖。

6.3.4 中国在全球气候治理中可发挥的作用

国家内部如何能在经济增长与气候治理两方面实行双赢，国家间如何实现合作共赢，是现在和未来全球气候治理考虑的问题。全球气候治理与贸易投资和金融等变得密不可分，可持续的基础设施投资成为实现气候目标的关键，绿色金融将成为解决气候融资缺口的方案，非主权国家行为体在治理体系中的地位凸显，这将成为全球气候治理的趋势。所有参与主体应全面落实全球可持续发展议程和《巴黎协定》，加大全球气候减缓力度和气候适应能力建设，发展低碳经济。

随着中国的快速发展，发达国家必然对中国保持越来越大的戒备，要求中国在国际气候治理等全球重大问题上承担同等或者更多的责任。但中国在全球治理方面参与的时间还比较短，无论治理能力、治理水平，还是人员素质，以及国际合作经验等都远远达不到发达经济体应有的水平。而中国在参与全球治理中又具备一些特别的优势，如自身发展的复杂性和独特经验、文化的多样性等。近十年来，中国在贸易治理、金融治理，甚至气候治理等方面，已经迅速从被动参与者成长为积极的贡献者，充分证明中国有条件适应具有不同文化背景和处于不同发展阶段的国际对手和伙伴。面对复杂的全球治理形式，以及全球气候治理方面的不确定性，中国需要摆正位置，从理念和路径上完善全球气候治理体系。

1. 治理理念

将人类命运共同体理念嵌入全球气候治理分析，以人类命运共同体理念为视角，可从国内和国际层面为应对气候变化提供现实启迪，彰显中国智慧。党的十九大报告明确提出，中国要引导应对气候变化国际合作，成为全球生态文明建设的重要参与者、贡献者、引领者，对“人类命运共同体”进行了精准诠释，即建设“持久和平、普遍安全、共同繁荣、开放包容、清洁美丽”的世界。该理念的引入，有别于发达国家近年行动背后的理念。美国退出又加入《巴黎协定》，行动存在不确定性；欧盟陷入多重危机并发的困境：2010 年债务危机爆发以来，深陷难民危机；英国“脱欧”使得欧洲半个多世纪以来的一体化进程严重受挫，因而在参与全球气候治理方面同样“力不从心”。气候变化可能与大规模流行疾病扩散（如疫情）等非传统安全问题之间发生关联并产生负面反馈，新冠疫情的短期冲击成为一个加速器，促使人类深刻反思人与自然的关系，促使越来越多的国家加入迈向碳中和目标的大队伍。在全球气候治理的“碎片化”背景下，中国气候外交事实上面临着关键战略节点，机遇与挑战并存。

2017 年 2 月，联合国部分职能部门在相关政府工作报告决议条文中首次提到中国首倡的“人类命运共同体”理念，随后该理念被写入联合国安理会、联合国人权理事会通过的多项决议中，从而将国际社会中的各行为体紧密联系在一起，体现了该理念符合国际社会的共同期许。构建人类命运共同体是一个长期过程，首先需要在国际关系中以利益共融为基础，共同营造和平稳定的国际环境，从而为更具体的气候治理难题化解提供适宜的政治与社会土壤。

当前中国已将人类命运共同体理念蕴含于气候外交中，积极参与并引导气候变化“南北对话”和“南南合作”，通过清洁发展机制（CDM），提升节能减排效能，并尽可能帮助其他发展中国家提升减缓和适应气候变化的能力。2017 年以来，中国政府明确继续扩大对外援助，通过气候变化“南南合作”，进一步推动构建以合作共赢为核心的新型国际关系。深化金砖国家对话与互动，推动与欧洲、中亚等地区的气候政治合作。今后要努力与伞形国家进行磋商，引领全球气候治理，为发展中国家群体谋福利。更需要全方位宣传中国的气候政治立场和环保理念，加大文化输出，从而提升中国在全球气候政治中的影响力和话语权。

从国际政治角度来看，以气候变化为切入点可有效推动国际政治引导力。中国对外立足新发展阶段、贯彻新发展理念、构建新发展格局提出碳中和承诺，对内要向民众普及低碳消费和环保理念，加大对本土企业的环保治理力度，加快低碳产业建设，优化绿色营商环境，塑造环保大国形象，为融入全球低碳产业升级创造有利条件。

2. 实施路径

近年来美国等西方国家提出所谓“一带一路”替代方案，其中一个重要原因是指责在碳中和背景下，中国作为全球最大的碳排放国，通过在“一带一路”投资设厂，变相实现“碳排放转移”。事实上，绿色一向是“一带一路”建设的底色。

（1）绿色丝绸之路。2019 年，习近平主席在第二届“一带一路”国际合作高峰论坛上强调“要坚持开放、绿色、廉洁理念，把绿色作为底色，推动绿色基础设施建设、绿色投资、绿色金融，保护好我们赖以生存的共同家园”①。2021 年 4 月 22 日，在领导人气候峰会上，习近平主席深刻指出，“中方还将生态文明领域合作作为共建‘一带一路’重点内容，发起了系列绿色行动倡议，采取绿色基建、绿色能源、绿色交通、绿色金融等一系列措施，持续造福参与共建‘一带一路’的各国人民”。② 绿色基建方面，建设绿色丝绸之路是落实联合国 2030 年可持续发展议程的重要路径，100 多个来自相关国家和地区的合作伙伴共同成立“一带一路”绿色发展国际联盟。绿色投资方面，2018 年中英绿色金融工作组联合发布了《“一带一路”绿色投资原则》，将低碳和可持续发展议题纳入“一带一路”倡议，以提升投资环境和社会风险管理水平，进而推动“一带一路”投资的绿色化。美国企业公共政策研究所发布的报告显示，从 2014 年到 2020 年，中国在“一带一路”项目中可再生能源投资占比大幅提升了近 40%，超过了化石能源投资。

（2）绿色低碳产业。中国与“一带一路”共建国家合作，共同打造绿色低碳产业。中国在工业低碳发展领域积累了丰富的经验、成熟的技术及储备人才，能够引领丝绸之路建设朝着绿色低碳方向发展，应抓住这个时机塑造在“一带一路”共建国家中的低碳领导力。建设工业园区是中国与“一带一路”共建国家产能合作的重要形式，而低碳工业园区的可持续发展模式为输出大规模绿色产能提供了必要条件，共建低碳园区可有效拓展与沿线国家在低碳产

① 《习近平在第二届“一带一路”国际合作高峰论坛开幕式上的主旨演讲（全文）》，中国政府网，2019 年 4 月 26 日。

② 《习近平：中方将生态文明领域合作作为共建“一带一路”重点内容》，新华网，2021 年 4 月 22 日。

业、低碳能源、低碳技术领域合作的广度和深度。对于共建国家发展低碳所需要的技术、产业、管理经验等，中国应该在《巴黎协定》的资金和技术框架下提供力所能及的帮助，将“一带一路”建设与全球气候治理共同推进。在实施过程中，根据“一带一路”共建国家的产业定位、要素禀赋以及在全球价值链中的分工，实现因地制宜低碳发展。具体可参考中国国内多样化园区的低碳发展模式。

（3）“绿色复苏”。中国为推动疫后世界经济“绿色复苏”也采取了相应举措。一是在疫后加强绿色“一带一路”的政策引导和能力建设。二是顺势调整“一带一路”基建项目比重，大力发展水电、风电、光伏等清洁能源，帮助“一带一路”共建国家能源供给向高效、清洁、多元化方向加速转型。三是深入推进绿色采购、绿色生产和绿色消费一体化，打造“一带一路”新型绿色产业链。四是配套绿色资金链。五是搭建绿色投资服务平台。六是利用中国在可再生能源设备和技术领域的世界领先优势，帮助“一带一路”共建国家加强清洁煤电技术、防沙治沙、生态修复技术，助力、引领共建国家绿色发展。七是落实应对气候变化第三方市场合作。重要的是，在数字化趋势下，中国应主动开发并应用信息技术和大数据技术，协同推进能源转型、交通电气化和经济去碳化进程。

总之，中国要积极承诺减排，塑造负责任的大国形象；加强气候治理的对外援助，提升在全球气候治理领域的领导力；主动参与气候治理，提高话语权。正如习近平主席在领导人气候峰会上所说，“只要心往一处想、劲往一处使，同舟共济、守望相助，人类必将能够应对好全球气候环境挑战，把一个清洁美丽的世界留给子孙后代”①。

6.4　全球公共卫生治理

在第七十三届世界卫生大会视频会议开幕式上，习近平主席呼吁：“让我们携起手来，共同佑护各国人民生命和健康，共同佑护人类共同的地球家园，

① 《习近平在“领导人气候峰会”上的讲话（全文）》，央广网，2021年4月22日。

共同构建人类卫生健康共同体。”①

6.4.1 全球公共卫生治理现状

公共卫生安全已经成为全球治理的重要目标。2007 年，“全球公共卫生安全”首次在《世界卫生报告》中提出，并被定义为“为尽可能减少一个国家的不同人群、不同团体、不同区域以及跨国性群体健康的紧急公共卫生事件发生的可能性而采取的预见性和反应性行动”。世界上现有的公共卫生治理体系主要包括四个层面。一是全球层面：专门卫生机构，如世界卫生组织和联合国艾滋病规划署等；国际非政府组织，如国际红十字会、无国界医生、“全球抗击艾滋病、肺结核和疟疾基金”、全球疫苗与免疫联盟、流行病防范创新联盟等。二是区域层面：一些地区性机构。三是主权国家层面：抗疫防灾、保护公民生命安全和身体健康是国家和政府的主要责任之一。四是企业和个人也可以在全球公共卫生治理中发挥作用。此外，贸易机制也在传染病防治的国际合作中发挥作用，还有一些纵向公共卫生合作机制，如人权机制。

全球公共卫生治理的有效运作取决于两个要素：一是各行为体要有共同的价值观；二是需要有一个被普遍认可的国际法规则。从对新冠疫情的防控来看，全球公共卫生治理体系仍存在不少短板和漏洞。世界卫生组织是联合国系统内负责公共卫生事务的专门机构，为各国同舟共济、守望相助搭建专业多边平台，以其为代表的公共卫生合作机制应发挥政策协调和技术指导的功能，加强全球公共卫生治理能力建设。

6.4.2 全球公共卫生治理困境

当前，公共卫生领域出现了相关国际法规则执行力不强、国际利益分配不

---

① 《团结合作战胜疫情 共同构建人类卫生健康共同体——在第 73 届世界卫生大会视频会议开幕式上的致辞》，中国政府网，2020 年 5 月 18 日。

均、发展中国家公共治理能力薄弱等治理困境。

1. 出现原因

（1）理念共识不一致。“强权至上、零和博弈、经济理性、单边主义”是西方大国的固有思维。在深度全球化的趋势下，这种思维理念和价值追求缺乏包容性、民主性和代表性。

（2）部分行动主体的责任意识弱化。主权政府是全球公共卫生治理的关键行为体，但一些国家奉行本国优先政策，担当意识弱化和缺失，甚至无底线地推卸责任。与此同时，一些非政府民间组织，包括大型跨国企业、基金会机构和个人等，又难以肩负起更大的责任，促使“治理赤字”进一步加剧。

（3）现行机制模式难以发挥高效治理功能。一方面，相关国际规则具有“软法”性质，导致合作机制缺乏强制执行力，少数掌握话语权的主权国家不合作的意愿与行动日趋严重，甚至直接推卸责任、阻碍合作顺利进行，使得诸如世界卫生组织这样具有代表性、权威性和专业性的国际组织受到挑战。另一方面，发展中国家的基本卫生能力建设长时间得不到关注和提高。

（4）卫生信息与技术共享还存在障碍。在全球卫生防疫与治理行动中，信息与技术共享是核心和关键。但是，当前全球卫生治理信息互联互通系统还不够完善，国际社会疾病监测预警、防控进展追踪、技术联防联治等体系还存在结构性缺陷。同时，部分发展中国家由于经济发展比较滞后、卫生基础设施建设不足、技术人员缺乏等因素，客观上存在有心无力的情况。

2. 应对策略

（1）变革治理理念。疫情全球蔓延，谁也无法独善其身、置身其外。病毒没有国界，不分种族，是全人类的共同挑战，国际社会团结起来才能战胜它。各国应凝聚人类健康命运共同体意识，摒弃歧视和偏见，团结一致，打赢这场疫情防控攻坚战。

（2）优化治理主体。当前，全球公共卫生治理行动主体呈现多元化趋势，需要协调的事趋于复杂，因此行动主体上要由“无序散落”向“协调聚合”积极转换。同时，一些国家刻意“去中心化”，想削弱世界卫生组织作为国际卫生防疫引领者与治理中心的地位和作用。因此有必要优化整合主体的治理边界、功能以及结构。

（3）推进治理机制向可持续性的新机制转型。应尽快建立全球公共卫生安全治理的联防联控合作机制，有效阻断传染性疾病；强化卫生防疫沟通协调应急机制，降低人员跨境流动带来的病毒扩散风险。对此，各国在口岸管理、医疗物资生产、疾病风险管控等方面要加强合作，实现联网联动机制，促进高效合作。要进一步优化治理结构，强化会员国集体行动的法律义务，完善卫生治理机制立法缺陷，提升发展中国家的制度性话语权。此外，还应重视非国家行为体的积极作用。相对于主权国家而言，一些社会组织甚至个人能够弥补主权国家的局限与不足，发挥灵活性、广泛性、多元性等优势，实现主权国家、国际组织、个人等多元主体的协同并进。推动治理模式从救灾救治转向预防备灾，从被动应战转向主动防控，从应急处置转向全过程风险管控，从脱钩解构到深度互动。另外，在资金筹集上要推进全球卫生治理资金援助由“来源有限”向“渠道多样”的尽快转变。

（4）医学科技上推进协同攻关。医学科技是全球公共卫生防疫与治理的基石，科研合作是应对公共卫生安全问题的重要保障，为了尽快攻克疾病，各国在药品和疫苗研发等领域应加快合作，必要时对于一些专利制度等可做特殊处理，将人类生命安全摆在突出地位。要关心和照顾发展中国家，鼓励医学科研水平先进、医疗科技体系强大的国家向发展中国家积极提供支援。

6.4.3　中国参与全球公共卫生治理

1. 典型案例：中非医疗卫生合作，共建“健康丝绸之路”

2020 年 3 月 21 日，习近平主席在向法国总统马克龙致慰问电中，首次提出打造“人类卫生健康共同体”的理念，以完善全球公共卫生治理。① 中国公

① 《习近平向法国总统马克龙致慰问电》，人民网，2020 年 3 月 22 日。

共卫生安全治理能力的快速提升，为中国进一步参与和引领全球公共卫生安全治理奠定基础，尤其是新冠疫情暴发以来，中国以自身的巨大牺牲协调全球合作抗疫，展现出了负责任的大国形象，不仅提高了中国的软实力，其强大的治理能力也获得了世卫组织和国际社会的高度认可，从而为中国进一步参与和引领全球公共卫生安全治理奠定了坚实的基础。

（1）合作现状。2000年中非合作论坛成立以来，中非医疗卫生合作也步入机制化轨道。每三年一届的论坛每次均会推出多项加强双方医疗卫生合作的举措。中非医疗卫生合作主要体现在：向非洲国家派遣医疗队和短期专家组；为非洲国家援建各类医疗卫生基础设施；向非洲提供各类医疗物资；培养非洲医疗卫生人才；帮助非洲加强公共卫生体系建设，中非合作论坛成立后，中非双方一直注重公共卫生应急机制合作，共同防治艾滋病、疟疾、肺结核、埃博拉、非典型肺炎、禽流感、甲型H1N1流感和血吸虫等传染病威胁；促进中非传统医药合作；鼓励中国药企赴非投资生产，促进医药产能合作。

在论坛框架大背景下，新时代中非共建“健康丝绸之路”，遵循着大卫生、大健康的理念，立足于医疗卫生进行合作。“健康丝绸之路”是中非共建“一带一路”的重要组成部分，服务于中非命运共同体和中非卫生健康共同体等战略发展目标。由于经济社会发展水平差异，非洲、拉丁美洲以及南亚等欠发达地区一直面临医疗资源短缺的问题，传统传染病尚未得到有效解决的同时，新冠疫情的叠加效应让其成为全球防疫的薄弱环节。因此有必要在世界卫生组织的政策协调下，继续开展专项医疗对外援助，形成长效援助机制。新冠疫情发生后，在中国支持下，非洲联盟于2020年6月启动“非洲医疗物资采购平台”，非洲各国政府可通过该平台在线采购来自全球的抗疫物资以及未来投产后的新冠疫苗。中国也向非洲派遣抗疫医疗专家组，并分享诊疗方案。此外，还帮助非洲国家改善医院等医疗卫生基础设施，并承诺为新冠疫苗在非洲等发展中国家的可及性作出贡献。彰显了“健康丝绸之路”中“共商共建共享”的理念，成为构建中非卫生健康共同体的真实写照。

（2）存在缺陷。主要表现在合作形式、合作主体、合作机制三方面。从合作形式来看，主要是向非洲国家提供医疗援助，但在医疗卫生领域的贸易和投资合作远远滞后。从合作主体来看，双方政府占主体地位，市场和社会组织的角色相对薄弱，为更好“打造人类卫生健康共同体”，需要政府、市场和社会三方面加强合作。从合作机制来看，存在援助的条块割裂现象，没有形成统一的决策和执行机制。

未来中非深化“健康丝绸之路”建设的路径。一是要加强顶层设计，提升卫生健康在中非合作中的战略地位，提升中国卫生援非的影响力。二是加强医学教育和传统医药合作。除增加非洲专业人员来中国接受培训外，还可提供高援非项目经费、种类和地理范围，切实提升非洲专业人员的管理与技术能力。三是推进医药产能合作，发展非洲卫生健康产业。四是官民并举，充分发挥社会力量。中非“健康丝绸之路”建设不能仅限于医疗卫生领域的合作，还要把健康因素融入和整合至中非合作的多个领域及政策考量之中，帮助非洲从根本上扭转在全球政治经济体系中的结构性不利地位，才能最终实现“健康非洲”和“健康中国”的愿景。与此同时，中非“健康丝绸之路”建设也不能仅限于中非双方之间的合作，而需进行开放性合作，坚持多边主义，维护以联合国和世界卫生组织为核心的全球卫生治理体系。

2. 中国参与全球公共卫生治理的实现路径

中国在参与全球公共卫生治理中有意愿、有一定合作经验和资源，但是中国参与的技能、参与主体的能力还不够强，难以发挥主导作用。发达国家、实力雄厚的跨国医药企业，以及有国际影响力的技术机构在大多数全球卫生合作伙伴关系中捐资较多，拥有很大话语权。中国应积极参与全球机构的公共卫生治理，通过增加资金和技术支持，与相关国际机构和非国家行为体结成更紧密的合作伙伴关系。加强国内人员参与全球公共卫生治理能力培养，选派卫生专家参与到项目现场的工作中，提高对人才的培养待遇，建立一支可参与全球卫生治理的专业队伍。

2020 年 10 月 8 日，中国同全球疫苗免疫联盟（Global Alliance for Vaccines and Immunisation，GAVI）签署协议，正式加入“新冠肺炎疫苗实施计划”，这是中国秉持人类卫生健康共同体理念、履行承诺、推动疫苗成为全球公共产品的一个重要举措。中国的加入有力支持了该计划的顺利实施，会带动更多利益攸关方投入资金支持，有利于全球尽快克服新冠疫情的威胁。

在新冠疫情暴发后，中国勇于承担大国责任，坚决支持和配合世卫组织领导的抗疫行动，始终依靠世卫组织多边治理平台协调大国合作抗疫，积极推动全球公共卫生安全治理。习近平强调，“要继续同世卫组织保持良好沟通，同有关国家分享防疫经验，加强抗病毒药物及疫苗研发国际合作，向其他出现疫情扩散的国家和地区提供力所能及的援助，体现负责任大国担当”①。未来建立全球公共卫生治理的统一框架，应从以下方面着手。

（1）制定统一的全球公共卫生治理框架。需要秉持“大预防、大卫生、大健康、大应急、大协同、大安全”六大理念，强化世界卫生组织在全球公共卫生治理中的核心地位，建立贸易、人权、环境、劳工、发展、环境等多领域国际机制间的合作协调的，国际组织、政府机构、非国家行为者等主体共同参与的公共卫生治理全球统一框架网络。明确成员国在框架内的合作与援助权利义务。健全公共卫生法律机制，强化非国家行为体的国际法律地位。构建疫情的媒体话语重塑与舆情管控的国际协同机制。

（2）强化国际法的权威性，促成有效合作。摒弃传统国际法上的绝对主权观念，树立“人类命运共同体”价值理念。根据国际合作的实际需求修订完善《国际卫生条例》（2005）相关规定，增加适宜的防控机制以及激励、制裁、补偿机制。

（3）以公平原则改善国际环境。在制定国际法时注重公平正义，增强发展中国家在多边谈判以及规则制定中的话语权。近年来，我国在南南合作框架下，充分借助上合组织、金砖国家、中国—东盟（10+1）领导人会议、中国东盟博览会、澜沧江—湄公河合作机制以及中非合作论坛、中国—拉美和加勒比国家共同体论坛、中国—阿拉伯国家合作论坛等机制的带动作用，不仅使各国发展能力得以加强，而且使发展中国家在公共卫生领域的话语权得到提升。

公共卫生问题是全球性挑战，推动该事业的建设是联合国千年发展目标

① 《习近平：团结合作是国际社会战胜疫情最有力武器》，中国政府网，2020年4月15日。

之一。中国作为发展中国家，可为其他中等收入国家和部分低收入国家提供大量公共卫生治理方面的经验。中国不仅要提供资金、技术、人才等物质方面的支持，更重要的是贡献用于全球公共卫生治理的价值理念，展现以人为本的价值伦理。这样才能赢得国际社会的尊重，真正在全球卫生治理领域发挥领导作用。

第 7 章

中国参与全球经济治理的机遇与挑战

7.1 中国参与全球经济治理的新形势

1. 全球治理失灵日益凸显

现行全球治理主导性规则体系是由美国等西方发达国家主导的世界经济治理体系，发达国家以“治理者”居于“中心”，发展中国家则作为“被治理者”位于“外围”。为了维护自身利益，发达国家一方面鼓励发展中国家参与规则制定，强调所谓的“多边与合作”，但在核心利益和关键议题上又将发展中国家排挤在外，牢牢把握着规则制定的主导权，发展中国家在全球治理中的发言权和话语权缺失，全球治理规则的公平性不足。

2. 大国合作势头消退，全球治理单边主义盛行

受到新冠疫情和其他外生因素的叠加冲击，发达经济体内部的矛盾和问题不断发酵。为转移不断累积的国内社会矛盾，部分发达国家放任民粹主义与保护主义思潮蔓延，加剧了国家战略的内顾倾向和经贸活动的排他性，西方国家参与国际事务、提供公共产品的积极性下降，全球治理单边主义盛行。美国力求重新建立发达国家内部的贸易和安全体系，继 2017 年退出气候变化《巴黎

协定》后，又退出联合国教科文组织，威胁退出联合国人权理事会，不参加联合国《移民问题全球契约》，退出伊朗核问题全面协议，宣布大幅削减对联合国巴勒斯坦难民救助机构的资助等，民粹思潮逐步升温。

3. 全球公共产品供给不足

公共产品的供需矛盾愈发凸显。一方面，全球公共产品本身所具有的跨主权性和“搭便车”属性，使得在公共产品的提供上国家利益最大化与全球利益最大化之间存在着必然冲突，致使全球公共产品供给受阻；另一方面，作为主要供给体的西方传统大国普遍出现供给意愿下降的趋势，而新兴大国供给意愿强烈但供给能力尚显不够。

4. 全球治理机构力不从心，治理机制存在缺陷

20 世纪六七十年代以来，政府间和非政府国际组织及部分跨国公司等全球治理行为体，如联合国、世界卫生组织、世界贸易组织等，在促进世界发展等全球治理中发挥了重要作用。但进入 21 世纪以来，全球治理国际组织治理效能及其公平性逐渐减弱。联合国虽然具有较强的合法性，但协调过程中主要大国经常难以在重大问题上达成一致，使得联合国长期受到效率问题的困扰。而大国合作机制虽然看似效率较高，但也面临一定的问题。如二十国集团在金融危机爆发初期很好地发挥了危机应急功能，但其机制的松散性只能“分享最佳实践”，难以产生有约束性的协同行动，尤其是当国家间的治理理念产生分歧。因此现行的全球经济治理机制存在较大的局限性。

5. 多元治理主体缺乏协同

跨国公司与各国政府之间的协同难度较大。虽然跨国公司的运营有赖于全球治理所提供的安全保障与制度便利，但跨国公司也寄希望于从不完善的治理状态或有偏袒的治理取向中获益。不仅如此，有些跨国公司凭借着雄厚的资金实力及影响力左右政府，一定程度上成为其代言人和代理人。除此之外，国际社团组织与政府之间的关系也很微妙。一些发展中国家既希望得到国际社团组

织的帮助，又担忧这可能削弱本国主权。国际组织资金来源上的依附性也使其容易成为一些大国的战略工具。各种犯罪组织和不法分子等“非国家行为体”也是全球治理中不可忽略的负面角色。

6. 区域一体化尤其是亚太区域经济一体化取得重要进展

近年来，在疫情和其他突发性因素冲击下，全球供应链产业链出现断裂，大国博弈僵持不下，信任赤字攀升至高位，迟滞了全球治理体系改革，致使全球范围不确定性风险上升，越来越多的国家开始认识到区域合作对于对冲外部风险、加强产业链供应链韧性、保障区域经济发展的重要意义，因此相继采取了加强区域内合作的举措。例如，在亚太地区，《区域全面经济伙伴关系协定》（RCEP）从签订到落地已经取得了众多成果，有望进一步降低区域内经济体间的交易成本。2023 年 1 月 24 日，拉美和加勒比国家共同体第七届峰会举行，会议通过了《布宜诺斯艾利斯宣言》，表达出将进一步致力于加强地区内团结、推进区域一体化进程、反对外来势力干涉、推动国家间平等合作的意愿。尽管全球多边层面的合作治理陷入困境，但整体而言，区域一体化进程、区域层面的治理能力与意愿却出现了明显提升。

7.2　中国参与全球经济治理的机遇

1. 全球治理体系亟待重构

二战后，以美国、苏联为首的西方社会主导建立了当前的国际秩序和全球治理结构。在全球治理体系的初期阶段，由于争夺意识形态主导权的需要，美苏向全世界输出了丰富的公共产品，间接确保了二战后大多数国家的稳定发展。然而，在苏联解体以后，西方国家不再面临意识形态上的强劲竞争对手，丧失了持续进步的动力，其内部深层次问题也逐步凸显，这些传统治理主体逐渐回归保守主义，并更多采取贸易保护政策，提供全球公共产品的意愿逐步降低，全球公共产品供给减少，国际政治经济秩序陷入严重动荡。

在现行全球治理体制中，美国和欧盟等西方国家设立了对自身更有利的治理规则，导致联合国和世贸组织为代表的国际政治与经济治理体系出现结构性缺陷。事实上，全球治理是全球各国的集体行动，关乎全人类的共同利益，而非某一国家或某几个国家的单方面作为，也不是仅涉及某一地区国家利益的行动。而现行的全球治理体制并没有充分考虑广大发展中国家的利益，未能形成真正意义上的全球治理理念。全球治理体制的代表性和公信力遭到质疑，治理效能显著下滑，亟须一个富有活力和发展潜力的新兴市场国家担起领导全球治理体系的职责，为全球提供足够的公共产品。这无疑为中国参与并引领全球治理提供了前所未有的契机。同时，全球治理体制的严重缺陷，也表明推动全球治理体系的改革是必然趋势，同样为中国等新兴发展中国家参与全球治理创造了机遇。

2. 新兴市场国家集体崛起

自2008年全球金融危机以来，世界大部分发达经济体的增长受到重创，进入低增长、高风险时期，西方发达国家经济发展出现停滞甚至倒退，新兴发展中国家蓬勃发展、集体崛起，加速了世界经济格局的"南升北降"，新兴市场和发展中经济体经济总量占全球的比重持续上升。2020年发展中国家的货物贸易出口、进口分别占世界总量的45.9%和42.1%，与发达国家之间的差距不断缩小。世界银行最新发布的《全球发展地平线》报告预计，发展中国家在全球投资中的比重将从2000年的20%上升到2030年的60%。

新兴发展中国家也在积极参与构建全球治理体系。许多第三世界国家陆续加入联合国，使得联合国的地位和功能发生显著变化。在冷战结束前，发展中国家主要通过跨区域和区间组织参与国际政治活动，特别是不结盟运动、77国集团、非加太集团、石油输出国组织、伊斯兰会议组织、阿拉伯联盟、非统（非盟的前身）等，这些组织均具有很强的凝聚力，在处理重大问题时能够统一意见，保护发展中国家的合法权益，反对过度侵犯发展中国家的权益，主张建立公正且合理的国际经济和政治秩序。冷战结束后，发展中国家的政治联合体发生重构，发展中国家和发达国家之间的政治分布不再鲜明，出现了新一批发展中国家参与的政治经济组织，如金砖国家、东盟、上海合作组织、亚洲开发银行等，这些组织关注的焦点均是以追求发展中国家的发展权，反对世界治理体系中以美国为领导的发达国家对发展中国家的经济政治胁迫。

新兴经济体的崛起势必催生新的全球治理体系。尽管发达国家主导着国际经济秩序和全球治理，但部分新兴发展中国家已经广泛开始参与全球治理的顶层设计，在主要治理机构中扮演着日益关键的角色。这使得以中国为代表的新兴发展中国家面临着重要的历史性机遇，有可能跻身于全球治理体系的核心。

3. 中国综合国力提高

最近几十年中国取得了全球瞩目的成就，GDP 从 1978 年的 1495 亿美元增加到 2020 年的 14.7 万亿美元，实现了年均 9.3% 的高速增长，全球占比由 1.8% 提升至 17% 以上，稳居世界第二位。不仅如此，随着工业化快速推进，中国形成了完整的工业体系，成为全球第一制造业大国，对全球制造业的贡献比重接近 30%，220 多种主要的工农业产品的生产能力均位居世界第一。基础建设方面，截至 2020 年，中国铁路营业里程达到 14.14 万公里，位居世界第二，其中高速铁路 3.6 万公里，稳居世界第一。进出口贸易方面，2020 年，中国进出口贸易总额达到 32.16 万亿元，同比增长 1.9%，成为全球外贸中唯一实现正增长的主要经济体，已然成为全球外贸第一大国。教育科技方面，中国的专利申请量、发明专利申请量、发明专利授权量和商标注册量已连续多年位居世界第一，有效发明专利保有量位居世界第三。2020 年劳动年龄人口平均受教育年限增至 10.8 年。作为全球最大的发展中国家和制造业大国，中国已经具备了提供全球公共产品的能力。同时，面对全球治理体系中领导者角色的缺失和体制滞后，国际社会对于中国承担起全球治理责任的呼声也愈发强烈。

4. 新一轮科技革命和产业变革发展

科技革命和产业变革不仅是推动人类社会向前发展的重要动力，也是国际经济和政治版图变迁的核心驱动因素。新一轮科技革命和产业变革发展将重塑世界经济政治格局，推动全球治理体系的深化改革。随着人工智能、大数据和机器人等高科技迅速崛起，经济发展对石油和矿石等有形资源的依赖程度大幅度降低，对无形的知识资源和数据资源的依赖程度日益增强。这使缺席新一轮科技革命的传统资源型国家，难以仅依赖出口有形资源实现经济的发展，更无法用资源作为全球治理体系议程的筹码，大幅削弱其国际竞争力和全球治理体系参与度。而在此次科技革命中率先突破的国家，将在全球竞争中处于显著优势，在全球治理体系中掌握更多的话语权。

目前，中国在新科技革命中实现了较大的突破，在全球产业链中的地位不断提升。依靠强大的生产制造能力，中国成为世界工厂，为全球各国提供了大量质优价廉的商品，这也帮助中国在全球治理体系改革中取得了一定的话语权。把握新一轮科技革命和产业变革发展机会，加快实施"新赛道"战略，不断提升中国制造的竞争力以及在全球产业链中的地位，增强在全球前沿技术领域的引领能力，有望进一步提升我国在前沿技术领域的全球规则影响力。

5. 重大人类公共安全事件的爆发

各国实力的差距不仅反映在经济总量上，更体现在应对自然灾害、战争等重大的人类公共安全事件的能力中。特别是 2019 年底暴发的新型冠状病毒疫情，病毒变异频繁，传播性极强。新冠疫情不仅对公共卫生领域带来了巨大冲击，还迅速蔓延至贸易、金融等多个领域，对金融危机之后尚未完全恢复的全球经济带来了又一次重大打击。各国为控制疫情，纷纷采取交通管制、人员流动限制等措施，导致产业链、供应链中断，贸易量骤降，国际石油价格暴跌，消费需求大幅缩减，债务大幅提升，全球治理面临前所未有的挑战。

中国积极参与全球公共卫生治理，有效阻止了病毒的传播，及时向国际社会分享了病毒基因序列，为全球抗疫争取到宝贵时间。并先后向数十个国家提供了大量的医疗急救物资，分享抗疫经验，贡献中国方案，将防疫物资和疫苗作为全球公共产品提供给需要的发展中国家，极大改善了中国的地缘政治地位，增强了与他国的政治互信，提升了中国在国际事务中的话语权。

7.3　中国参与全球经济治理的挑战

1. 现行全球治理规则、治理理念严重滞后

当前全球经济治理体系已经与时代发展的新格局脱节，世界银行、国际货币基金组织和世界贸易组织三大国际经济机构一直是维系现行全球经济治理的关键平台，然而这种制度设计以及三大机构的实际运作一直受到美国、欧洲等少数西方国家的主导和控制，导致发展中国家的话语权较少。以中国、印度等为代表的新兴力量群体性崛起，改变了世界的权力布局。

不仅如此，当前的全球经济治理体系和经济贸易规则更偏重关注少数发达国家中的跨国公司、资本和富裕人群的利益。这导致即使在少数发达国家中财富也越来越向少数人集中，不同社会阶层之间在获益方面存在明显差异。例如，在欧洲的区域经济一体化中，英国的金融保险业获益颇丰，银行家积累了更多的财富，然而，英国的制造业和一般服务业的普通劳工却认为自己的经济地位下降。

现行的全球治理理念所表现出的一元主义治理观和二元对立的治理观，会使崛起的新兴力量被视为既有框架的破坏者，导致双方难以达成合作共识。因此，中国提出的共商共建共享的全球治理理念在实际落实中必然面临许多阻力。

2. 参与全球治理的国际环境恶化

现存的全球多边治理组织逐渐呈现政治化的趋势，贸易摩擦频繁发生，贸易协定中加入排他性条款等逐渐增多。例如，美国在与墨西哥、加拿大签署的《美墨加贸易协定》（USMCA）中规定了所谓“毒丸”条款，限制缔约方与“非市场经济国家”签署自贸协定。特朗普政府时期，美欧日举行了七次三方贸易部长会议，在国有企业、产业补贴、技术转让等涉华议题上达成广泛共识。拜登政府上台后，致力于加强与欧日等盟友的协调与合作，拉拢盟友构建

排华性民主科技联盟、全球供应链价值观联盟，共同推动新一轮国际经贸规则改革。2021 年 3 月，七国集团（G7）举行了贸易部长级会议，启动了“贸易路线”计划（Trade Track），强调“世界领先的民主贸易国家”要加强合作，提出“重建更美好世界”（Build Back Better World）倡议，酝酿推出“印太经济框架”，欧盟提出“全球门户”（Global Gateway）以及英国提出“清洁绿色倡议”（Clean Green Initiative）等，都与中国的“一带一路”倡议形成竞争态势。

不仅如此，近年来逆全球化思潮在全球范围内兴起。发达国家内部收入分配机制的固有缺陷、经济增长低迷以及严重的社会不公平问题滋生了民粹主义、孤立主义，许多发达国家由此转向保护主义，国际合作的脆弱性凸显，竞争上升，经济民族主义在全球进一步蔓延。通过对贸易逆差来源国进行经济反制、设置并实施技术封锁、组建技术联盟等，为本国企业撑起“保护伞”。并强调全球经济治理体系的“俱乐部化”，尤其是拜登上台以来，美国更加重视通过构筑意识形态阵营重建发达国家与发展中国家之间有形与无形的边界，中国在全球经济治理体系中的定位和诉求受到挤压。

3. 中国缺乏参与全球治理的经验

中国还面临着如何从“自保型”和“追赶型”力量向“引领型”力量转型的发展目标，在参与全球治理方面还缺乏相关的经验和人才，国际话语权薄弱。在现有全球经济治理机制中，中国拥有主导权的机制主要有金砖国家合作机制（包括金砖国家新开发银行）和亚洲基础设施投资银行。其机制本身还存在着制约金砖国家发挥作用的因素。金砖国家合作机制建立后，沟通渠道不断扩大，但共同行动的成效低于预期。金砖国家合作包括领导人会晤、部长级会议、专家组会议和民间论坛等多种机制，形成政界、商界、学界、民间四位一体的合作模式。但金砖国家的主要定位是政策沟通平台，因此五国会晤达成的共识和行动计划不具有强制的约束力。即使是新开发银行这一金砖国家共建的首个实体机构，其行动效率也受到很多制约。在筹建之初，发展中国家曾对其寄予厚望，但由于建设进展较为缓慢，新开发银行并没有发挥出应有的作用。

金砖国家经济增速整体有所放缓，部分国家因受外部因素影响经济增长陷入停滞等，也在一定程度上给金砖国家合作带来负面影响。而亚投行目前仍处于起步阶段，对现有国际货币金融体系的影响还相对有限，无法支撑中国参与并引领全球经济治理。

4. 中国自身发展仍然存在短板

中国仍是世界上最大的发展中国家，各地区发展不平衡、城乡发展不平衡、社会转型和政治经济改革发展等也都仍面临着诸多内部挑战，也是制约中国参与全球经济治理带的重要因素。

目前，中国地区发展还存在较大短板，农村发展不充分，农业发展质量效益和竞争力不高，农民增收后劲不足，农村自我发展的能力较弱，城乡差距较大。并且，中国东西部发展差距较大，南北发展差距加大，中心城市和其他地区的经济发展严重不均衡。中国历史上形成的城乡分割的二元体制还没有得到根本消除，乡村发展有所滞后，区域发展不平衡的根本因素是人民生活水平存在着显著的区域差距和城乡差距。

与此同时，中国的产业发展面临一些能力瓶颈和薄弱环节。虽然中国产业门类健全，但高端化水平有待提升；经济体系完整，但科技含量和现代要素的充分体现还有待加强。在过去四十多年的高速发展中，中国积极参与全球产业链的分工布局，但大部分处于产业链末端，关键零部件和技术仍受制于其他国家。

5. 中国国际性社会组织的缺失

国际政府间组织、国际性社会组织和跨国公司是参与全球治理的三大支柱，共同构筑了全球治理的框架。中国国际性社会组织发展滞后的状况不仅反映在参与联合国相关议程方面，也显现在参与全球经济社会发展等多个领域。例如，2019 年华为遭遇 Wi-Fi 联盟、蓝牙技术联盟、JEDEC 协会、SD 存储卡协会暂停会员资格，这些组织都是在美国登记的国际性社会组织。尽管国际性社会组织都强调相对登记国政府的独立性，但实际上都会受到登记国政治气氛和法律政策变化的影响。在全球竞争甚至斗争加剧的时候，这些国际性社会组织难以真正保持独立，中国相关企业参与其中也不可避免地受到影响。不仅如此，在气候变化、法治与人权、经济领域的标准制定、民生、文化等各个领域，也都缺乏具有重大影响的中国背景的国际性社会组织。

除此之外，中国参与全球经济治理还应注意防范以下风险：大国冲突风险，包括战略冲突和利益冲突等；防范境外投资风险，如政治、经济、管理决策、技术和法律方面的风险；产业空洞化风险等。

第8章

中国参与全球经济治理的对策与建议

8.1　中国参与全球经济治理的定位

随着经济全球化的发展，美国霸权主义式微，新兴经济体和发展中国家顺势崛起，国际格局中的“东升西降”态势日趋明显，中国更是发生了翻天覆地的变化。从全球经济治理角度来看，世界政治和经济格局发生了显著变化，国际经济运行进入下行期，全球经济治理体系陷入困境，当前经济治理体系与国际形势变化不适应、不对称的问题日益凸显，随之而来的是各国内部矛盾逐步积累，并影响到各国国内经济发展和政治态势的演变。目前，全球经济发展需要更加公正合理、普惠共赢的体系变革，以应对当前复杂的国际局势带来的各种挑战。

作为推动世界经济增长的重要力量，中国应当更加重视和参与全球经济治理体系改革，更加主动地融入全球经济治理体系，并逐渐走到世界大舞台的中央，用中国力量推动全球经济治理体系朝着更加公正合理的方向发展。基于此，本章首先从全球经济治理的行为主体、运行方式和治理内容三个角度阐述中国参与全球经济治理的基本定位。

8.1.1　全球经济治理的行为主体

全球化进程中面对的问题日益复杂，涉及的全球行为主体的范围广泛，管理难度大，利益关系纷繁复杂，增加了全球治理的难度。在世界经济相互依赖程度加深的背景下，单靠一个国家或少数参与者，无法解决全球共同面临的治理难题。从行为主体来看，全球经济治理的主要参与者包括主权国家、国际组织、跨国公司和非政府组织等。其中，主权国家在全球经济治理中扮演着重要角色，是全球经济治理的主要行为体。此外，国际组织是全球经济治理的主要实施平台，它们通过接受各个国家的授权委托获得一定的效力，是参与国际规则的制定、实施和监督，并代理各个主权国家开展全球经济建设的治理平台。

目前，全球经济治理体系的参与主体呈现多元化的发展态势，各行为主体协调配合，才能共建全球经济治理新格局。作为全球经济治理中最具活力的行为主体之一，中国要明确自身在参与全球经济治理中的角色定位，并倡导全球各行为主体通力合作，共建全球经济治理新体系。

首先，中国要在全球经济治理中做主动的建设者，积极推动对现行以霸权主义利益为导向的全球经济治理固化模式的变革，主动参与和推进全球经济治理谈判，增加全球经济治理模式的公平性和灵活性，并引导全球的主权国家、国际组织、跨国公司和非政府组织等行为主体积极参与全球经济治理，使每一位参与者共享全球经济发展的好处。

其次，中国要在全球经济治理中作积极的完善者。在肯定和维护现有合理的经济治理运行平台、运行规则和运行机制的基础上，补充新元素和新理念，提供新的公共产品。并与其他行为主体通力协作，共同完善全球经济治理机制的不足，以提高全球经济治理体系的运行效率。

再其次，中国也要努力成为全球经济治理中的理性贡献者。中国要在保障国内经济平稳运行，保护自身权益不受侵犯的前提下，为全球经济治理的变革注入新理念，贡献新思路，维护世界经济的有序运行，推动建设新的全球经济治理体系的形成和发展。

最后，中国要成为全球经济治理发展过程中负责的塑造者。中国愿努力推动新的机制的形成，反对搞霸权主义和保护主义，倡导用多国共商共建代替寡头治理，用多边模式代替单边模式。在这一过程中，中国塑造并展示了负责任大国的亲善友好、开放透明、廉洁清明的治理形象，努力推动全球经济治理新制度公平合理、开放共享、命运与共的全新形象的形成。

8.1.2　全球经济治理的运行方式

全球治理机制是全球经济治理的运行方式，为全球经济活动的各个行为主体提供一定的权益保护和行为约束，对全球经济的稳定运行过程起到制度保障的作用。全球经济治理机制可以分为三类：第一类是正式的、全球多边的国际规则和制度的安排，如 GATT、WTO 等全球性国际组织；第二类是非正式的、仅有数个国家参与的平台机制，如 G7、G20 等；第三类是定期会晤但没有强制约束力的地区性峰会机制，如 APEC 峰会、东亚峰会、上合峰会等。国际组织等正式机制具有长效治理体系和较高的权威，但是实际执行效率较为低下，甚至长期花费大量的精力在权利的合理分配上。而平台机制和峰会机制的整体灵活性更强，实际执行效率较高，各参与主体更加自由，不具有强制约束力。

从全球经济治理的运行方式来看，当前的全球经济治理机制已经滞后于全球治理主体结构的变化和国际形势发展的需要，也无法良好地应对全球治理新议题的不断扩张和发展。目前全球治理机制主要是以联合国和 WTO 为基点的国际政治关系体系和全球经济治理体系，该机制维护的是少数发达国家的既得利益。本质上说，现行全球经济治理机制仍然是西方国家主导、非西方世界参与的单向性全球治理。随着新兴市场国家和广大发展中国家不断强大，国际力量对比的变化引发了全球治理主体结构的变化，而西方发达国家依然沉浸在垄断现行国际秩序和国际规则的利益旋涡中，仍未清醒认识到世界力量对比格局的显著变化。目前来看，西方发达国家试图继续坚守维护少数参与者既得利益的全球经济治理机制，新兴市场国家与发展中国家在这一规则体系中处于明显劣势，这一机制已经不符合世界发展的新趋势，也无法有效应对世界大变局下层出不穷的全球性挑战。

此外，新冠疫情导致贸易保护主义、“脱钩”等逆全球化行为迅速蔓延，加之国家民粹主义和狭隘民族主义思潮的助推，使得一些西方国家拒斥现行国际秩序和国际规则，这进一步加剧了国家间的零和博弈与世界的碎片化现象。可以说，在新冠疫情的特殊形势下，西方国家拒斥现有全球经济治理规则，甚至企图主导规则的行为层出不穷。例如，特朗普政府宣布退出历经六年完成谈判的《跨太平洋伙伴关系协定》（TPP），并重新谈判和签订《美墨加协定》（USMCA），替代《北美自由贸易协定》（NAFTA）等一系列行为，打破了现有国际规则和体系的稳定框架，为区域经济一体化和全球经济一体化设置了新的制度性障碍。这无疑进一步加剧了全球经济治理机制和规则向平等化、共享化的方向发展的难度。

国际组织机制是全球经济治理过程中的重要运转方式。然而现有的国际组织机制难以有效应对全球经济发展过程中的诸多新的问题，其代表性、结构性和治理效能已饱受诟病。

联合国在面对百年未有之大变局与新冠疫情的持续冲击的同时，其权威性在遭遇反全球化、逆全球化、单边主义的巨大挑战，世界各国以联合国为核心处理国际事务的共识正在减弱，联合国发挥作用的空间被日益加剧的大国竞争挤压，全球协作被逐渐削弱，国际规则也被选择性地应用，有效的多边治理方案匮乏，这一由主权国家组成的最具权威性的国际组织正处于被边缘化的艰难时刻。

世界贸易组织已无法解决全球经济治理的现实困境。在美国的持续阻挠下，自 2019 年 12 月 10 日以来，世界贸易组织上诉机构已经陷入瘫痪境地，世界贸易组织争端解决机制的正常运转成为当前亟待解决的问题，其遵守只能依赖于各成员国的自觉与善意。2020 年 5 月 14 日，世界贸易组织总干事的提前离职，更加喻示着全球最大的贸易协调机构接近停摆。世界贸易组织、世界银行等国际经济治理组织出现的功能失调等情况，引发了全球经济治理的失灵，将对全球经济治理规则及体系的发展产生持续性的冲击。

在世界经济格局发生深刻调整，逆全球化趋势愈演愈烈，“黑天鹅”事件频发的复杂形势下，中国应主动承担国际责任，积极应对全球化矛盾对多边治理机制和国际治理体系的冲击。一方面，中国应更加倡导发挥国际组织职能机构的作用，积极参与各类全球经济治理的议题，广泛征求和协调来自不同地区、不同经济发展水平的成员国的意见，积极提出应对全球治理新困局的治理方案。另一方面，中国要组织和参与国际机制平台建设，通过更多的国际组织与平台，综合处理经济赤字、信任赤字、和平赤字、发展赤字等一系列挑战，为特定的国家区域和经济治理议题提供指导性意见，展示中国作为新兴大国在应对全球问题上举足轻重的作用，努力推动全球经济治理机制的良好运行。

为使国际组织机制更好地发挥应有的作用，中国也要努力提升新兴市场国家与发展中国家在全球经济治理组织和机构中的话语权，让世界认识到新兴市场国家与发展中国家的力量，使这些国家对世界经济增长的巨大贡献与其在全球经济治理体系中的地位均等发展，促使全球经济治理机制更加符合国际社会的需要和世界经济发展的需求。

8.1.3　全球经济治理的主要内容

全球经济治理体系与世界经济格局脱轨的问题愈演愈烈，冲击着全球经济治理体系的约束力和代表性。现有的全球治理体系，一方面是第二次世界大战后以美国为主导的国际秩序的延伸和扩展，是西方国家主导世界经济发展的固有结果；另一方面，随着世界经济的发展，新兴市场和发展中国家逐渐崛起，这些国家也在不断努力，积极推动全球经济治理体系的发展与演变。从这一角度来看，全球经济治理体系应主要包含两部分的治理内容：一是对既有经济问题的协调与处理；二是对新的世界经济困境的治理与解决。

首先，全球经济治理的主要内容，应包括主要经济领域问题，如全球宏观经济治理、全球金融治理、全球贸易治理、全球产业治理、全球会计治理和全球贫困治理等，也应包括一些非经济领域问题的协调解决，如气候变化与环境治理、人权问题、全球安全、知识产权保护、公共卫生管理等。

其次，全球经济治理内容应紧跟时代的脚步，着力解决全球经济运行中出现的新问题。例如，如何应对反全球化、逆全球化、单边主义、贸易保护主义的挑战；如何处理被逐渐削弱的国际规则和国际秩序；如何形成有效的多边解决机制；如何积极推动数字贸易等新的贸易增长点的发展；尤其是在新冠疫情的持续冲击下，如何保障贫困地区人民的健康和安全等。

中国难以用一己之力解决诸多世界性难题，全球经济活动的各个参与者必须同心同力，共同面对全球经济治理涉及的越来越多的领域，才能更快构建适用世界经济格局深刻变化的全球经济治理体系。

作为全球治理中的重要一员，中国愿意积极参与到更多全球经济治理的内容中，希望为世界经济的平稳运行和国际社会的和平发展注入自己的力量。中国始终将和平与发展置于国际经济合作的核心位置，聚焦于广大发展中国家普遍关心的减贫、粮食安全、教育和公共医疗卫生等领域，为广大发展中国家筹集更多发展资源，提供资金、技术和能力建设等方面的支持，创造良好的经济发展出路和稳定的社会发展环境。尤其是在新冠疫情全球大流行背景下，中国积极响应联合国的号召，向世界卫生组织提供资金援助和物资援助，大力生产并出口各类防疫物资，对后疫情时代世界经济的复苏和各国人民的健康与安全做出了巨大的贡献，也赢得了国际社会的广泛认可，让世界再次看到中国的大国形象和强国担当。

8.2 中国参与全球经济治理的践行理念

国家主席习近平在北京出席2022年世界经济论坛视频会议时强调，“不同国家、不同文明要在彼此尊重中共同发展、在求同存异中合作共赢”[①]。这让世界再次领略到习近平经济思想的宏阔视野和非凡格局。2022年第12期《瞭望》在权威栏目“治国理政纪事”专栏中刊发了记者宿亮的报道——《习近平经济

① 《习近平在2022年世界经济论坛视频会议的演讲》，新华社，2022年1月17日。

思想赋能全球治理》，其中强调了“习近平经济思想立足中国国情，在实践中不断丰富、发展、升华，以其真理光芒为不稳定不确定的世界经济拨开迷雾，赢得海外人士广泛赞誉，为世界带来深刻发展启示”①。该文不仅生动阐述了习近平经济思想的先进性，而且将其中蕴含的中国新理念总结为开放合作、互利共赢和命运与共三个方面。

8.2.1　中国新理念赋能全球经济治理的发展实践

秉承开放合作、互利共赢和命运与共的核心理念，中国在全球经济治理建设中提供了许多新的观点和思路，也在实践行动中做出了巨大贡献。

（1）开放合作，推动世界经济复苏。2022 年 1 月 17 日，国家主席习近平在出席 2022 年世界经济论坛视频会议时指出，“世界各国要坚持真正的多边主义，坚持拆墙而不筑墙、开放而不隔绝、融合而不脱钩，推动构建开放型世界经济”②。

多年来，中国不断深化多双边经贸合作，推动完善全球经济治理体系。中国坚定支持多边贸易体制，加快建设面向全球的自贸区网络，推动区域全面经济伙伴关系协定整体结束谈判，并推进了中日韩自贸区、中欧投资协定谈判。中国也在推动全球治理平台中发挥了重要作用，不断加强与联合国的交流合作，在二十国集团、亚太经合组织、金砖国家、上合组织等平台积极发声，拓展澜沧江—湄公河等次区域合作，提出一批中国倡议和中国方案。

中国为世界疫情防控提供了宝贵的经验。2019 年 12 月 8 日，首例新冠肺炎病例发病。2020 年 2 月 11 日，新型冠状病毒感染的肺炎命名为“COVID-19”。3 月 11 日，世界卫生组织宣布，新冠疫情已构成“全球性大流行”，至今仍在蔓延。面对严峻疫情，全球经济体系频遭冲击，经济发展停滞不前，中国

---

① 宿亮：《习近平经济思想赋能全球治理》，载于《瞭望》2022 年第 12 期。

② 《习近平在 2022 年世界经济论坛视频会议的演讲》，新华社，2022 年 1 月 17 日。

以开放合作、统筹兼顾的经济治理能力为世界的稳定贡献力量。

首先，中国“集中力量办大事”的制度优势和经济力量为世界疫情防控提供了宝贵的经验。在新冠疫情暴发初期，中国面临的形势远比其他国家更为艰难。中国人口众多，疫情暴发地武汉人口集中，疫情暴发期间恰逢中国春节假期前期，人员流动频繁。同时，这种未知传染病在全球范围内缺乏可借鉴经验。在此情况下，中国官民协作，齐心抗疫，凝聚起战胜疫情的强大合力。中国政府、企业、公民多元主体协调一致，地方政府、国家卫健委、相关科研机构等都采取了相应的策略和措施，包括开展现场流行病学调查、大规模消杀、发布新冠肺炎诊治方案等。中国举全国之力援助武汉，火神山、雷神山两座应急医院仅10天建设竣工，全国抽调4万多名医护人员组建多支精干医疗援助队伍集结湖北，向世界展示了中国卓越的组织能力、动员能力和执行能力，展现了中国政府面对重大突发危机时重视人民群众、依靠人民群众和相信人民群众的鲜明态度。

回顾疫情暴发、蔓延到初步遏制的过程，中国全面动员、全面部署、全面防控，不仅体现出中国特色社会主义“集中力量办大事”的制度优势，而且鼓励企业、非政府组织和其他社会力量广泛参与，实现预警、防控、医治的快速联动与有效配合，为世界提供了有效的范例和宝贵的经验。

同时，在全球疫情防控中，中国的防疫物资和疫苗产品供应向世界人民传递了中国与世界各国共同创造美好未来的积极信号。中国凭借强大的经济力量、突出的技术优势、稳定高效的物流供应网络，不仅实现了国内经济体系的政策运转，而且维护了全球产业链和供应链的安全畅通和稳定运行。中国坚持真正的多边主义，不仅积极为世界各国人民提供疫苗，极大缓解了全球疫苗短缺问题，而且致力于实现疫苗在全球，特别是发展中国家的可及性和可负担性，并大力支持中国疫苗企业向发展中国家进行技术转让，真正为推动后疫情时代的世界经济复苏贡献了中国力量。

（2）互利共赢，引领美好世界建设。2021 年 7 月 6 日，中共中央总书记、国家主席习近平在中国共产党与世界政党领导人峰会上发表主旨讲话时强调，

"在人类追求幸福的道路上，一个国家、一个民族都不能少"①。2022 年 1 月 17 日，国家主席习近平在出席 2022 年世界经济论坛视频会议时指出，"不论遇到什么困难，我们都要坚持以人民为中心的发展思想，把促进发展、保障民生置于全球宏观政策的突出位置，落实联合国 2030 年可持续发展议程，促进现有发展合作机制协同增效，促进全球均衡发展"②。

面对百年未有之大变局，世界各国各地区的发展鸿沟更加凸显。中国在努力用自己的力量推动互利共赢，引领美好世界建设。中国经济实力的腾飞也使越来越多的国家愿意信任中国。2013 年 9 月和 10 月，由中国国家主席习近平分别提出建设"新丝绸之路经济带"和"21 世纪海上丝绸之路"的合作倡议，即"一带一路"。依靠中国与有关国家既有的双多边机制，借助既有的、行之有效的区域合作平台，"一带一路"旨在借用古代丝绸之路的历史符号，高举和平发展的旗帜，积极发展与共建国家的经济合作伙伴关系，共同打造政治互信、经济融合、文化包容的利益共同体、命运共同体和责任共同体。

在"一带一路"倡议下，中国积极参与区域"互联互通"建设，中欧班列、海运、航空等国际运输服务网络逐步完善，中国和"一带一路"国家的市场距离大大减少，科技和经济实力得到广泛认可。中国在通过自己的力量实现互联互通和共同发展。正如 2022 年第 12 期《瞭望》杂志所言，"习近平经济思想坚持把增进人民福祉、促进人的全面发展作为经济发展的出发点和落脚点，反映了人类对美好生活的共同向往，正通过'一带一路'等倡议在全球落地生根、开花结果，创造发展之美的新境界"③。

（3）命运与共，启迪人类永续发展。中国立足于人类命运共同体理念，始终坚定支持多边贸易体制，积极推进贸易投资自由化和便利化，反对单边主义、保护主义和霸权主义，倡导通过加强合作、平等对话和协商谈判来解决问题。

2012 年党的十八大明确提出"要倡导人类命运共同体意识，在追求本国利益

① 《习近平出席中国共产党与世界政党领导人峰会并发表主旨讲话》，新华网，2021 年 7 月 6 日。

② 《习近平在 2022 年世界经济论坛视频会议的演讲》，新华社，2022 年 1 月 17 日。

③ 宿亮：《习近平经济思想赋能全球治理》，载于《瞭望》2022 年第 12 期。

时兼顾他国合理关切”[①]。2015 年 9 月，国家主席习近平在联合国总部发表讲话时指出，“当今世界，各国相互依存、休戚与共。我们要继承和弘扬联合国宪章的宗旨和原则，构建以合作共赢为核心的新型国际关系，打造人类命运共同体”[②]。

2017 年 12 月 1 日，习近平总书记在中国共产党与世界政党高层对话会上的主旨讲话中指出，“人类命运共同体，顾名思义，就是每个民族、每个国家的前途命运都紧紧联系在一起，应该风雨同舟，荣辱与共，努力把我们生于斯、长于斯的这个星球建成一个和睦的大家庭，把世界各国人民对美好生活的向往变成现实”[③]。

2018 年 12 月 18 日，在庆祝改革开放 40 周年大会上的讲话中，习近平总书记总结改革开放 40 年来我国所取得的伟大历史成就时指出，“我们积极推动建设开放型世界经济、构建人类命运共同体，促进全球治理体系变革，旗帜鲜明反对霸权主义和强权政治，为世界和平与发展不断贡献中国智慧、中国方案、中国力量”。着眼推动新时代改革开放走得更稳、走向更远，习近平总书记还强调：“必须坚持扩大开放，不断推动共建人类命运共同体。”[④]

2022 年 1 月 17 日，国家主席习近平在出席 2022 年世界经济论坛视频会议时指出，“我们要顺应历史大势，致力于稳定国际秩序，弘扬全人类共同价值，推动构建人类命运共同体。要坚持对话而不对抗、包容而不排他，反对一切形式的单边主义、保护主义，反对一切形式的霸权主义和强权政治”[⑤]。

多年来，中国始终走在努力构建人类命运共同体的道路上，致力于使世界各国人民的生活更加幸福。在新冠疫情全球大流行背景下，中国积极响应联合国发起的全球人道应对计划，向世界卫生组织提供 5000 万美元现汇援助，向 150 多个国家和国际组织提供物资援助，向 200 多个国家和地区出口防疫物资。同时，中国为发展中国家提供 180 个减贫项目、118 个农业合作项目、178 个促

---

① 《胡锦涛在中国共产党第十八次全国代表大会上的报告》，人民网，2012 年 11 月 18 日。

② 《习近平在第七十届联合国大会一般性辩论时的讲话》，新华网，2015 年 9 月 28 日。

③ 《携手建设更加美好的世界——在中国共产党与世界政党高层对话会上的主旨讲话》，新华网，2017 年 12 月 1 日。

④ 《习近平：在庆祝改革开放 40 周年大会上的讲话》，新华网，2018 年 12 月 18 日。

⑤ 《习近平在 2022 年世界经济论坛视频会议的演讲》，新华网，2022 年 1 月 17 日。

贸援助项目、103 个生态保护和应对气候变化项目、134 所医院和诊所、123 所学校和职业培训中心等。[①] 中国对联合国的贡献以及对“后疫情时代”世界的发展做出的努力，赢得了国际社会的广泛认可，让世界再次看到了中国的责任与担当。

8.2.2　中国新理念赋能全球经济治理的前进方向

中国新理念倡导以开放合作、互利共赢和命运与共的新思想参与全球经济治理。改革开放 40 多年来，中国取得的卓越成就也使中国有能力在全球治理中发挥更重要的作用。而作为一个有责任有担当的大国，中国也有意愿身体力行，为推动全球经济治理体系的进步贡献越来越多的力量。

2020 年 9 月 10 日，中国外交部发布《中国关于联合国成立 75 周年立场文件》，就联合国作用、国际形势、可持续发展、抗疫合作等问题阐述中方立场和主张。立场文件指出，各方要着眼“后疫情时代”，厘清人类将面对什么样的世界、世界需要什么样的联合国等重大问题，共同为子孙后代勾画出一幅新的美好蓝图。立场文件提出了一系列中国立场与中国主张，让世界再次看到中国的责任与担当。中国对联合国的贡献以及关于“后疫情时代”世界何去何从的思考，也赢得国际社会的广泛认可。[②]

当今世界正经历百年未有之大变局，新冠疫情的全球大流行使这个大变局加速变化，世界进入动荡变革期。贸易保护主义、单边主义和霸权主义抬头，个别国家和政治势力急于“甩锅”、“脱钩”和“退群”，破坏国际合作，企图挑起意识形态和社会制度对抗。

在此背景下，中国以“开放合作”推动世界经济复苏。2021 年 11 月，习近平主席在亚太经合组织工商领导人峰会上的主旨演讲中强调了开放的意义及中国继续开放及与世界共发展的决心：“开放是国家进步的前提，封闭必然导

①② 《国际社会高度评价〈中国关于联合国成立七十五周年立场文件〉中国积极践行人类命运共同体理念》，中国政府网，2020 年 9 月 17 日。

致落后。”① 中国构建以国内大循环为主体、国内国际双循环相互促进的新发展格局，“绝不是封闭的国内单循环，而是开放的、相互促进的国内国际双循环”②。在全球经济风险和不确定性增大的特殊时期，中国将进一步开放和深化国际合作，既显示了中国坚定不移对外开放的决心，也体现了中国作为一个负责任大国要与各国共同应对危机，维护产业链和供应链的安全畅通，促进资源要素有序流动，推动世界经济复苏的责任担当。

中国用“互利共赢”引领美好世界建设。中国的发展绝不以牺牲别国利益为代价，我们绝不做损人利己、以邻为壑的事情。在新发展格局下，中国开放的大门将进一步敞开，在对外合作不断深化的同时，中国将为世界各国创造更多需求，同世界各国共享发展机遇，同世界各国实现互利共赢。中国将坚定不移做和平发展的实践者、共同发展的推动者、多边贸易体制的维护者和全球经济治理的参与者。

中国秉“命运与共”启迪人类永续发展。正如党的十九大报告中所说，“坚持和平发展道路，推动构建人类命运共同体”，同时“倡导构建人类命运共同体，促进全球治理体系变革”③。中国将致力于构建人类命运共同体，建设持久和平、普遍安全、共同繁荣、开放包容、清洁美丽的世界。中国将国内循环与国际循环统一起来，把中国发展与世界发展联系起来，把中国人民的利益同世界各国人民的共同利益结合起来，高举和平、发展、合作、共赢的旗帜，不断扩大同各国的合作，以更加积极的姿态参与国际事务，共同应对全球性挑战，努力为全球发展做出更大的贡献。

总之，在新形势下，中国将以开放合作、互利共赢和命运与共的新理念更加积极地参与全球经济治理。中国将继续履行大国责任，展现大国担当，做出大国贡献，与各国守望相助、同舟共济，凝聚世界各国的共识。中国会继续坚定支持多边主义，以“开放合作”推动世界经济复苏，用“互利共赢”引领美

① 《习近平在亚太经合组织工商领导人峰会上的主旨演讲》，新华网，2021 年 11 月 11 日。

② 《习近平：中国新发展格局不是封闭的国内循环，而是更加开放的国内国际双循环》，新华网，2020 年 11 月 4 日。

③ 《习近平在中国共产党第十九次全国代表大会上的报告》，新华网，2017 年 10 月 27 日。

好世界建设，秉“命运与共”启迪人类永续发展，致力于为世界和平与发展事业添砖加瓦，推动国际规范和国际机制的强化和规范，以形成一个具有机制约束力和道德规范力的、能够解决全球问题的“全球机制”。

8.3　中国参与全球经济治理的实施路径

为更好地参与全球经济治理工作，中国既要把握好战略方向，对自身有准确的定位，做足国内准备，加速推进国家治理体系和治理能力现代化，也要对全球经济治理有清晰的目标，对参与全球经济治理有紧迫感和责任感，通过多样化的方式方法推动全球经济治理体系的形成和发展，努力提升为全球经济治理解决难题的能力。

8.3.1　积极参与多边治理体系，搭建多边治理平台

当前，以美国为首的少数国家以科技实力、军事实力和政治影响力主导世界格局，使世界范围内的利益资源分配不均等。随着新兴市场国家、发展中国家通过国内改革和科技进步逐步提高经济实力，并且逐步参与到全球经济治理体系的建设过程中，发展与停滞的矛盾打破了传统全球经济治理结构的稳定性和原有的利益分配格局。由少数国家主导的全球经济治理体系使全球治理实践走向困境。国家经济实力和传统治理格局的不匹配成为当今推动全球经济治理体系变革的主要动力，也是主要困境。

事实上，当今世界已经成为各国相互依赖的利益共同体，“你中有我，我中有你”，任何一个国家的利益变动都会影响其他国家，反之亦然。然而，全球经济治理遭到单边主义、保护主义、排外主义和国家主义等“零和思维”的冲击，越来越多的国家无法承诺或支持建立更牢固的多边关系。

作为最大的发展中国家、世界第二大经济体，中国积极参与全球经济治理体系的变革，努力推动全球经济治理的“多元化”与“多边化”，促进国家、

地区机构和国际组织之间的伙伴关系建设，以期各方参与者共同解决全球经济问题。

在全球治理的参与主体方面，习近平曾指出，联合国提倡的主权原则适用于各个场合，当然也适用于全球治理。并在多个场合强调，国家不分大小、强弱贫富，都是国际社会平等成员，都有平等参与国际事务的权利。[①] 这也表明了中国坚持参与全球治理应该在各主权国家平等的基础上进行的鲜明态度。

中国应倡导“多元”与“多边”相结合的综合治理观，要综合考虑主权国家的核心主体地位，并注重新兴市场国家和发展中国家在全球治理中的地位。同时也不能忽视国际政府组织和非政府组织、跨国公司和公民个人等多边主体的作用。全球治理的不断完善与发展正是通过多元、多边的治理主体施加影响和作用实现的。

一方面，中国深刻认识到主权国家在全球治理中的地位与作用。近年来，发展中国家和新兴市场国家经济实力的不断提升，成为全球经济治理的新生力量。美国、欧盟等传统强国仍是全球经济治理的重要力量，特别是中美两国均是全球经济治理的主要参与者，中美关系是全球治理多方行为体的重要一环。尽管传统大国和新兴经济体在发展阶段、经济模式、利益诉求和对外战略等方面还存在较大的差异，难以一蹴而就地建立一个统一的合作与协调机制。但全球经济治理体系的建设需要每个国家的参与，需要平等的尊重和广泛的声音。中国要积极倡导互利共赢的新发展观和“共商共建共享”的全球治理观，联结一切国际力量，倡导各主权国家在多元、多边、平等原则的指导下合作共进，以实现全球经济治理体系的变革。

另一方面，中国也在用实际行动坚持多边治理规则，搭建多边治理平台。中国以共建“一带一路”为抓手，参与全球经济治理。“一带一路”倡议，是对多边主义和国际合作的重要贡献，是应对日益严重的贸易保护主义和单边主义的“中国方案”。“一带一路”倡议顺应了世界和平与发展的潮流，符合参与

① 《习近平：国家不分大小强弱贫富 都是国际社会平等一员》，新华网，2014 年 11 月 22 日。

国家发展合作、互利共赢的现实需求。与贸易单边主义的主导国家利益优先原则不同，“一带一路”倡导各个参与者共享发展成果，大大推动了自由贸易的发展，减少了参与国际贸易的制度成本。

中国与“一带一路”国家签订的合作文件及双边和区域贸易协定等，有效降低了贸易壁垒，促进各个参与国家发挥各自的比较优势，推动了各国的经济发展，有利于全球多边治理共识的形成。2021 年，全球经济复苏面临失业增加、增长动力不足和贫困化加剧三个巨大的挑战。但国际社会对中国给予了更多期待，其中“一带一路”倡议扮演了重要角色。疫情之下，“一带一路”建设逆势前行，既展现了应对风险波动的强大韧性，也为合作伙伴抗疫情、稳经济、促发展搭建了良好的平台，展示了强大的生命力和影响力。在未来高质量共建“一带一路”过程中，中国将积极参与全球经贸规则的制定，继续以中国力量推动全球经济的发展与治理。

2020 年 11 月 15 日，第四次区域全面经济伙伴关系协定领导人会议举行，会后东盟 10 国和中国、日本、韩国、澳大利亚、新西兰共 15 个亚太国家正式签署了《区域全面经济伙伴关系协定》（RCEP）。[①] 2021 年 3 月，中国完成 RCEP 核准，成为率先批准协定的国家。[②]《区域全面经济伙伴关系协定》的签署，标志着当前世界上人口最多、经贸规模最大、最具发展潜力的自由贸易区正式启航。这一协定具有重要的经济意义，大大促进了对外发出构建开放型世界经济、支持多边贸易体制的信息，改善了地区贸易和投资的环境，推进了贸易投资自由化、便利化，帮助各国更好地应对挑战，增强了本地区未来发展的潜力，造福了本地区的各国人民。

《区域全面经济伙伴关系协定》的签署也对多边治理体系具有重要的推动作用。RCEP 的规则给予欠发达成员国一定的过渡期或例外条款，充分考虑到了区域内不同经济体的多样化特征，力图让全体成员国均能够更快更好地融入区域经贸合作网络，使每一位成员共享合作带来的经济益处。可以说，RCEP

① 《李克强出席第四次区域全面经济伙伴关系协定领导人会议》，人民网，2020 年 11 月 16 日。

② 《中国成为率先批准 RCEP 协定的国家》，新华网，2021 年 3 月 22 日。

不仅打破了当前以西方发达国家意志为主导制定全球治理规则的现状，还创新了全球贸易和投资的治理机制，有效助推了全球贸易和投资治理机制的进步，充分体现了全球经济多边治理中的包容性和互惠性。

此外，RCEP 的签署减缓了全球单边主义和保护主义持续增强的势头，消弭了区域外大国为阻挠 RCEP 成员深化经贸合作所设置的障碍，有效遏制了霸权国家内部的保守力量，倒逼美国等发达国家重返多边主义体系，很好地守护了全球多边治理共识。RCEP 的签署宣告美国通过“重返亚太”和“印太战略”遏制新兴经济体崛起的企图失败，迫使美国不得不重新审视其对外政策路线，参与到全球经济治理体系改革的进程当中。具体表现为，美国总统拜登上台后，调整了美国的对外战略，重新回归《巴黎协定》和世界卫生组织，力求恢复美国在多边主义体系中的全球号召力。可以看出，RCEP 的签署在倒逼美国重返多边主义、推进全球多边治理共识的过程中发挥了不可忽视的促进作用。

中国提出“一带一路”倡议，主办 APEC 峰会、金砖峰会等一系列多边活动，建立亚洲基础设施投资银行和金砖银行等多个治理机制，在签署气候变化《巴黎协定》方面率先垂范，主动承担国际责任。这些行为均展现出中国作为新兴世界大国在应对全球治理问题上发挥的举足轻重的作用，也极大地推进了全球经济治理的多边化。

未来，中国将更加积极地参与全球经济治理体系的变革，在全球范围内积极倡导互利共赢的新发展观和共商共建共享的全球治理观，推动全球经济治理朝着多边化方向发展。

8.3.2 推动全球贸易治理建设，解决全球贸易问题

中国一直是多边贸易机制的积极倡导者和推动者。加入 WTO 以来，中国依据入世承诺施行了大幅度削减关税、取消一些领域的关税、逐步开放服务贸易市场、加强知识产权保护等措施。同时，中国也对国内有关的法律法规进行清理、修正和规范，认真履行入世承诺，以“重承诺、负责任、守信用”的国

际形象和实际行动，进一步融入国际贸易体系，成为全球贸易体制中承担主要责任的 WTO 成员。同时，中国也根据 WTO 争端解决机制，在 WTO 的规则内来处理与其他成员之间的贸易纠纷，坚决维护多边贸易体制，积极倡导贸易和投资的自由化，反对贸易保护主义。

随着全球化的深入发展，全球贸易治理过程中的利益攸关方的范畴不断扩大，不仅传统的主权国家以成员身份在世界贸易组织、国际货币基金组织和世界银行等国际经贸组织中发挥作用，非主权国家行为体特别是众多的跨国公司、非政府组织和民间社会团体等，也通过不同路径影响并广泛参与到全球贸易治理的变革中。这带来的直接结果是，全球贸易治理中的行为主体空前多元化。

在百年未有之大变局下，各行为主体对全球贸易治理的关注重点不同，对全球贸易治理的规则变革的排序也不一样。特别是近年来，全球贸易力量对比中的最显著变化是，新兴经济体在世界经济发展和全球贸易格局中的角色和作用与关贸总协定时期截然不同，相应地，在制定全球多边贸易治理新规则中的利益诉求比历史上任何时期都要突出。

可以说，当前全球贸易呈现出全新的特征，同时其所面临的不确定性也前所未有。2019 年以来，新冠疫情全球大流行，甚至影响和改变了人类与自然的关系，但全球贸易活动中的任何一方都难以用传统方式和历史路径维持新形势下的贸易发展，更无法单独应对当下面临的严峻挑战。以上种种，使得全球贸易治理变得尤为复杂。

在这种形势下，中国既要更加积极主动地参与规则制定以维护自身利益，在国际贸易舞台上推行符合发展中国家利益的新一代贸易和投资规则，也要积极融入全球价值链体系，为完善全球经贸发展提供更富建设性的公共产品。

首先，中国要主动参与多边谈判，在制定公平与合理的贸易规则方面有所作为，推动全球多边贸易治理机制的灵活发展。要团结和调动美国、俄罗斯以及欧盟等主权国家力量，并利用好世界贸易组织、国际货币基金组织和世界银行等多边国际组织机制，在既有力量与新兴力量之间的规则谈判和利益分享中赢得更多的话语权，为新兴经济体争取应有的权益，推动形成全新的多边的贸易治理权力结构和利益分配格局。

互利共赢的双边贸易是消除单边主义行为的良方。在贸易战频发的现代背景下，中国应当继续倡导合作共赢的理念，在“人类命运共同体”理念指引下，本着对合作国家人民负责的态度，在持续、健康、和平的贸易交往中增进理解互信，优化贸易法规、达成互信机制。要加强南南合作机制的建设，要积极致力于寻找各自的核心增长部门的互补性，在互补的基础上开展南南之间的投资与技术合作、创新发展合作、中小企业合作、知识产权合作、基础设施建设合作等。中国和金砖各国以及其他的发展中国家开展多方面的交流合作，帮助发展中国家增强参与全球贸易治理的能力，实现经济发展的可持续性，维护地区的和平与安全，以共同推动全球贸易治理向更加公平公正的方向发展。

其次，全球贸易增长和新技术的快速发展仍在加速推动全球价值链的演进，进而深刻影响着全球贸易治理体系的变革。20世纪后半叶，新兴经济体和发展中国家的全球价值链参与度明显提高，但在全球价值链上的贸易利益分配似乎并未随其实际分工地位的变化而改变。近几年的逆全球化、贸易保护主义和技术贸易壁垒已经对新兴经济体与发达经济体在全球价值链的利益分配产生了更大的影响。全球价值链的重塑带来了国际经贸规则的大变局，但各国的发展基础、比较优势不同，诉求不尽一致。这也相应地对基于全球价值链的多边贸易治理体系提出了更高的规则诉求。

中国既是全球价值链的深度参与者，也是重要的利益攸关方。中国应从世界范围的产业联系视角来推进产业转型升级，探索新形势下推进外贸转型升级、培育引资新优势、增强企业国际化经营能力的新路径，不断增强中国对外贸易的竞争力，推动中国更多产业向全球价值链高端跃升，提高中国在全球价值链中的地位和在世界经济格局中的号召力和影响力。在此基础上，中国要牢牢把握当前战略重点，以数字贸易、双碳、疫苗产品等新兴的产业和领域为突破口，切中世界各国人民的现实需求和发展需要，向世界提供新的公共产品，扩大合作领域，创新合作方式，激发新的贸易增长点，改变全球贸易治理逡巡不前的局面，主张推进多边性合作机制建设和制定全球多边贸易治理新规则。

总之，中国要树立大局观、系统观、整体观，深入参与全球价值链分工体系，继续大力深化全球价值链合作，并与“一带一路”建设等重大开放举措结合起来，在构建国内国际双循环相互促进的新发展格局的过程中努力提高中国在全球价值链中的地位，从而更好地承担更多国际责任，体现负责任大国的担当，并努力从促进全球价值链拓展和深化的角度探讨完善全球贸易治理的新路径和新举措，推动全球贸易治理向更加着眼于发展、开放和包容的方向迈进。

8.3.3　参与全球科技治理体系，整合全球科技力量

科技是第一生产力，科技进步已经成为经济增长的“主动力”。全球科技治理旨在解决全球科技发展各领域的分工问题，减少关于科学实验和技术创新的重复研发和资源浪费。随着互联网、云计算、大数据等现代信息技术的快速发展，人才、知识、技术、资本等创新资源在全球范围内加速流动，越来越多的国家开始主导或参与创新的全球化生产，致力于实现内外创新资源在全球范围的分布式协同，形成了全球科技发展新格局。在全球范围内最大限度实现科技领域的合作共享与协同发展，是科技发展的本质需求，也是当代全球科技治理的重要内容。

2018 年，习近平总书记在中国科学院第十九次院士大会、中国工程院第十四次院士大会上强调，深度参与全球科技治理，贡献中国智慧，着力推动构建人类命运共同体。科学技术是世界性的、时代性的，发展科学技术必须具有全球视野。不拒众流，方为江海。自主创新是开放环境下的创新，绝不能关起门来搞，而是要聚四海之气、借八方之力。要深化国际科技交流合作，在更高起点上推进自主创新，主动布局和积极利用国际创新资源，努力构建合作共赢的伙伴关系，共同应对未来发展、粮食安全、能源安全、人类健康、气候变化等人类共同挑战，在实现自身发展的同时惠及其他更多国家和人民，推动全球范围平衡发展。[①]

---

① 《习近平：在中国科学院第十九次院士大会、中国工程院第十四次院士大会上的讲话》，新华网，2018 年 5 月 28 日。

2021年，习近平总书记在《求是》发表文章强调，进入21世纪以来，全球科技创新进入空前密集活跃的时期，新一轮科技革命和产业变革正在重构全球创新版图、重塑全球经济结构。以人工智能、量子信息、移动通信、物联网、区块链为代表的新一代信息技术加速突破应用，以合成生物学、基因编辑、脑科学、再生医学等为代表的生命科学领域孕育新的变革，融合机器人、数字化、新材料的先进制造技术正在加速推进制造业向智能化、服务化、绿色化转型，以清洁高效可持续为目标的能源技术加速发展将引发全球能源变革，空间和海洋技术正在拓展人类生存发展新疆域。总之，信息、生命、制造、能源、空间、海洋等的原创突破为前沿技术、颠覆性技术提供了更多创新源泉，学科之间、科学和技术之间、技术之间、自然科学和人文社会科学之间日益呈现交叉融合趋势，科学技术从来没有像今天这样深刻影响着国家前途命运，从来没有像今天这样深刻影响着人民生活福祉。①

习近平总书记对全球科技治理进行了科学阐释，强调了全球科技治理对全球经济结构调整的意义，强调了科技改变国家前途命运和人民生活福祉的重要作用，也强调产业链、供应链全球化条件下国际协同创新发展的必要性。在双循环新发展格局背景下，全球科技治理将显得更有战略契合性，从根本上说，全球科技治理就是要求实现科技创新要素在国内外两个系统环境下的畅通性。在此背景下，中国不仅追求科学技术的独立自主和创新发展，更致力于主动参与全球科技协同网络，推动全球科技治理体系的进步。

当今世界正经历百年未有之大变局，近年来全球治理体系正在深刻重塑。随着中国的崛起，西方加快了对中国的技术封锁，“逆全球化”在全球蔓延。当前，中国企业关键技术、核心零部件受制于人的问题日益凸显。中国主动融入全球科技创新网络，积极参与全球科技治理，准确识别和深刻认识全球科技创新网络中不同参与者之间的相互依赖关系，有助于中国在世界范围内更好地配置研发资源，拓宽知识储备，提高创新能力，对中国参与知识经济和数字贸易下的大国势力角逐具有重要的现实意义。

---

① 习近平：《努力成为世界主要科学中心和创新高地》，载于《求是》2021年第6期。

“十四五”规划中也明确提出，要“面向世界科技前沿”“积极促进科技开放合作”“更加主动融入全球创新网络”。①

在观念上，中国应打破创新体系的边界，秉持国际协同创新理念，与全世界的企业、机构、国家、国际组织等创新主体就科技合作消除分歧、达成共识，倡导在保护知识产权的基础上实现科技创新成果与知识经验在全世界范围内共享最大化，促进全球科技整体更新速度的加快。要倡导各国平等地参与国际协同创新，发达国家将全球科技治理视作权利与资源博弈，显然违背了国际协同创新的新理念，双方均无法从该种模式中获得国际协同创新的合法与匹配地位。更重要的是，单一的市场资源优势只能助长在国际协同创新中的不平等，中国应倡导和推进发展中国家努力谋求与发达国家的利益共通处，充分获取和高效整合行业内外的全球创新资源，发挥优势互补作用，加快提升发展中国家的核心技术研发能力和自主创新水平。

在国内方面，中国应鼓励各创新主体参与全球协同创新活动。要综合考虑不同类型的创新主体在国际协同创新中的异质性，发挥科技密集型主体在协同创新活动中的领先优势，鼓励和引导不同类型的企业积极参与全球协同创新，使这些企业充分发挥国际协同创新的优势互补效应，不断提高自身的创新能力。要在制度平台建设、信息交流共享等方面提供支持，打造更加高效的协同创新环境，降低企业和科研机构参与国际协同创新的成本，鼓励更多的创新主体走出国门，进一步提高中国参与国际协同创新的广度和深度。

在国际方面，中国应积极融入全球协同创新网络。要在全球范围内选择更具影响力的协同创新伙伴，不断开拓中国在全球网络中的发展空间，牢牢把握核心参与者在信息传递中的关键作用，增加接触和学习新技术和新知识的机会，从而不断提高中国推动全球科技治理的话语权和影响力，促进全球科技治理体系的高质量发展。在具体合作上，中国要将知识和技术创造的范围拓展至全球，加快由封闭式创新转向开放式创新的速度，以国际协同创新理念指引解

① 《中华人民共和国国民经济和社会发展第十四个五年规划和 2035 年远景目标纲要》，新华网，2021 年 3 月 12 日。

决国家在部分科技创新领域比较优势稀缺、竞争力不足的问题。同时，中国努力追求在信息、生命、制造、能源、空间、海洋等前沿技术领域的创新突破，充分获取和高效整合不同领域的全球创新资源，最大限度地避免重复研发和资源浪费，促进全球科技研发的整合式发展。

8.3.4 拓展文化理念传播渠道，赢得世界价值认同

文化越来越成为民族凝聚力和创造力的重要源泉，成为综合国力竞争的关键因素。跨文化传播能力是国家软实力的重要体现，也是全球经济和科技治理的有力推手，对于推广全球经济治理体系中的价值认同具有重要意义。

在长期的历史发展过程中，受不同地区经济、政治等众多因素的影响，各个国家或地区形成了不同的文化属性。国家间的文化属性差异大，且文化因素的影响具有历史继承性，一国的文化属性对本国国民的生活习惯和价值取向具有重要影响，从而深刻地影响着国民的偏好选择。在文化差异较大的情况下，一国的新观点和新理念获得对方国家的认同会有较大的壁垒，从而可能会阻碍全球治理体系的协调发展。跨文化传播可能会重塑文化异质性与全球经济治理之间的理念壁垒，提高不同国家间的沟通效率，增加世界各国之间的治理理念的认同感。

作为积极推动全球治理体系重塑，促进世界命运与共的重要力量，中国应要通过传承和发扬丝路精神，加强国际合作，在文化交融、学术交流、人才流动、媒体合作、民间交往等途径克服文化壁垒，建立和维持与其他国家的相互信任，努力实现全球治理新理念的全球化认同。

第一，要讲好中国故事，加强与外部世界的价值沟通。在文化对外传播中，要充分利用国际舆论场所和各种对外传播渠道，积极塑造中国负责任的大国形象。讲好中国故事，阐明构建人类命运共同体的中国倡议。加强治国理政经验交流，帮助其他国家提升国家治理能力。

第二，文化贸易作为国际贸易重要组成部分，在给一国或地区带来巨大经济效益的同时，也有助于培养不同国家人民对一国文化的认同感。中国要积极

发展文化产品对外出口，向世界展示中国形象，形成中国式的文化符号，提高中国文化的海外影响力。

第三，要研究不同国家或地区人民的民族性格和风俗习惯，因地制宜进行文化对外传播，采用更具亲和力的传播方式、易于接受的传播风格与本地化的特色传播内容，特别要研究中国文化与其他国家文化的历史共通性，展现文化友谊桥梁的独特魅力。也可采用英语、俄语、法语、德语等多种代表性语言通过广播、电视、互联网等渠道，与当地各类媒体合作，制作中国专题节目，让世界人民直观感受中国文化的魅力。

第四，在学校教育方面，要积极开展教育文化公共外交，不断塑造中国特色外交形象，倡导新时期丝路精神，大力弘扬中国社会主义核心价值观和中华源远流长的传统文化，以文化智力资源增进不同国家间的价值认同，共同打造优良的发展环境。在教学活动中，要加强文化创意教学活动、海外学校长短期学生交换、举办不定期的国家特色文化讲座以及研讨会等，从而强化国际文化价值协调意识，以文化关系协调全球经济治理关系，以文化合作互惠增进全球治理中的理解互信。

第五，要完善世界人才吸引计划，适当放宽海外创意人才的签证审批手续，还要致力于打造成文化创意基地，建立人才信息流通网络，吸引世界人才来中国参观访问，同时向国内外宣传中国文化的创意和理念。要与世界其他国家或地区深化合作，打造文化作品发布和沟通交流的高端平台，为各国文化创意人才相互交流提供畅通渠道，增进全球各国的相互了解和认同。

8.3.5　深度参与全球贫困治理，实现全球减贫目标

全球化使得经济治理不再局限于国家层面，进而体现在全球层面，全球经济治理实际上是国际社会共同处理国际经济问题、管理国际经济社会面临的难题。全球贫困治理是全球经济治理的具体内容之一，主要是指全球活动中的各个行为主体遵守一些具有约束力的制度和机制，共同治理全球贫困问题，以努力达到消除贫困的目的。

贫困问题既存在于一个国家内部，也是全球较为普遍的问题，是归属于全球治理的重要内容，是人类生存和发展的基本问题。全球贫困问题由来已久，一方面，贫困问题具有历史性、长期性的特征，历史遗留贫困是当代贫困问题产生的主要来源和重要基础。另一方面，也存在许多其他因素，不断加重贫困状况，并导致了贫困问题的全球性存在。例如，西方国家与许多发展中国家之间的援助与被援助的不平等结构，在一定程度上为某些发展中国家的经济发展提供了资本基础，但也了加剧国家之间的发展差距，并使一些国家对西方国家产生依赖。另外，政治冲突、粮食安全、传染病和气候问题等不确定因素也使得贫困率攀升。此外，2019 年底出现，并在 2020 年全球大流行的新型冠状病毒肺炎疫情，也愈发加剧了世界范围内的经济波动和贸易中断，使一些国家出现失业增加、汇款损失、价格上涨和医疗困难等问题，造成了贫困的广泛发生。

20 世纪 60 年代以来，由经济合作与发展组织发展援助委员会（Development Assistance Committee，DAC）提供的发达国家对发展中国家的政府开发援助（Official Development Assistance，ODA），一直是全球贫困治理的主要资金来源。ODA 通过双边和多边援助机制，为最不发达国家的经济增长、通货膨胀、极端贫困等问题做出了重要贡献。但是目前来看，ODA 也存在资金总量不足和资金使用结构不合理等问题。此外，全球贫困治理的另一重要机制是发展中国家之间开展的南南合作。然而，无论是双边合作还是联合国倡导的第三方合作，其特点都是以项目为基础，缺乏宏观设计与规划，具有临时性、单一性、规模小等问题。长期以来，南南合作并没有形成专门针对消除贫困的合作原则或机制，始终处于相对松散的状态。

目前的全球贫困治理体系由以美国为代表的西方发达国家主导建立的，是以援助资金、技术为主要内容，以发展中国家为治理对象，通过联合国、世界银行、国际货币基金组织、经济合作与发展组织等国际组织机构协调管理，参与减贫合作的治理机制。但随着新兴市场国家和广大发展中国家不断强大，既有以西方国家为代表的治理机制越来越受到质疑，当前的全球贫困治理机制已经滞后于全球治理主体力量的对比，也无法良好地应对全球贫困治理中出现的新问题。一方面，发达国家因为受经济危机、全球传染病等的影响，对贫困国家或地区提供的官方援助在金额和执行效果上都变得难以保证。另一方面，发展中国家虽然经济得到了更好的发展，在全球经济体系中的力量不断增强，但自身反贫困认知不足，贫困治理经验匮乏，反贫困效果不突出，甚至出现频繁的返贫情况，难以提供行之有效的减贫政策和方案。

总之，当前全球贫困治理体系存在许多问题，治理主体的责任不清，治理规范缺乏有效的约束力，发达国家责任意识匮乏，发展中国家执行能力不足。另外仍然缺乏有效的以共治共识为目标的国际性反贫困治理平台。因此，推动建立科学的、行之有效的全球贫困治理机制形成是当前全球贫困治理的主要任务，也是世界面临的重大时代问题。

在此形势下，作为负责任的大国，中国探索自身参与全球贫困治理的路径，为推动联合国《2030 年可持续发展议程》作出贡献。中国一直是世界减贫事业的积极倡导者和有力推动者。尽管面临新冠疫情对全球减贫事业的巨大冲击，但在 2020 年，中国如期消除绝对贫困和区域性整体贫困，提前 10 年实现联合国 2030 年可持续发展议程的减贫目标，对世界减贫贡献率超过 70%。[①]

习近平总书记在全国脱贫攻坚总结表彰大会上的重要讲话指出，我国走出了一条中国特色减贫道路，形成了中国特色反贫困理论。[②] 具体来说，中国特色反贫困理论包括“七个坚持”，即坚持党的领导，坚持以人民为中心的发展思想，坚持发挥我国社会主义制度能够集中力量办大事的政治优势，坚持精准扶贫方略，坚持调动广大贫困群众积极性、主动性、创造性，坚持弘扬和衷共济、团结互助美德，坚持求真务实、较真碰硬。这一理论是中国共产党带领全国各族人民在脱贫攻坚的伟大实践中努力探索形成的，具有鲜明的中国特色。

中国在减贫战略规划、多维度扶贫政策制定、贫困监测评估等方面的减贫实践中探索形成了丰富的经验，这些经验既属于中国，也属于世界，已作为全

① 《特稿：2020，中国脱贫故事赢得世界赞叹》，新华网，2020 年 12 月 29 日。
② 《习近平：在全国脱贫攻坚总结表彰大会上的讲话》，新华网，2021 年 2 月 25 日。

球可持续发展领域的公共知识产品，拓展了人类反贫困思路，为增强人类减贫能力探索了新的路径。

首先，全球贫困治理机制和对策的不完善性对贫困治理造成很大的阻碍，使得全球贫困治理的有效性不足，问题频发。中国应该主动推进全球贫困治理机制的良性变革和特色创新，积极参与全球贫困治理的相关规章和条款制定的过程，将中国特色经验注入全球大舞台，使世界各国人民共享脱贫攻坚的伟大实践的成果。

其次，全球贫困治理是整个人类的共同事业，仅仅凭中国一个国家难以实现人类可持续发展的目标。中国应与发达国家一同在贫困国家参与合作和投资建设，实现多方共赢，促进国际援助落地落实。中国深度参与全球贫困治理，也要利用好依托自身创设的治理新平台，例如亚投行、金砖国家新开发银行、丝路基金等区域治理平台，努力撬动更多的人力财力物力，做好全球贫困治理的工作。

虽然发达国家官方援助的资金比例有所下降，但不可否认的是，全球贫困治理机制最初由发达国家所创立，发达国家拥有制度、管理经验和资金等方面的先天优势。尤其是相比于新兴经济体来说，发达国家无疑更具有全球贫困治理的稳定性。发达国家强大的经济实力和先进的科技力量也决定了其仍是全球贫困治理的主要参与者和贡献者。面临发达国家和发展中国家在贫困治理中的不同问题，中国可以做发达国家、新兴经济体与发展中国家之间的协调者，加强与发达国家在减贫领域的交流与合作，积极维护好在全球贫困治理中与美国、欧盟等主要经济力量的良好合作，协调发达国家与发展中国家在全球贫困治理中的关系。

此外，中国也要坚持综合减贫理念，从不同角度全面参与全球贫困治理。致贫的原因是复杂多元的，减贫的理念也应该是多维的。

从最基本也最重要的做起，中国要加强农业对外合作，夯实发展中国家消除极端贫困的基础。必须夯实农业发展的基础，既要增加合作国家的农业生产能力，也要改善合作国家的粮食供给和分配体系。一方面充分发挥中国的农业科学技术优势和农业人才的力量，另一方面也可通过对外知识分享和能力建设，传递粮食供给和产品分配的经验和知识。此外，也要注重发挥农业援助、投资、贸易的综合作用，鼓励私营部门和民间组织同心协力，助力发展中国家实现2030年消除极端贫困的目标。

中国在消除极端贫困的过程中，也要始终坚持普及基础教育，保障基本医疗卫生服务。中国的援外项目中包含了大量的培训项目，其中包括针对来华留学生的高校奖学金项目、针对政府官员的能力建设项目、针对当地青年的孔子学院项目等。依托"一带一路"倡议等平台，以合作伙伴的人力资本需求为导向，中国要不断加强医疗卫生、基础教育和职业技能领域的合作，促进合作伙伴国的全面发展。

为从根本上解决贫困问题，使发展中国家更少地依赖援助，更多地实现自给自足的良性经济发展模式，中国也要培育发展中国家经济增长的动力，推动发展中国家建设有利于利益共享的经济增长环境。例如，通过"一带一路"倡议等机制深化合作共赢，通过开展投资和贸易合作，为广大发展中国家寻找团结发展的驱动力。

8.3.6　树立多维综合治理理念，拓宽全球治理领域

全球经济治理的发展轨迹应该是非线性的、多元化的和全方位的。中国应树立多维度的综合经济治理理念，努力拓宽参与全球经济治理的领域，为世界经济的治理贡献更多的中国力量。除前文所述外，中国积极参与全球经济治理还有很多视角。例如，从全球卫生治理方面来看，中国要以国际合作抗疫为抓手，积极参与全球卫生治理。疫情的全球性暴发，使完善公共卫生治理的重要性和迫切性日益凸显，中国不断向国外派出医疗专家组、提供大量抗疫用品、承诺将疫苗作为全球公共产品等。随着抗疫合作的进一步深化，中国在全球卫生治理领域的作用也将越来越大，越来越重要。从全球气候治理方面来看，中国要以推动绿色发展为抓手，推动全球气候治理建设。多年来中国一直积极参与全球气候治理，与各国团结一心，秉持人类命运共同体的理念，坚持多边主义，讲团结，促合作。未来，中国也会继续引导世界各国共同参与全球气候治

理，倡导各国遵循共同但有区别的责任原则，根据国情和能力，最大限度强化气候治理行动，形成各尽所能的气候治理新体系，坚持绿色复苏的气候治理新思路，从绿色发展中寻找发展的机遇和动力，推动全球治理体系的全面发展与进步。

参考文献

[1] 毕小婧、涂永前：《论人类命运共同体理念对全球经济治理体系的重大意义》，载于《学习与实践》2021 年第 12 期。

[2] 曹广伟：《一种新的国际经济协调机制的建构——简评 G20 机制在应对全球经济危机中的作用》，载于《东南亚纵横》2010 年第 5 期。

[3] 陈安、杨帆：《南南联合自强：年届“知命”，路在何方——国际经济秩序破旧立新的中国之声》，载于《国际经济法学刊》2014 年第 3 版。

[4] 陈东晓、叶玉：《全球经济治理：新挑战与中国路径》，载于《国际问题研究》2017 年第 1 期。

[5] 陈伟光：《全球经济治理与制度性话语权》，人民出版社 2017 年版。

[6] 陈伟光：《全球治理与全球经济治理：若干问题的思考》，载于《教学与研究》2014 年第 2 期。

[7] 陈伟光、蔡伟宏：《大国经济外交与全球经济治理制度——基于中美经济外交战略及其互动分析》，载于《当代亚太》2019 年第 2 期。

[8] 陈伟光、刘彬：《理性认知经济全球化与全球经济治理——基于人类命运共同体理念的分析框架》，载于《社会科学》2020 年第 7 期。

[9] 陈伟光、刘彬：《全球经济治理的困境与出路：基于构建人类命运共同体的分析视阈》，载于《天津社会科学》2019 年第 2 期。

[10] 陈伟光、刘彬、聂世坤：《融合还是分立：全球经济治理制度变迁的逻辑》，载于《东北亚论坛》2022 年第 3 期。

[11] 陈伟光、申丽娟：《全球治理和全球经济治理的边界：一个比较分析框架》，载于《战略决策研究》2014 年第 2 期。

[12] 陈伟光、王燕：《全球经济治理制度博弈——基于制度性话语权的分

析》，载于《经济学家》2019 年第 9 期。

[13] 陈伟光、王燕：《全球经济治理中制度性话语权的中国对策》，载于《改革》2016 年第 7 期。

[14] 陈小宁：《金砖国家会议发展合作议题的演变与特点》，载于《国际经济合作》2018 年第 8 期。

[15] 陈颖健：《公共卫生问题的全球治理机制研究》，载于《国际问题研究》2009 年第 5 期。

[16] 程永林、黄亮雄：《霸权衰退，公共品供给与全球经济治理》，载于《世界经济与政治》2018 年第 5 期。

[17] 董向荣：《提升全球公共卫生治理能力（有的放矢）》，载于《人民日报》，2020 年 7 月 22 日。

[18] 杜心蕾：《为发展中国家提供新选项——亚投行的缘起、设计与创新》，载于《国际论坛》2021 年第 3 期。

[19] 樊莹：《RCEP：重塑亚太经济合作与筑基新发展格局》，载于《当代世界》2021 年第 8 期。

[20] 方晋：《G20 机制化建设与议题建设》，载于《国际展望》2010 年第 3 期。

[21] 冯永琦、于欣晔：《后疫情时代全球金融治理体系建构与中国策略选择》，载于《东北亚论坛》2020 年第 6 期。

[22] 高海红：《布雷顿森林遗产与国际金融体系重建》，载于《世界经济与政治》2015 年第 3 期。

[23] 高立伟、贺剑霞：《构建人类命运共同体：矫正全球治理失灵的智慧良方》，载于《江西师范大学学报（哲学社会科学版）》2019 年第 3 期。

[24] 高凌云、樊玉：《全球数字贸易规则新进展与中国的政策选择》，载于《国际经济评论》2020 年第 2 期。

[25] 高培勇等：《深入学习贯彻习近平总书记重要讲话精神 加快构建中国特色经济学体系》，载于《管理世界》2022 年第 6 期。

[26]《国际社会高度评价〈中国关于联合国成立七十五周年立场文件〉中国积极践行人类命运共同体理念》，人民网海外版，2020 年 9 月 17 日。

[27] 国家发展改革委外交部商务部：《推动共建丝绸之路经济带和21世纪海上丝绸之路的愿景与行动》，载于《人民日报》，2015年3月29日。

[28] 韩剑、许亚云：《RCEP及亚太区域贸易协定整合——基于协定文本的量化研究》，载于《中国工业经济》2021年第7期。

[29] 韩永辉、麦靖华、张帆：《RCEP和中国参与全球经济治理体系改革：困境、机遇与路径》，载于《长安大学学报（社会科学版）》2021年第5期。

[30] 贺少军：《我国应积极参与全球数字贸易规则制订》，载于《经济研究信息》2020年第5期。

[31] 洪邮生、方晴：《全球经济治理力量重心的转移：G20与大国的战略》，载于《现代国际关系》2012年第3期。

[32] 胡键：《全球经济治理体系的嬗变与中国的机制创新》，载于《国际经贸探索》2020年第5期。

[33] 胡键：《中国参与全球治理的制约性因素分析》，载于《学术月刊》2015年第11期。

[34] 胡锦涛：《同心协力 共创未来——在二十国集团领导人第四次峰会上的讲话》，载于《人民日报》2010年6月28日。

[35]《胡锦涛在中国共产党第十八次全国代表大会上的报告》，人民网，2012年11月18日。

[36] 黄薇：《G20主导下的全球经济治理与中国的期待》，载于《国际经济合作》2015年第6期。

[37] 金瑞庭、张一婷：《推动全球经济治理体系改革的基本思路和战略举措》，载于《宏观经济研究》2022年第4期。

[38]《李克强出席第四次区域全面经济伙伴关系协定领导人会议》，人民网，2020年11月16日。

[39] 李龙、任颖：《“治理”一词的沿革考略——以语义分析与语用分析为方法》，载于《法制与社会发展》2014年第4版。

[40] 李青、黄亮雄：《中国的产业结构调整与全球经济失衡治理》，载于《国际经贸探索》2015年第1期。

［41］李善民、余鹏翼：《中国企业海外并购的模式及战略选择——基于全球经济治理结构转变的视角》，载于《南京社会科学》2014年第12期。

［42］李鑫：《“制度型开放与全球经济治理制度创新”国家社会科学基金重大项目暨纪念中国加入WTO 20周年理论研讨会会议综述》，载于《世界经济研究》2021年第12期。

［43］梁昊光：《以多边合作机制驱动全球经济高质量发展》，载于《人民论坛·学术前沿》2020年第13期。

［44］梁艳芬：《参与全球经济治理之路——40年改革开放大潮下的中国融入多变贸易体系》，中国商务出版社2019年版。

［45］凌胜利：《推动全球公共卫生安全治理大变革》，载于《理论导报》2020年第7期。

［46］刘恩东：《大变局下的联合国与全球治理新议题》，载于《人民论坛》2021年第12期。

［47］刘宏松：《非正式国际机制的形式选择》，载于《世界经济与政治》2010年第10期。

［48］卢江、许凌云、梁梓璇：《世界经济格局新变化与全球经济治理模式创新研究》，载于《政治经济学评论》2022年第3期。

［49］卢静：《当前全球治理的制度困境及其改革》，载于《外交评论（外交学院报）》2014年第1期。

［50］卢阳：《全球经济治理背景的G20实际融入》，载于《改革》2016年第7期。

［51］罗伯特·吉尔平：《全球政治经济学：解读国际经济秩序》，杨宇光、杨炯译，上海人民出版社2006年版。

［52］罗杰英：《全球能源治理机制建设仍呈“碎片化”》，载于《世界知识》2013年第16期。

［53］罗平：《巴塞尔委员会面面观——从中国加入巴塞尔委员会谈起》，载于《中国金融》2009年第12期。

［54］毛艳华：《“一带一路”对全球经济治理的价值与贡献》，载于《人民论

坛》2015 年第 9 期。

［55］门洪华：《应对全球治理危机与变革的中国方略》，载于《中国社会科学》2017 年第 10 版。

［56］奈瑞·伍茨：《全球经济治理：强化多边制度》，载于《外交评论》2008 年第 10 期。

［57］宁红玲：《后疫情时代全球贸易治理的困境与路径——基于 WHO 和 WTO 的考察》，载于《河南财经政法大学学报》2021 年第 1 期。

［58］庞珣：《全球治理中的金砖国家外援合作》，世界知识出版社 2016 年版。

［59］庞中英：《1945 年以来的全球经济治理及其教训》，载于《国际观察》2011 年第 2 期。

［60］庞中英：《全球治理与世界秩序》，北京大学出版社 2012 年版。

［61］乔依德、祝望：《全球金融治理：挑战、目标和改革——关于 2016 年 G20 峰会议题的研究报告》，载于《国际经济评论》2016 年第 3 期。

［62］秦亚青：《全球治理失灵与秩序理念的重建》，载于《世界经济与政治》2013 年第 4 期。

［63］任琳、张尊月：《全球经济治理的制度复杂性分析——以亚太地区经济治理为例》，载于《国际经贸探索》2020 年第 10 期。

［64］沈铭辉、张中元：《亚投行：利益共同体导向的全球经济治理探索》，载于《亚太经济》2016 年第 2 期。

［65］沈伟：《“两个大局”下的人类命运共同体：从意识自觉到责任担当》，载于《人民论坛·学术前沿》2021 年第 1 期。

［66］盛斌、马斌：《全球金融治理改革与中国的角色》，载于《社会科学》2018 年第 8 期。

［67］石晨霞：《试析全球治理模式的转型——从国家中心主义治理到多元多层协同治理》，载于《东北亚论坛》2016 年第 4 期。

［68］宋微、丁悦：《进博会：促进双循环的纽带和窗口》，载于《国际商报》，2021 年 8 月 18 日。

［69］宋微、尹浩然：《进博会助力发展中国家疫后恢复》，载于《国际商报》，

2021 年 8 月 11 日。

［70］苏宁、沈玉良：《改革开放 40 年：中国参与全球经济治理的历程与特点》，上海社会科学出版社 2019 年版。

［71］宿亮：《习近平经济思想赋能全球治理》，载于《瞭望》，2022 年 3 月 21 日。

［72］隋广军、查婷俊：《贸易摩擦冲击下的全球经济治理体系变革——基于治理规则的视角》，载于《天津社会科学》2019 年第 3 期。

［73］随广军：《全球经济治理新范式——中国的逻辑》，科学出版社 2020 年版。

［74］孙敬鑫、于米：《“一带一路”助力全球发展治理》，载于《今日中国》2021 年第 3 期。

［75］孙伊然：《全球经济治理的观念变迁：重建内嵌的自由主义?》，载于《外交评论》2011 年第 3 期。

［76］Tatiana Prazeres，林桂军，任靓：《美国对华遏制和贸易秩序再平衡：对 2019 年 WTO 的回顾》，载于《国际贸易问题》2020 年第 6 期。

［77］汤莉、翁东玲：《中国参与全球经济治理的途径与策略》，载于《亚太经济》2019 年第 6 期。

［78］唐宜红、符大海：《经济全球化变局、经贸规则重构与中国对策——“全球贸易治理与中国角色”圆桌论坛综述》，载于《经济研究》2017 年第 5 期。

［79］《特稿：2020，中国脱贫故事赢得世界赞叹》，新华网，2020 年 12 月 29 日。

［80］“WTO 改革：机遇与挑战”课题组：《客观认识 WTO 当前困境以战略思维推进 WTO 改革》，载于《行政管理改革》2021 年第 7 期。

［81］万喆：《“碳中和”背景下“绿色丝绸之路”危机中育新机》，载于《中国经济评论》2021 年第 5 期。

［82］王国兴、成靖：《G20 机制化与全球经济治理改革》，载于《国际展望》2010 年第 3 期。

［83］王海燕、张骏：《走出全球公共卫生治理困境》，载于《解放日报》，2020 年 10 月 27 日。

[84] 王浩：《全球经济与金融治理》，中央编译出版社2017年版。

[85] 王鸿刚：《中国参与全球治理：新时代的机遇与方向》，载于《外交评论》2017年第6期。

[86] 王磊：《中国与世界互动中的新机遇、新挑战》，光明网，2020年12月23日。

[87] 王韬钦：《基于全球科技治理理念的国际协同创新发展》，载于《科技导报》2021年第20期。

[88] 王逸舟：《当代国际政治析论》，上海人民出版社1995年版。

[89] 吴志成：《全球治理对国家治理的影响》，载于《中国社会科学》2016年第6期。

[90] 习近平：《努力成为世界主要科学中心和创新高地》，载于《求是》2021年第6期。

[91]《习近平：国家不分大小强弱贫富 都是国际社会平等一员》，新华网，2014年11月22日。

[92]《习近平：为建设更加美好的地球家园贡献智慧和力量——在中法全球治理论坛闭幕式上的讲话》，载于《中华人民共和国国务院公报》2019年第10期。

[93]《习近平：在庆祝改革开放40周年大会上的讲话》，新华网，2018年12月18日。

[94]《习近平：在全国脱贫攻坚总结表彰大会上的讲话》，新华网，2021年2月25日。

[95]《习近平：在中国科学院第十九次院士大会、中国工程院第十四次院士大会上的讲话》，新华网，2018年5月28日。

[96]《习近平：中国新发展格局不是封闭的国内循环，而是更加开放的国内国际双循环》，新华网，2020年11月4日。

[97]《习近平出席中国共产党与世界政党领导人峰会并发表主旨讲话》，新华网，2021年7月6日。

[98]《习近平在2022年世界经济论坛视频会议的演讲》，新华网，2022年1月17日。

［99］《习近平在第七十届联合国大会一般性辩论时的讲话》，新华网，2015年9月28日。

［100］《习近平在亚太经合组织工商领导人峰会上的主旨演讲》，新华网，2021年11月11日。

［101］《习近平在中国共产党第十九次全国代表大会上的报告》，新华网，2017年10月27日。

［102］《携手建设更加美好的世界——在中国共产党与世界政党高层对话会上的主旨讲话》，新华网，2017年12月1日。

［103］谢世清：《国际货币基金组织份额与投票权改革》，载于《国际经济评论》2011年第2期。

［104］辛仁杰、孙现朴：《金砖国家合作机制与中印关系》，载于《南亚研究》2011年第3期。

［105］徐秀军：《规则内化与规则外溢——中美参与全球治理的内在逻辑》，载于《世界经济与政治》2017年第9期。

［106］徐秀军：《新兴经济体与全球经济治理结构转型》，载于《世界经济与政治》2012年第10期。

［107］薛澜、关婷：《多元国家治理模式下的全球治理——理想与现实》，载于《政治学研究》2021年第3期。

［108］薛熠：《积极参与全球经济治理贡献中国智慧——学习党的十九届五中全会精神》，宣讲家网，2021年1月13日。

［109］杨春蕾、张二震：《疫情冲击下全球经济治理的挑战与中国应对》，载于《南京社会科学》2021第2期。

［110］杨娜、程弘毅：《国际组织的非核心职能拓展——以世界银行参与全球治理为例》，载于《世界经济与政治》2021年第10期。

［111］杨文昌：《G20：多极合作的起点》，载于《环球时报》2009年4月8日。

［112］姚璐、刘雪莲：《后危机时代全球治理发展的新动向》，载于《国外理论动态》2013年第8版。

［113］于津平：《全球经济治理体系的变革与中国的作用》，载于《江海学

刊》2018 年第 3 期。

[114] 余博闻:《治理竞争与国际组织变革——理解世界银行的政策创新》,载于《世界经济与政治》2018 年第 6 期。

[115] 禹湘、周亚敏:《推进工业园区的低碳转型,共建绿色丝绸之路》,载于《中国发展观察》2019 年第 5 期。

[116] 曾爱平:《全球公共卫生治理合作:以中非共建“健康丝路”为视角》,载于《西亚非洲》2021 年第 1 期。

[117] 翟婵:《论中国在世界经济治理体系的“准中心”地位和作用》,载于《政治经济学研究》2021 年第 1 期。

[118] 张超汉、冯启伦:《全球卫生合作治理——以重大突发公共卫生事件防控为视角》,载于《河北法学》2020 年第 8 期。

[119] 张春芳:《全球经济治理体系的检视与超越——基于人类命运共同体视角》,载于《河南大学学报(社会科学版)》2022 年第 3 期。

[120] 张发林:《全球金融治理体系的演进:美国霸权与中国方案》,载于《国际政治研究》2018 年第 4 期。

[121] 张发林:《全球金融治理体系的政治经济学分析》,载于《国际政治研究》2016 年第 4 期。

[122] 张礼卿:《全球金融治理面临的八个问题》,载于《中国外汇》2021 年第 7 期。

[123] 张韦恺镝、黄旭平:《基于价值链重构的全球经济治理体系调整的趋势与出路》,载于《世界经济与政治论坛》2021 年第 6 期。

[124] 张晓颖、王小林:《参与全球贫困治理:中国的路径》,载于《国际问题研究》2019 年第 3 期。

[125] 张雪:《新时代中国参与全球经济治理:进展、挑战与努力方向》,载于《国际问题研究》2022 年第 2 期。

[126] 张谊浩、裴平、方先明:《国际金融话语权及中国方略》,载于《世界经济与政治》2012 年第 1 期。

[127] 张宇燕:《全球经济治理结构变化与我国应对战略研究》,中国社会科

学出版社 2017 年版。

[128] 张宇燕、李增刚:《国际经济政治学》,上海人民出版社 2008 年版。

[129] 张媛媛:《大变局下中国参与全球治理的机遇、挑战与策略》,载于《甘肃社会科学》2021 年第 4 期。

[130] 赵斌:《人类命运共同体理念与全球气候治理创新》,载于《西安交通大学学报(社会科学版)》2021 年第 2 期。

[131] 赵可金:《从旧多边主义到新多边主义——对国际制度变迁的一项理论思考》,载于《世界经济与政治》2006 年第 7 期。

[132]《中国成为率先批准 RCEP 协定的国家》,新华网,2021 年 3 月 22 日。

[133] 中国信息通信研究院:《全球数字治理白皮书(2020 年)》,2020 年。

[134] 中国信息通信研究院:《中国数字经济发展白皮书(2020 年)》,2020 年。

[135] 中国信息通信研究院:《中国数字贸易发展白皮书(2020 年)》,2020 年。

[136]《中华人民共和国国民经济和社会发展第十四个五年规划和 2035 年远景目标纲要》,新华网,2021 年 3 月 12 日。

[137] 钟龙彪:《中国的全球经济治理机制变革观与实践》,载于《中共天津市委党校学报》2014 年第 4 期。

[138] 周聖:《国际货币基金组织治理体制缺陷、根源及其改革路径探寻》,载于《国际经贸探索》2019 年第 10 期。

[139] 周宇:《全球经济治理与中国的参与战略》,载于《世界经济研究》2011 年第 11 期。

[140] 朱杰进:《复合机制模式与 G20 机制化建设》,载于《国际观察》2013 年第 3 期。

[141] 朱杰进:《金砖银行,竞争性多边主义与全球经济治理改革》,载于《国际关系研究》2016 年第 5 期。

[142] Beeson M, Bell S, "The G-20 and International Economic Governance: Hegemony, Collectivism, or Both", Global Governance, Vol. 15, 2009.

[143] Bradlow D D, "Assessing the Potential for Global Economic Governance Reform", International Organizations Research Journal, Vol. 13, 2019.

[144] Porter T, "Private authority, technical authority, and the globalization of accounting standards", Business and Politics, Vol. 7, 2005.

[145] Wang H, French, "China in Global Economic Governance", Asian Economic Policy Review, Vol. 9, 2014.

后　记

近年来，经济全球化遭遇逆流，冷战思维阴魂不散，单边主义、保护主义持续加剧，全球供应链出现了“脱钩断链”的趋势，全球经济治理面临动力不足、逆全球化等多重挑战，全球经济治理体系改革迫在眉睫。中国作为世界经济体系中的重要参与者，坚定维护和践行多边主义，始终秉持共商共享共建的原则，积极参与全球经济治理，与世界各国携手构建人类命运共同体。基于上述背景，我们决定立足中国实践，开展全球经济治理的理论研究，希望可以为中国参与全球经济治理提供新的思路和决策参考。

本书是集体智慧的结晶，研究团队从题目选定、研究框架到具体研究思路、内容撰写、概念界定、文献资料整理等，经过了多次的深入研讨。北京师范大学经济与工商管理学院曲如晓教授负责统稿、修改并定稿，中共河南省委党校李雪博士负责第1章至第5章，中国科学技术交流中心杨修副研究员负责第6章，北京师范大学经济与工商管理学院张天硕博士负责第7章，第8章和全书校对工作。同时，北京师范大学经济与工商管理学院赵书婷、刘旭静、韩卫辉、董敏、武艳芳和王陆舰等博士和硕士研究生也协助本书作者开展了相关章节的研究和撰写等工作，投入了大量的时间和精力，在此对所有参与人员表示衷心的感谢。北京师范大学经济与工商管理学院、全球化与创新研究中心对本书给予了大力支持，经济科学出版社赵蕾女士对本书的出版给予了高度关注并付出了辛勤劳动，在此致以诚挚的谢意！

由于时间仓促和水平有限，难免存在错漏与不足，恳请广大读者批评指正。

曲如晓

2023年12月

图书在版编目（CIP）数据

中国积极参与全球经济治理体系改革研究／曲如晓等著．--北京：经济科学出版社，2023.9
（中国对外贸易发展系列报告）
ISBN 978-7-5218-5008-6

Ⅰ.①中…　Ⅱ.①曲…　Ⅲ.①中国经济-关系-世界经济-经济治理-研究　Ⅳ.①F12②F113

中国国家版本馆 CIP 数据核字（2023）第 165181 号

责任编辑：赵　蕾
责任校对：徐　昕
责任印制：范　艳

中国积极参与全球经济治理体系改革研究
曲如晓　李　雪　杨　修　张天硕／著
经济科学出版社出版、发行　新华书店经销
社址：北京市海淀区阜成路甲 28 号　邮编：100142
总编部电话：010-88191217　发行部电话：010-88191522
网址：www.esp.com.cn
电子邮箱：esp@esp.com.cn
天猫网店：经济科学出版社旗舰店
网址：http：//jjkxcbs.tmall.com
北京季蜂印刷有限公司印装
787×1092　16 开　14 印张　211000 字
2023 年 9 月第 1 版　2023 年 9 月第 1 次印刷
ISBN 978-7-5218-5008-6　定价：63.00 元
（图书出现印装问题，本社负责调换。电话：010-88191545）